알기 쉬운

회계원리 기초 4판

Accounting Principles Foundation

지은이 김혁

미국 Indiana 대학교에서 경영학 박사학위를 받은 후 성균관대학교 경영학부 교수와 한국세무학회 회장, 한국회계기준위원회 위원을 역임했다. 한국 및 미국 공인회계사로서 현재 성균관대학교 경영학부 명예교수이다. 주요 저서로는 『알기 쉬운 회계원리기초 4판』(한빛아카데미, 2023), 『복식부기 정부회계』(신영사, 2009), 『회계와 사회』(신영사, 2008), 『현대회계정보시스템』(무역경영사, 1998)이 있다.

지은이 윤승준

성균관대학교 경영학과를 졸업한 후 서울대학교에서 경영학 석사, 성균관대학교에서 경영학 박사학위를 받았다. 한국 및 미국 공인회계사로서 한국회계기준원 수석연구원과 금융위원회 공적자금관리위원회 위원을 역임하였으며, 15년간 한양여자대학교 세무회계과 교수로 재직하였다. 현재 동현세무회계사무소 대표이며, 한국공인회계사회 공공부문연구위원회 (비영리부문) 위원장으로 활동하고 있다. 주요 저서로는 『알기 쉬운 회계원리기초 4판』(한빛아카데미, 2023), 『영문회계기초』(무역경영사, 2015)가 있다.

알기 쉬운 회계원리기초 K-IFRS와 일반기업회계기준 비교 설명 4판

4판발행 2023년 6월 5일

지은이 김혁, 윤승준 / **펴낸이** 전태호
펴낸곳 한빛아카데미(주) / **주소** 서울시 서대문구 연희로2길 62 한빛아카데미(주) 2층
전화 02-336-7112 / **팩스** 02-336-7199
등록 2013년 1월 14일 제2017-000063호 / **ISBN** 979-11-5664-654-9 93320

책임편집 김현용 / **기획** 정서린 / **편집** 정서린
디자인 표지 최연희, **내지** 윤혜원 / **전산편집** 박지실 / **제작** 박성우, 김정우
영업 김태진, 김성삼, 이정훈, 임현기, 이성훈, 김주성 / **마케팅** 길진철, 김호철, 심지연

이 책에 대한 의견이나 오탈자 및 잘못된 내용에 대한 수정 정보는 아래 이메일로 알려주십시오.
잘못된 책은 구입하신 서점에서 교환해 드립니다. 책값은 뒤표지에 표시되어 있습니다.
홈페이지 www.hanbit.co.kr / 이메일 question@hanbit.co.kr

Published by HANBIT Academy, Inc. Printed in Korea

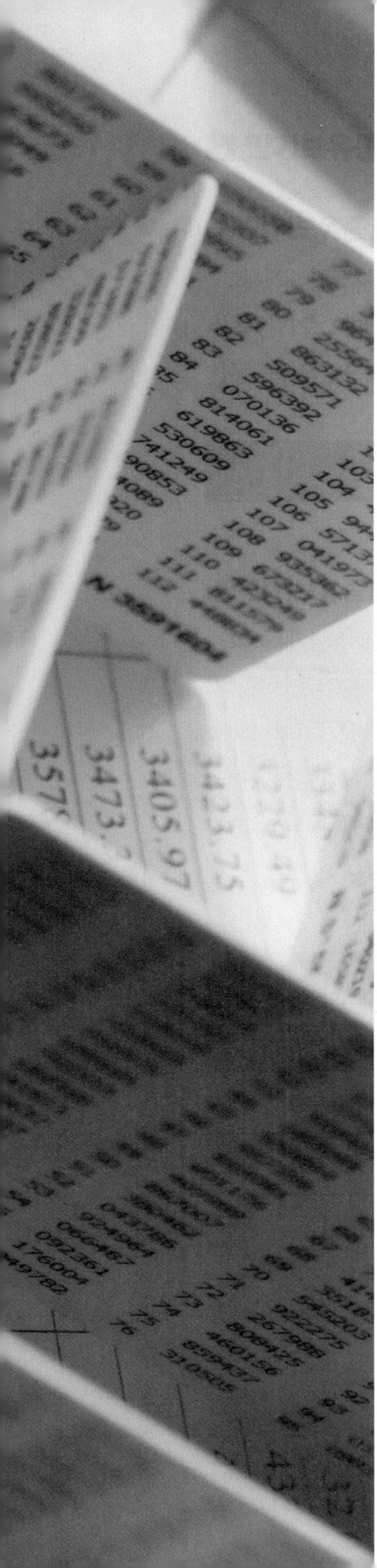

K-IFRS와 일반기업회계기준 비교 설명

알기 쉬운 회계원리 기초 4판

Accounting Principles Foundation

김혁 · 윤승준 지음

한빛아카데미
Hanbit Academy, Inc.

4판 머리말

2021년에 본서를 전면적으로 개정하여 제3판을 발간하였는데 이번에 제17장으로 재무비율 분석에 관한 내용을 추가하는 등 완성도를 높인 제4판을 발간하게 되었습니다. 마침 올해는 2013년에 무역경영사에서 초판을 발행한 이후 10년째가 되는 해이기도 한데, 이번에 발간하는 제4판은 무역경영사를 인수한 한빛아카데미가 본서를 새롭게 단장하여 처음 출판한다는 의미도 있습니다. 그뿐만 아니라 본서는 제4판부터는 독자들의 편의를 위하여 전자책(e북)으로도 발간하게 되었습니다. 10년이란 세월은 강산이 한 번 변한다는 시간인 만큼 그동안 출판 시장에도 많은 변화가 있었는데 본서가 독자 여러분의 꾸준한 사랑에 힘입어 오늘에 이르게 된 데 대하여 감사할 뿐입니다.

제3판이 발행된 2021년은 코로나19가 한창 기승을 부리던 시기였습니다. 그동안 우리는 비대면 강의에 적응해야 했고, 교수도 학생도 마스크를 착용한 채로나마 대면 강의를 할 수 있게 된 것을 다행스러워하기도 했습니다. 이처럼 코로나19는 알게 모르게 우리 사회에 크나큰 영향을 미쳤고, 덕분에 우리는 평범한 일상의 소중함을 느낄 수 있었습니다.

코로나19에 맞서 싸우기 3년 반, 우리는 이제 어둡고 긴 터널을 막 벗어나려 하고 있습니다. 하루빨리 모든 것이 제자리를 찾게 되면 좋겠습니다. 제4판의 머리말을 쓰고 있는 이 시간, 창밖은 어느덧 신록의 계절입니다. 새로운 희망이 솟아나는 것 같습니다. 앞으로도 본서를 더욱 알차게 가꾸어 나가겠다고 다짐해 봅니다.

2023년 6월

저자 김혁, 윤승준

3판 머리말

2018년에 제2판을 발간하면서 본문의 개정을 숙제로 남겨 두었는데 이번에 본문을 개정하여 제3판을 발간하게 되었습니다. 이 책의 본문은 2013년에 초판을 발행한 이후 부분적인 개정은 있었지만 전면적인 개정은 없었습니다. 그동안 기업환경에도 많은 변화가 있었고, 회계기준의 개정도 꾸준히 이루어져 이제 본문의 개정을 더는 미룰 수 없는 상황인 것 같습니다. 제3판을 준비하면서 독자의 입장에서 내용을 더욱 다듬고 부족한 부분을 보완하였습니다. 그리고 이러한 과정에서 내용이 너무 어려워지지 않도록 각별한 주의를 기울였습니다.

우리나라가 K-IFRS를 도입한 지도 10년이 지났습니다. 현재 상장기업에는 K-IFRS를 적용합니다만 비상장기업은 일반기업회계기준 또는 중소기업회계기준을 적용하고 있습니다. 그리고 실무적으로 회계소프트웨어를 이용한 전산회계시스템의 이용이 한층 보편화되었습니다. 그러나 회계소프트웨어의 이해와 전산회계시스템의 활용을 위해서는 회계의 기본원리에 대한 충분한 이해가 필요한 것은 물론입니다. 이 책은 회계의 기본원리를 이해하는 데 길잡이가 되어 줄 것입니다.

2020년 초부터 세계적으로 유행하기 시작한 코로나19로 인하여 경제적으로, 사회적으로 모두가 매우 어려운 상황입니다. 지난해에는 대부분의 학교에서 온라인을 이용한 비대면 방식으로 강의가 이루어졌으며, 방역을 위하여 사회적 거리두기가 일상화되고 있습니다. 신축년(辛丑年) 새해에는 우리 모두 이 어려움을 극복하고 평범한 일상을 되찾게 되기를 소망해 봅니다.
감사합니다.

2021년 2월
저자 일동

2판 머리말

2013년 2월에 초판을 발행한 후 5년이 흘렀습니다. 그동안 독자들의 꾸준한 사랑으로 제2판을 발간하게 된 것을 뜻깊게 생각합니다.

제2판에서는 초판의 부족함을 보완하기 위해서 노력하였습니다. 특히 문제를 상당 부분 새로운 문제로 대체하였고, 기존에 수록되어 있던 문제들도 변형하거나 표현을 다듬었습니다. 본문의 설명도 초판의 틀을 유지하면서 일부 표현을 다듬기도 하였지만 본문의 실질적인 개정은 다음 기회로 미루었습니다.

기업회계기준은 개정될 수도 있지만 그렇다고 회계의 기본원리가 근본적으로 바뀌는 것은 아닐 것입니다. 그러나 시간이 흐르면 학습 방법도 변할 수 있으며, 이를 반영하여 교재의 집필 방법도 달라져야 한다고 생각합니다. 그렇지만 기본적으로 쉬운 교재를 쓰겠다는 저희의 초심은 변함이 없습니다.

지금 2018 평창동계올림픽이 한창입니다. 아시아 선수 최초로 빙속 남자 1,500미터 동메달 소식에 이어서 역시 아시아 선수 최초로 스켈레톤 금메달 소식이 우리를 기쁘게 해주고 있습니다. 아무도 걸어가지 않은 길을 개척자 정신으로 인내하며 묵묵히 걸어왔기에 오늘의 영광이 있었을 것입니다. 우리 인생도 마찬가지겠지요. 회계를 공부하는 과정도 특히 기초단계에는 '인내'가 좀 필요합니다.

이 책이 회계를 처음 공부하는 분들에게 좋은 길잡이가 될 수 있도록 앞으로 더욱 다듬어 나가려고 합니다.
감사합니다.

2018년 2월
저자 일동

머리말

기업을 잘 경영하기 위해서는 바른 사업영역을 찾아서 좋은 사람들과 함께 남보다 뛰어난 제품이나 서비스를 고객에게 제공하는 것이 무엇보다 중요합니다. 이처럼 경영을 잘한다 해도 기업이 얼마나 돈을 벌었고 앞으로 사용할 수 있는 돈은 얼마인지를 알려주는 회계정보시스템이 없으면 과거 성과를 판단하기 어려울뿐더러 앞으로 새로운 계획을 세우는 것이 상당히 힘들 것입니다.

회계는 기업경영을 잘하기 위해 필요한 자금에 대한 정보를 제공하기 때문에 경영을 배우는 사람들이 필수적으로 배워야 하는 과제입니다. 그렇지만 회계는 쉽고 즐겁게 다가서기에는 조금 먼 그런 영역으로 생각되고 있지요. 우리가 평소에 쓰지 않는 차변 · 대변이라는 생소한 용어부터 시작해서 복잡해 보이는 회계처리 방법을 보면 공부를 시작도 하기 전에 머리가 아파지는 것이 대부분 사람이 느끼는 심정이라고 봅니다.

그렇습니다. 회계는 아무 부담 없이 듣기만 해도 되는 이야기처럼 쉽게 이해가 되거나 재미가 있다고 할 수 없습니다. 그러나 입에 쓴 약이 몸에 좋은 것처럼, 회계가 꽤 까다롭지만 알아두면 매우 유익하다는 모순을 불러오는 것도 사실입니다. 어떻게 하면 처음 배우는 사람들이 가능하면 즐겁게 회계라는 쓴 약을 삼킬 수 있도록 할 것인가 하는 문제는 대학에서 회계를 가르치고 있는 저희에게 하나의 도전이 되었습니다. 이 문제에 대해 마음속으로 생각을 많이 했지만, 과연 제대로 잘 해낼 수 있을지 자신이 없어 많이 망설이다 이번에 용기를 내어 책을 쓰게 되었습니다.

이 책을 쓰면서 다짐을 했습니다. 시중에 회계를 설명하는 교과서가 넘쳐나는 요즈음 또 한 권의 어렵고 힘든 책이 되지 않도록 하자는 것입니다. 최대한 쉽고 재미있게 설명하여 이 책을 보는 사람들에게 가까이 다가서도록 노력하였지요. 그런데도 미숙한 부분이 있으면 저희 역량이 부족한 것으로 알고 앞으로 더욱 다듬어 나갈 생각입니다. 이 점 앞으로 많은 조언 부탁드립니다.

이 책은 제목에서 보듯이 회계의 기초를 설명하기 위한 책입니다. '기초'라는 말은 영어로는 'basic'으로 표현되는데, 베이직이라는 것이 기본이라는 뜻인 것처럼 무슨 일이든지 기초 또는 기본적인 길을 잘 아는 것이 무엇보다 중요하다고 봅니다. 마이크로소프트의 빌 게이츠 회장이 PC 운영체계인 MS DOS를 초창기에 개발할 때 베이직이라는 컴퓨터 프로그램 언어를 이용했다는 것을 들었습니다. 가장 기본적인 것으로 아주 복잡하고 훌륭한 작품을 만들어 낸다는 것, 꽤 멋있는 일이 아닌지요. 기초를 잘 닦아두면 그다음부터 기초를 토대로 하여 여러 가지 활용 방안을 생각해 내며 결국 새로운 것을 만들어 내는 기쁨을 맛볼 수 있을 것입니다.

우리나라 상장기업은 세계적인 추세에 발맞추어 2011년부터『한국채택국제회계기준』(이하 K-IFRS라 함)을 적용하고 있으며, 그 밖의 비상장기업은『일반기업회계기준』을 적용하고 있습니다. 그리고 2014년부터는 외부감사 대상이 아닌 중소규모의 주식회사는 회계업무의 편이성을 증진하기 위하여『중소기업회계기준』을 적용하고 있습니다.

본서는 상대적으로 간편한 방식인 일반기업회계기준을 중심으로 설명한 후 K-IFRS의 회계처리를 비교 · 설명하여 서로의 차이점을 알 수 있도록 하였습니다.

아무쪼록 이 책을 통해서 여러분이 조금 더 쉽고 즐거운 마음으로 회계를 배울 수 있기를 간절히 바랍니다. 특히 경영을 배우거나 경영 현장에서 일하시는 분께 기업경영에 있어 나침반의 역할을 하는 회계를 이해하는 데 많은 도움이 되기를 기원합니다. 감사합니다.

2015년 2월

저자 일동

이 책의 사용 설명서

강의 보조 자료

한빛아카데미 홈페이지에서 '교수회원'으로 가입하신 분은 인증 후 교수용 강의 보조 자료를 제공받을 수 있습니다. 한빛아카데미 홈페이지에서 〈교수전용공간〉 메뉴를 클릭하세요.

http://www.hanbit.co.kr/academy

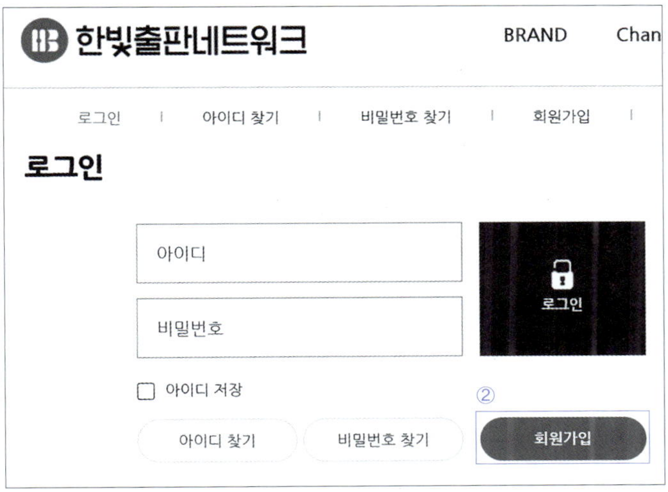

차례

PART I 회계의 기본개념

PART Ⅱ

계정과목별 회계처리

Part I

회계의 기본개념

Chapter

01

회계의 의의

1절 회계란 무엇인가?

1 돈에 관한 정보

모든 사람은 생명을 유지하기 위해서 음식을 먹어야 하며, 옷을 입고 삶에 필요한 여러 가지 물품을 소비하면서 살아간다. 이처럼 사람이 필요로 하는 음식, 옷, 집과 같은 물질을 얻기 위한 활동을 경제활동이라고 할 수 있다.

사람의 경제활동은 결국 돈의 흐름으로 나타난다. 개인이 직장에 나가서 일을 하면 돈(월급)이 들어오고, 필요한 옷이나 책을 사면 돈이 나간다. 기업의 경우에도 마찬가지이다. 기업은 원재료를 가공하여 생산한 제품을 팔아서 유지되고 성장해 가는데 기업이 생산한 제품을 팔면 돈이 들어오고, 원재료 구입과 직원의 인건비로 돈이 나간다.

개인의 경우에는 돈이 들어오고(수입), 나가는 것(지출)을 일일이 기록하지 않아도 수입과 지출이 비교적 단순하기 때문에 재산을 관리하는 데 큰 문제가 되지 않을 수 있다. 그러나 기업은 개인에 비해 수입과 지출이 매우 복잡하다. 예를 들어, 원재료를 구입하는 경우를 보면 거래처가 여러 곳이고, 거래대금을 현금으로 지급하기도 하지만, 외상으로 구입한 후 나중에 갚기도 한다. 이처럼 복잡한 수입과 지출을 제대로 기록하고 관리하지 않으면 기업은 재산관리를 제대로 할 수 없게 된다. 기록이 없으면 남에게 갚을 돈이 얼마인지, 거래처로부터 받을 돈이 얼마인지와 같은 재산의 상태를 알 수 없어 기업을 제대로 경영하기 어렵게 된다. 따라서 기업에 있어서는 재산관리를 위해 돈의 흐름을 기록하는 것이 필수적 사항이다.

기업은 수입과 지출에 관한 기록을 통하여 재산상태가 얼마인지를 파악할 수 있다. 돈의 흐름에 관한 기록을 통해 재산에 관한 정보를 산출하고 알려주는 시스템을 회계라고 한다. [그림 1-1]은 회계의 기능을 보여준다.

그림 1-1 회계의 기능

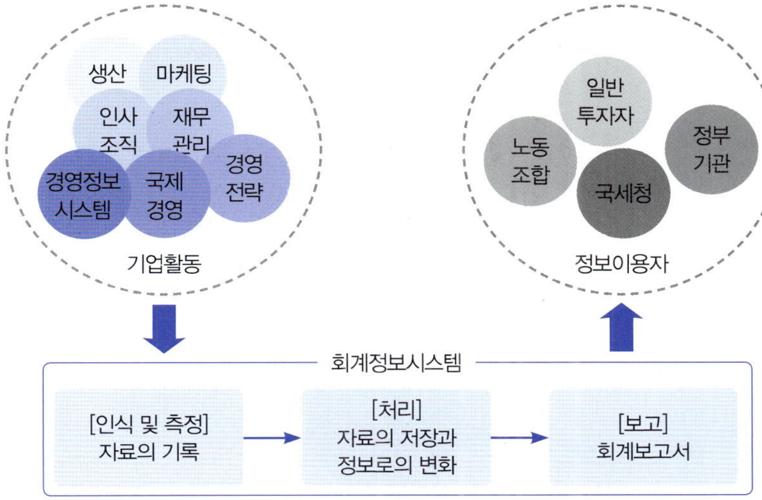

일반적으로 기업은 수입과 지출, 즉 재산의 변동내용을 장부에 기록한다. 장부에 기록하는 것을 부기라고 하는데 이는 장부기록의 줄임말이다. 우리가 회계를 배우기 위해서는 장부에 기록하는 방식을 이해하는 것부터 시작해야 한다.

2 회계정보

회계는 재산의 변동을 장부에 기록하여 기업의 재산상태에 관한 회계정보를 산출하고 보고하는 시스템이다. 그러면 회계가 산출하고 보고하는 회계정보에는 어떤 것이 있을까? 재산상태(회계용어로는 재무상태라고 한다)에 관한 정보가 회계정보의 모든 것은 아니다.

회계는 재산(재무)상태 외에 일정 기간(1년 또는 6개월) 동안 기업이 얼마나 많은 돈을 벌었는지에 대한 정보, 즉 손익에 관한 정보도 제공한다. 벌어들인 돈(수익)에서 쓴 돈(비용)을 차감하여 순수하게 남은 돈(순이익)이 얼마인지를 알려주는 것이 손익에 관한 정보이다.

그 밖에 중요한 회계정보로 자본(주인 몫)의 변동에 관한 정보와 현금흐름에 관한 정보가 있다. 그러나 재산(재무)상태에 관한 정보와 손익에 관한 정보가 회계가 제공하는 기본이 되는 정보라고 할 수 있다.

그림 1-2 회계정보를 필요로 하는 사람들

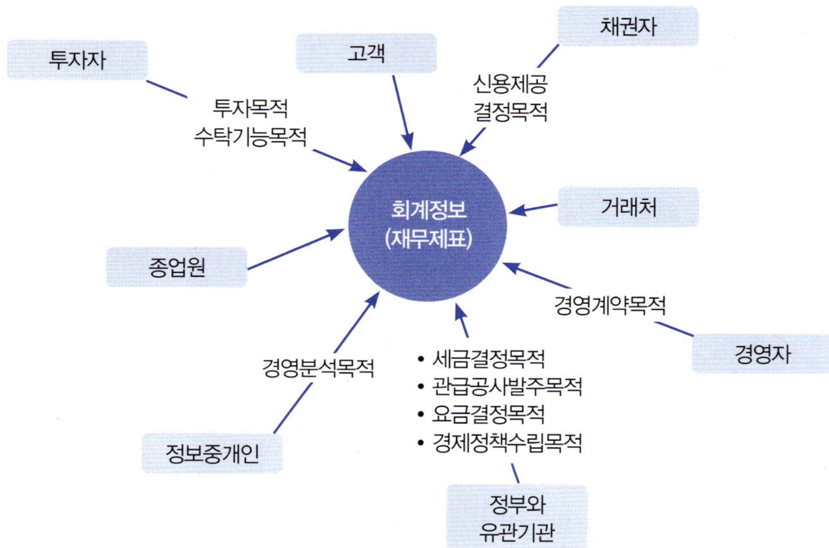

❸ 회계정보를 필요로 하는 사람들

기업의 재산(재무)상태와 손익에 관한 정보 등 회계정보를 필요로 하는 그룹은 아주 다양하다. 이 중 중요한 몇 가지 그룹을 생각해 보자.

(1) 회사의 주인(주주)과 채권자

회사의 주인은 자신이 투자한 회사가 돈이 얼마나 있는지, 받을 돈과 갚을 돈은 얼마나 되는지에 관한 재산(재무)상태와 1년 동안 돈을 얼마나 벌었는지에 관한 손익정보 등을 알고 싶어할 것이다. 특히 주식회사의 경우 주인인 주주의 수가 매우 많아 회사를 직접 경영하지 못하고 전문경영인을 임명하여 경영하기 때문에 회사에 관한 회계정보가 매우 중요하다. 예를 들어, 내가 삼성전자 주식을 갖고 있다고 하자. 그런데 삼성전자의 실적이 좋지 않아 주가가 떨어질 것이라고 예상되면 주식을 계속 보유하기보다는 파는 것이 더 유리하다고 결정할 것이다. 이처럼 자신의 재산과 관련된 의사결정을 하는 데 아주 쓸모있고 없어서는 안되는 유용한 것이 회계정보이다.

회사의 채권자, 예를 들어 돈을 빌려준 은행이나 외상으로 원재료를 판매한 거래처의 입장에서는 회사가 과연 빚을 갚을 수 있을 만큼 자금사정이 넉넉한지에 관한 회계정보가 무엇보다 필요한 정보이다. 만일 자금사정이 좋지 않다고 판단되면 거래를 중단하고 빌려준 돈이나 받을 돈을 조속히 회수하려 할 것이다.

(2) 경영자

경영자는 사업계획을 세우는 데 있어 회사의 재산(재무)상태에 관한 정보가 많은 도움이 된다. 만일 필요한 자금을 회사 내부에서 조달하기 어려우면 은행이나 증권시장에서 조달하는 방식으로 자금계획을 세울 것이다. 또한 거래처로부터 주문을 받을 경우 과연 수익성이 있을 것인지를 과거의 손익자료 및 원가정보를 분석해서 판단할 것이다.

(3) 정부: 세무서

정부가 사회인프라 건설, 국방, 교육, 복지 등의 행정서비스를 국민에게 제공하기 위해서는 돈이 필요하다. 정부의 곳간은 개인이나 기업으로부터 걷는 세금으로 채우고 있는데, 개인이나 기업이 세금을 제대로 납부했는지 알기 위해서는 개인이나 기업의 회계정보를 살펴보아야 한다. 즉, 1년 동안 벌어들인 돈(순이익, 소득)이 얼마인지, 그리고 세금은 정확하게 계산되었는지 검토하기 위해서 회계정보가 활용된다.

(4) 종업원 및 거래처

종업원은 임금협상을 할 때 회사가 벌어들인 손익에 관한 정보나 재무상태 등의 정보를 활용한다. 회사에 새로 입사하려는 사람도 자신이 지원하는 회사의 규모(총재산 규모, 매출액 규모)가 얼마나 되는지, 돈은 잘 벌고 성장해가는 회사인지에 관하여 알고 싶을 것이다. 이런 것들 대부분은 회계정보를 통해 알 수 있다.

또한, 회사의 거래처들도 자신이 거래하는 회사의 재무상태나 손익 상황을 알아야 거래를 계속할지 여부를 결정할 수 있다.

4 회계의 분류

회계는 회계정보를 필요로 하는 여러 이해관계자의 다양한 정보요구를 충족하기 위하여 다음과 같이 몇 가지 분야로 나누어서 연구된다.

[표 1-1]은 회계 분야별 회계정보의 이용자를 보여준다.

(1) 재무회계

기업 외부의 투자자나 채권자를 위한 회계정보를 산출하고 보고하는 회계 분야이다. 재무제표를 통해서 회계정보를 제공하며, 회계의 가장 기본이 되는 분야이다. 본서에서 다루는 내용은 재무회계의 기초에 해당한다.

(2) 관리회계

기업 내부의 경영자가 제품의 가격결정, 장래를 위한 투자결정 등을 하는 데 유용한 정보를 제공하는 회계 분야를 말한다. 원가계산이 관리회계의 중요한 부분을 차지한다.

(3) 세무회계

세금을 계산하기 위해 필요한 내용을 취급하는 회계 분야이다.

표 1-1 회계 분야별 회계정보 이용자

회계의 분야	회계정보 이용자와 의사결정
재무회계	투자자: 투자의사결정 금융기관: 신용의사결정 종업원: 임금협상
관리회계	경영자: 미래투자계획 및 원가분석
세무회계	정부: 세금계산 및 부과

5 회계와 부기

부기(bookkeeping)는 장부기록의 줄임말로서 현금의 수입과 지출, 즉 재산의 변동을 장부에 기록하는 것을 말한다. 그러나 회계(accounting)는 정보를 산출하고 활용하는 개념까지 포함하는 넓은 뜻을 가진 용어이다. 이와 같은 회계와 부기의 의미상의 차이를 알아두자.

(1) 단식부기

단식부기는 가계부나 현금출납장처럼 단순하게 현금의 증가와 감소, 즉 현금의 수입과 지출만을 기록하는 방식을 말한다. 단식부기는 이해하기 쉽고 간편하지만 기업 전체의 재산상태 및 수익과 비용에 관한 정보를 알기가 어렵기 때문에 기업에서는 복식부기를 사용한다. [표 1-2]는 단식부기방식을 사용하는 현금출납장을 보여주고 있다.

표 1-2 단식부기방식의 예

현금출납장

일 자	적 요	수 입	지 출	잔 액
9. 1	월급 받음	2,000,000		2,000,000
5	집세 지급		600,000	1,400,000
10	적금 가입		500,000	900,000

(2) 복식부기

복식부기의 기원은 14~15세기 이탈리아 상인의 장부기록방식으로 거슬러 올라가며, 1494년에 루카 파치올리(Luca Pacioli)에 의해 처음으로 저서의 형태로 소개되었다.

복식부기는 현금의 수입과 지출로 인한 재산변동의 결과에 대한 기록과 함께 수입과 지출이 어떤 이유로 일어났는지 그 원인도 함께 기록하는 방식이다. 이처럼 현금의 수입과 지출이라는 결과뿐 아니라 수입과 지출을 일으킨 원인도 같이 기록한다는 의미에서 복식부기라고 한다. 복식부기의 자세한 내용은 제4장에서 알아보기로 한다.

복식부기에서는 재산의 변동을 계산하기 위해 다양한 계정(account)을 만들어 기록한다. 회계(accounting)라는 말에 계정을 통해서 계산한다는 뜻이 들어있는 것처럼 재산의 변동을 계산하기 위한 단위인 계정은 회계에 있어서 매우 기본적인 개념이다. 계정이라는 용어를 쉽게 이해하기 위해서 예금통장을 생각해보자. 은행에 예금을 하면 은행에서 계좌번호와 이름이 적힌 예금통장을 만들어 준다. 예금통장이 예금의 입금과 출금 및 잔액을 계산하기 위한 계정이라고 생각하면 계정의 의미를 쉽게 이해할 수 있을 것이다. [표 1-3]은 계정의 예를 보여준다. 계정에 대해서는 제3장에서 자세하게 설명한다.

표 1-3 계정의 예

소모품계정

일 자	적 요	차 변	대 변	잔 액
10. 3	볼펜 등 구입	200,000		200,000
7	볼펜 등 사용		60,000	140,000

2절 회계기준과 회계감사

1 회계기준

신호등이 있는 교차로에서 빨간불이 들어 왔는데도 멈추지 않고 그대로 달리는 자동차가 있다면, 큰 교통사고와 함께 교차로의 교통이 매우 혼잡하게 되어 시민들이 불편을 겪게 될 것이다. 신호등을 지키는 것과 같이 질서는 모든 사람이 안정되고 행복하기 위해 절대적으로 필요한 것이다. 회계에 있어서도 기본적인 질서를 지키지 않는다면 기업은 물론이고 사회가 매우 큰 어려움을 당하게 된다. 실제로 기업들이 회계부정을 저질러서 국가경제와 사회에 큰 손해를 입히는 일이 종종 발생한다.

기업들이 준수하여야 하는 회계에 있어서의 기본 질서에 해당하는 것을 '일반적으로 인정된 회계원칙(GAAP: Generally Accepted Accounting Principles)'이라고 하는데 단순히 회계원칙 또는 회계기준이라고도 한다. 회계기준은 우리나라의 경우 「한국회계기준원」에서 제정하며, 기업은 이를 준수하여 회계처리를 하여야 한다. 그리고 회계감사를 통해서 기업이 회계기준을 준수하는지 점검하게 된다.

세계 각국은 독자적인 회계기준을 제정하여 적용할 수 있지만 만일 모든 나라가 동일한 회계기준을 적용한다면 국제적인 자본이동과 기업활동이 더욱 원활해 질 수 있을 것이다. 영국 런던에 있는 국제회계기준위원회(IASB)는 국제적인 단일한 회계기준의 제정을 목표로 국제회계기준(IFRS: International Financial Reporting Standards)을 제정하고 있는데 오늘날 많은 국가들이 채택하여 사용하고 있다.

우리나라도 2011년부터 증권시장에 주식을 상장한 회사들은 한국채택국제회계기준(K-IFRS)을 적용하고, 비상장회사 등은 일반기업회계기준을 적용하여 회계처리를 하고 있다. 또한 2014년부터 외부감사 대상이 아닌 중소규모의 주식회사는 회계업무의 편의성을 증진하기 위하여 중소기업회계기준을 적용하고 있다. 본서는 일반기업회계기준을 기본으로 설명한 후 한국채택국제회계기준의 회계처리를 비교설명하여 서로의 차이점을 알 수 있도록 하였다.

2 회계감사

회계의 목적은 정보이용자들의 의사결정에 유용한 정보를 제공하는 것이다. 재무제표는 회계정보를 전달하는 중요한 수단인데 회계에서는 회계기준을 준수하여 재무제표를 작성하면 유용한 정보를 제공할 수 있다고 본다.

재무제표를 작성할 책임은 기업경영의 주체인 경영자에게 있는데 경영자가 작성한 재무제표가 회계기준을 준수하였는지 신뢰하기 위해서는 제3자의 검증이 필요하게 된다. 따라서 회계정보에 대한 신뢰성을 확보하기 위해 법령에 따라 경영자가 작성한 재무제표가 회계기준을 준수하고 있는지 독립적인 외부전문가에게 의뢰하여 회계감사를 받도록 하는데 이를 외부감사제도라고 한다. 여기서 외부전문가는 공인회계사를 의미하며, 공인회계사는 회계감사를 수행한 후 감사의견을 표명하는데 감사의견에는 다음의 4가지가 있다.

첫째, 적정의견이다. 이는 재무제표가 회계기준을 준수하여 적정하게 작성되어 있으므로 회계정보를 신뢰할 수 있다는 의견이다.

둘째, 한정의견이다. 이는 재무제표의 일부 내용은 회계기준에 위배되지만, 나머지는 회계기준에 따라 적정하게 작성되어 있다는 의견이다.

셋째, 부적정의견이다. 이는 재무제표의 중요한 부분이 회계기준에 위배되기 때문에 회계정보를 신뢰하기 어렵다는 의견이다.

넷째, 의견거절이다. 이는 회계감사의 중요한 절차 등을 수행하지 못하여 재무제표의 신뢰성에 대해 판단하기가 어렵다는 의견이다.

3절 재무회계의 개념체계

재무회계의 개념체계란 회계의 기초적이고 가장 근본적인 바탕이 무엇인지를 하나의 체계로 만든 것이다. 재무회계의 개념체계에는 재무보고의 목적, 재무제표의 기본가정, 회계정보의 질적 특성, 재무제표의 요소 등이 포함되어 있다. 여기서는 재무제표의 기본가정, 발생주의회계 및 회계정보의 질적 특성에 대하여 살펴보기로 한다.

1 재무제표의 기본가정

재무제표는 일정한 가정 하에서 작성되는데 이를 재무제표의 기본가정이라고 한다. 기본가정이라는 것은 누구나 이를 기본적으로 인정한다는 의미를 담고 있으며, 재무제표의 기본가정으로는 기업실체, 계속기업 및 기간별 보고의 가정을 들 수 있다.

(1) 기업실체

기업실체의 가정은 기업을 소유주와는 독립적으로 존재하는 회계단위로 간주하고 이 회계단위의 관점에서 그 경제활동에 대한 재무정보를 측정, 보고하는 것을 말한다.

(2) 계속기업

계속기업의 가정은 기업이 곧바로 문 닫지 않고 예상가능한 기간 동안 영업을 해나갈 것이라는 가정이다. 기업이 곧 문 닫지 않을 것이라는 가정이 있기 때문에 건물이나 비품을 구입하면 그 구입원가를 장부에 기록하고 사용한 부분만큼만 감가상각비라는 비용으로 기록하는 방식을 사용한다. 재산구입원가를 기준으로 하는 방식을 취득원가 또는 역사적원가주의라고 한다. 만일 곧 문 닫을 것이 예상된다면 앞으로 문 닫을 때 팔 수 있는 청산가격으로 자산을 평가하여야 할 것이다.

(3) 기간별 보고

기간별 보고의 가정은 기업실체의 존속기간을 일정한 기간 단위로 분할하여 각 기간별로 재무제표를 작성하는 것을 말한다.

2 발생주의회계

회계에서 현금이 들어올 때 수익을 기록하고, 현금이 나갈 때 비용을 기록하는 방법을 현금기준 또는 현금주의(cash basis)라고 한다. 그러나 일반적으로 회계에서는 재산변동을 계산할 때 현금의 수취 또는 지급 여부와 관계없이 거래의 영향을 수익이나 비용이 발생한 기간에 인식하는 방법을 적용하며, 이를 발생기준 또는 발생주의(accrual basis)라고 한다.

수익이나 비용의 발생이란 현금이 들어오거나 나갈 것이 거의 확실해진 상태를 의미한다. 기업이 외상으로 상품을 판매할 경우 아직 현금은 안 들어 왔지만 매출이라는 수익을 장부에 기록하는 것이 발생주의의 예이다. 또 다른 예를 보자. 12월 31일이 기말인 경우 직원이 기업을 위해 일을 하면 급여라는 비용이 발생했지만 월급날이 다음해 1월 25일이라 금년 말에 지급하지 않고 다음 월급날에 지급한다. 이런 경우 회계에서는 금년 12월 말까지 직원이 일한 급여부분을 급여라는 비용으로 금년도에 기록하고 미지급한 금액만큼을 금년도의 부채로 기록하게 된다. 이러한 회계처리가 발생주의에 따른 회계처리이다.

3 회계정보의 질적 특성

회계정보를 이용하는 사람들이 자신의 목적에 맞게 잘 활용하도록 하기 위해 회계정보가 갖추어야 하는 가장 중요한 질적 특성은 목적적합성과 신뢰성이다. 그리고 회계정보가 비교가능성을 갖출 경우 회계정보의 유용성이 제고될 수 있다.

(1) 목적적합성

만일 어느 한 기업에 투자하려고 한다면 현재 그 기업이 과연 돈을 얼마나 잘 벌고 있는지, 앞으로 사업이 크게 성장해 갈 것인지와 같은 정보가 투자목적에 알맞은 쓸모 있는 정보가 될 것이다. 이처럼 회계는 정보이용자의 목적에 맞는 정보를 보고해야 한다는 것이 목적적합성이다.

(2) 신뢰성

믿을 수 있는 대상이 있다는 것은 요즘 세상에 참 어려운 일이다. 믿음 또는 신뢰라는 것이 어렵고 중요한 문제이지만 특히 기업의 돈(재산)과 관련된 회계정보의 신뢰성은 아무리 강조해도 지나치지 않다. 기업이 허위로 재산을 부풀리거나 손실이 났는데도 이익이 났다고 속여 이를 믿고 돈을 빌려준 사람이나 그 기업에 투자한 사람들이 커다란 손해를 입고 사회적으로도 큰 문제가 된 경우를 본 적이 있을 것이다. 회계정보는 반드시 신뢰할 수 있어야 한다. 신뢰성을 위해서는 계산상의 오류나 어느 한 쪽으로 기울어지는 입장 같은 편의(bias)가 없어야 한다. 또한 여러 사람이 회계상의 측정을 하더라도 전부 같은 결과가 나온다면 신뢰성이 높은 회계정보라고 할 수 있다.

(3) 비교가능성

금년의 회계정보를 과거의 회계정보와 비교할 수 있도록 회계처리방식을 가능하면 변경하지 말고 그대로 계속해서 사용할 필요가 있다. 또한, 한 회사의 회계정보와 다른 회사의 회계정보를 비교할 수 있도록 한다면 보다 유용한 회계정보가 될 수 있다.

K-IFRS: 유용한 재무정보의 질적 특성

국제회계기준에서는 정보가 유용하기 위해서 갖추어야 하는 질적 특성으로 목적적합성과 충실한 표현을 들고 있는데 이를 '근본적인 질적 특성'이라고 한다. 충실한 표현이란 그 정보가 나타내고자 하거나 나타낼 것으로 기대되는 거래나 사건을 충실하게 표현해야 한다는 것을 의미한다.
그리고 목적적합하고 충실하게 표현된 정보의 유용성을 보강시키는 질적 특성을 '보강적 질적 특성'이라고 하여 비교가능성, 검증가능성, 적시성, 이해가능성을 들고 있다.
적시성은 의사결정에 영향을 미칠 수 있도록 의사결정자가 정보를 적시에 이용가능하게 하는 것을 의미한다. 아무리 좋은 회계정보라도 이를 이용할 사람들이 알아 볼 수 없다면 쓸모가 없기 때문에 이해가능성을 높이는 것이 무엇보다 중요하다. 이해가능성을 높이기 위해 재무제표의 양식을 통일한다든지 회계용어를 가능하면 쉽게 하도록 하는 등 많은 노력을 하고 있다.

이 장에서 익히는 용어

- **회계**: 기업의 재산변동을 기록하고 정리하여 재무상태와 손익에 대한 회계정보를 제공하는 시스템.
- **부기**: 장부기록의 줄임말로서 기업은 복식부기의 방식으로 기록함.
- **계정**: 재산변동을 기록하기 위한 회계상 계산단위.
- **회계기준**: 회계처리를 할 때 기업이 지켜야 할 기준. 우리나라 회계기준은 한국회계기준원에서 제정하고 있으며 상장기업은 2011년부터 한국채택국제회계기준(K-IFRS)을 적용하고 있음.
- **회계감사**: 기업 외부의 공인회계사가 기업의 재무제표가 회계기준에 따랐는지를 검토한 감사의견을 표명함으로써 재무제표의 신뢰성 정도를 알도록 하는 것.
- **발생주의**: 현금의 유출입이 아니라 수익과 비용의 발생 여부를 기준으로 수익과 비용을 인식하는 것.
- **계속기업**: 기업은 계속해서 존재한다는 개념. 이 개념에 의해 회계는 청산가격을 쓰지 않고 취득원가를 사용함.
- **목적적합성**: 회계는 정보이용자의 목적에 맞는 정보를 제공해야 한다는 특성.
- **신뢰성**: 회계정보는 신뢰할 수 있어야 한다는 특성.
- **비교가능성**: 금년의 회계정보와 과거 회계정보를 비교할 수 있고, 또 기업 간의 회계정보를 비교할 수 있어야 한다는 특성.

01 다음의 내용이 옳으면 ○표, 틀리면 ×표를 하시오.

(1) 기업내부의 경영자와 외부의 정보이용자가 필요로 하는 정보는 유사하므로 모두 일반목적의 재무제표를 통하여 회계정보가 제공된다. (　　)

(2) 일반적인 교환거래에서 재화나 용역의 제공시점과 대금의 회수 또는 지급시점이 다르다면 발생기준과 현금기준을 적용하여 측정한 수익 또는 비용의 크기는 달라진다. (　　)

(3) 계속기업의 가정은 기업이 조만간 팔리거나 청산되지 않고 계속하여 영업활동을 한다는 전제하에 회계처리가 이루어지는 것을 말한다. (　　)

(4) 회계기록은 화폐단위로 가치를 부여할 수 있는 활동만을 대상으로 하며, 구두계약이나 사원의 능력개발 등은 회계기록의 대상이 아니다. (　　)

(5) 회계정보의 질적 특성 중 신뢰성은 회계가 정보이용자의 목적에 맞는 정보를 제공해야 한다는 특성이다. (　　)

(6) 회계시스템은 기업의 경영활동을 인식 · 측정 · 저장한 후 정보로 이용될 수 있도록 처리하여 보고한다. (　　)

(7) 복식부기뿐만 아니라 단식부기도 대차평균의 원리에 의한 자기검증능력을 갖는다. (　　)

(8) 회계는 정보이용자에 따라 내부보고를 목적으로 하는 재무회계와 외부보고를 목적으로 하는 관리회계로 구분된다. (　　)

(9) 비상장회사는 일반기업회계기준이 적용되지만 한국채택국제회계기준을 적용할 수도 있다. (　　)

(10) 회계에서 사용하는 계정 중 자산과 비용계정은 왼쪽을, 부채, 자본 및 수익계정은 오른쪽을 차변이라고 한다. (　　)

해답

(1) ×　(2) ○　(3) ○　(4) ○　(5) ×　(6) ○　(7) ×　(8) ×　(9) ○　(10) ×

연습문제

02 공인회계사는 재무제표에 대하여 회계감사를 실시한 후 감사의견을 표명한다. 다음 각각의 경우에 공인회계사가 표명하게 되는 감사의견의 유형을 보기에서 고르시오.

보기: 적정의견, 한정의견, 부적정의견, 의견거절

(1) 기업회계기준의 위배로 인한 영향이 매우 중요하고 전반적이어서 '~을 제외하고는'이라는 용어를 사용하여 의견을 표명하더라도 재무제표의 오도 또는 왜곡표시된 내용을 적절히 공시할 수 없을 경우

(2) 기업회계기준의 위배나 감사범위의 제한으로 인한 영향이 중요하지만 전반적이지는 않으므로 '~을 제외하고는'이라는 용어를 사용하여 의견을 표명할 수 있다고 판단하는 경우

(3) 재무제표가 기업회계기준에 따라 중요성의 관점에서 적정하게 표시되고 있다고 판단하는 경우

(4) 감사범위의 제한이 매우 중요하고 전반적이어서 충분하고 적합한 감사증거를 확보할 수 없는 경우

해답

(1) 부정적의견 (2) 한정의견 (3) 적정의견 (4) 의견거절

01 다음 설명 중 옳지 않은 것은?

① 회계는 계정을 통해서 재무상태를 기록하고 손익계산을 한다.
② 계정의 왼쪽은 대변, 오른쪽은 차변이라고 한다.
③ 투자자와 채권자는 회계정보를 이용하는 그룹 중 외부이용자에 해당한다.
④ 경영자는 기업경영을 위해 원가정보를 사용한다.

02 기업 외부의 투자자나 채권자와 같은 이해관계자에게 유용한 정보를 제공하는 것을 목적으로 하는 회계분야는?

① 세무회계
② 원가회계
③ 재무회계
④ 관리회계

03 다음 중 현행 우리나라의 기업회계기준 제정기관은?

① 한국공인회계사회
② 한국회계기준원
③ 국세청
④ 기획재정부

04 자산을 역사적원가에 따라 평가하는 것을 정당화시켜 주는 회계의 기본가정은?

① 계속기업
② 실질우선
③ 발생기준
④ 자본유지

05 현행 회계에서 기간별로 일관된 방법의 적용을 요구하고 있는 이유는?

① 재무제표의 이용자에게 재무제표를 적기에 제공하기 위한 것이다.
② 회계기간의 수익과 비용을 적절히 대응하기 위한 것이다.
③ 각 회계기간에 같은 정보가 공시되었는가를 확인하기 위한 것이다.
④ 재무제표의 기간별 비교가 가능하도록 하기 위한 것이다.

정답 1. ② 2. ③ 3. ② 4. ① 5. ④

06 다음 중 경영자가 작성한 재무제표에 대하여 독립성을 가지고 외부감사를 수행하는 직업적 회계전문가는?

① 경영지도사 ② 변호사
③ 세무사 ④ 공인회계사

07 다음 중 복식부기에 대한 설명으로 옳지 않은 것은?

① 현금출납장에 현금의 수입과 지출을 기록하는 방식도 복식부기방식에 해당한다.
② 대차평균의 원리에 의해 자기검증능력을 갖는다.
③ 일반적으로 기업회계는 복식부기방식으로 이루어진다.
④ 거래가 발생하면 거래의 이중성 개념에 기초하여 기록한다.

08 다음 중 회계정보의 질적 특성인 목적적합성에 관한 설명은?

① 회계정보는 신뢰할 수 있어야 한다.
② 회계처리 방식을 가능하면 변경하지 말고 일관되게 사용해야 한다.
③ 회계는 정보이용자의 목적에 맞는 정보를 제공해야 한다.
④ 회계정보는 정보이용자가 정보를 적시에 이용할 수 있도록 해야 한다.

정답 6. ④ 7. ① 8. ③

Chapter

02

재무제표의 이해

1절 재무제표

회계는 회계정보를 재무제표(financial statements)라는 보고서의 형태로 제공한다. 복식부기를 통하여 각 계정에 기록되어 있는 재무(재산)상태와 손익의 정보 등을 알아보기 쉽게 보고서로 요약 · 정리한 것이 재무제표이다. [그림 2-1]은 재무제표의 기능을 보여준다.

그림 2-1 재무제표의 기능

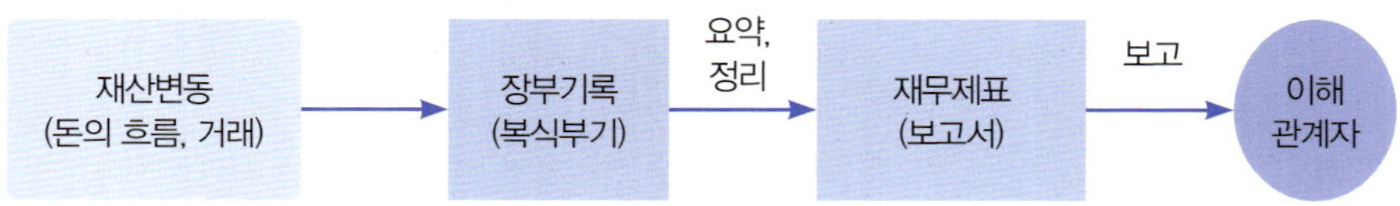

재무제표에는 다음의 4가지가 있다.

① 재무상태표
② 손익계산서
③ 자본변동표
④ 현금흐름표

이 장에서는 우선 가장 기본이 되는 재무제표인 재무상태표와 손익계산서에 대해서 알아보기로 한다. 자본변동표는 제14장, 현금흐름표는 제16장에서 다룬다.

2절 재무상태표

재무상태표(statement of financial position)는 대차대조표(balance sheet)라고도 하는데 기업이 일정시점에 보유한 총재산(자산)과 부채 및 자본의 상태를 나타내는 보고서이다. 즉, 기업이 얼마만큼의 돈(재산, 자산)을 소유하고 있는지, 그 재산(자산) 중 얼마만큼을 남에게 갚아야 하는지, 그리고 빚을 갚은 후 주인 몫은 얼마인지를 나타내는 보고서가 재무상태표이다. [그림 2-2]는 재무상태표의 양식을 보여준다.

그림 2-2 재무상태표의 양식 (계정식)

재무상태표

회사명　　20××년 12월 31일 현재　　(단위: 원)

자산:	5억	부채:	2억
현금		외상매입금	
상품		차입금	
비품		자본:	3억
건물		자본금	
		이익잉여금	
자산총계	5억	부채와 자본총계	5억

[그림 2-2]에서 보는 것처럼 재무상태표는 왼쪽에 자산을 표시하고 오른쪽에 부채와 자본을 표시한다. 자산(assets)은 일상생활에서 사용하는 재산과 거의 같은 뜻이라고 할 수 있다. 회계에서는 재산이라는 용어 대신 자산이라는 용어를 사용하므로 앞으로는 자산이라는 용어를 쓰기로 한다.

회계에서는 자산을 다음과 같이 정의한다. 자산은 과거사건의 결과로서 현재 기업이 통제하고 있으며, 미래에 경제적 효익을 기업에 유입시킬 수 있을 것으로 기대되는 자원이다. 이런 정의와는 별도로 자산은 우리가 알고 있는 돈 또는 재산이라고 생각해도 회계를 배우는데 아무 문제가 없다. 경제적 가치가 있는 모든 재산을 자산이라 하고, 남에게 갚아야 할 빚을 부채(liabilities)라고 하며, 자산에서 부채를 차감하고 남은 부분을 순자산 또는 자본(equity)이라고 한다.

[그림 2-2]에서 보면 기업이 보유한 총자산이 5억 원인데 은행의 차입금 등 갚아야 할 부채가 2억 원이고, 3억 원이 주인의 몫인 자본이다. 주인의 몫(순자산, 자본)이 얼마인지를 나타내는 순자산은 다음과 같이 계산할 수 있다.

〈순자산 계산식〉

자산 − 부채 = 순자산 (자본)

일반적으로 재무상태표는 왼쪽에 자산합계, 오른쪽에 부채와 자본합계를 나타내는 양식으로 보고하는데 재무상태표상에서 성립하는 다음의 등식을 재무상태표 등식[1]이라고 한다.

〈재무상태표 등식〉

자산 = 부채 + 자본

재무상태표 등식은 기업이 소유한 전체 자산합계는 남에게 갚을 부채와 주인의 몫인 자본의 합계와 항상 같다는 것을 의미한다. 재무상태표 등식을 이용하여 다음의 [예제 2-1]을 풀어보자.

예제 2-1 재무상태표 등식

다음 빈칸에 들어갈 금액을 계산하시오.

	자 산	부 채	자 본
(1)	2,000,000	500,000	( )
(2)	( )	600,000	800,000
(3)	1,200,000	( )	900,000

풀이 (1) 1,500,000 (2) 1,400,000 (3) 300,000

해설 자산 = 부채 + 자본의 등식을 이용함

1 재무상태표 등식은 회계의 가장 기본이 되는 등식이라는 의미에서 '회계등식'이라고도 한다.

재무상태표는 기업의 재무상태를 나타내는 중요한 재무제표이다. 즉, 재무상태표는 자금(사업에 사용하는 돈)조달 및 자금사용에 관한 정보를 보여준다. 재무상태표의 오른쪽에 표시되는 부채와 자본은 자금이 누구로부터 조달되었는지를 나타내는데 은행이나 다른 사람으로부터 빌린 돈과 회사주인이 출자한 돈, 영업을 통해 벌어들인 돈이 각각 얼마인지를 보여준다. 왼쪽에 표시되는 자산은 이렇게 조달된 자금이 어떻게 사용되고 있는지를 나타낸다. 즉, 공장건물, 기계, 집기비품, 유가증권, 상품, 현금 등으로 자금을 사용한 결과, 현재 보유하는 자산의 상태가 어떠한지를 보여준다.

재무상태표는 자산합계를 왼쪽에 표시하고, 부채와 자본의 합계를 오른쪽에 표시한다는 것을 배웠으므로 [예제 2-2]를 통해서 재무상태표의 작성을 연습해 보자.

예제 2-2 재무상태표의 작성

다음 자료를 이용하여 한국세탁회사의 12월 31일자 재무상태표를 작성하시오.

현금	400,000	미지급금	600,000	차입금	1,000,000
매출채권	800,000	소모품	100,000	자본금	2,500,000
건물	3,000,000	이익잉여금	200,000		

풀이

재무상태표

한국세탁회사　　20××년 12월 31일 현재　　(단위: 원)

자산:		부채:	
현금	400,000	미지급금	600,000
매출채권	800,000	차입금	1,000,000
소모품	100,000	부채계	1,600,000
건물	3,000,000	자본:	
		자본금	2,500,000
		이익잉여금	200,000
		자본계	2,700,000
자산총계	4,300,000	부채와 자본총계	4,300,000

해설 자료에 있는 이익잉여금은 기업이 영업을 통해 벌어들인 돈을 기록하는 계정이며, 벌어들인 돈은 주인의 몫을 증가시키기 때문에 자본에 표시하는 것임.

3절 손익계산서

손익계산서(income statement)는 기업이 일정 기간(회계연도) 동안 돈을 얼마나 벌었고 얼마나 사용했으며, 순수하게 남은 돈은 얼마인지와 같은 경영성과를 나타내는 표를 말한다. 기업이 벌어들인 전체 금액을 수익(revenues 또는 income), 사용한 돈을 비용(expenses)이라고 하며, 수익에서 비용을 차감한 금액을 순이익(net income)이라고 한다. 즉, 손익계산서는 수익에서 비용을 차감한 순이익이 얼마인가 하는 경영성과를 나타낸다.

〈손익계산 산식〉

수익 − 비용 = 순이익

위의 손익계산 산식을 변형하여 손익계산서 등식을 만들 수 있는데, 이때 등식의 좌변과 우변의 합계가 같도록 하기 위해서 순이익을 좌변에 표시하는 방식을 쓴다. 손익계산서 등식은 다음과 같다.

〈손익계산서 등식〉

비용 + 순이익 = 수익

손익계산서의 기간은 보통 회계연도인 1년을 기준으로 하여 작성하지만, 6개월, 3개월 또는 1개월을 단위로 할 수도 있다. 여기서 회계연도란 기업이 수익과 비용 및 순이익이라는 경영성과를 측정하기 위해 인위적으로 일정 기간을 나눈 것을 말하며, 대부분의 기업은 1월 1일부터 12월 31일까지를 한 회계연도로 정하고 있다. [그림 2-3]은 손익계산서 양식을 두 가지로 보여준다.

그림 2-3 손익계산서의 양식

(A) 보고식

손익계산서

회사명	20××년 1월 1일부터 12월 31일까지	(단위: 원)
수익:		
용역매출		5,000,000
비용:		
급여	2,000,000	
임차료	1,500,000	
소모품비	1,000,000	4,500,000
순이익		500,000

(B) 계정식

손익계산서

회사명 20××년 1월 1일부터 12월 31일까지 (단위: 원)

비용:		수익:	
급여	2,000,000	용역매출	5,000,000
임차료	1,500,000		
소모품비	1,000,000		
비용계	4,500,000		
순이익	500,000		
합계	5,000,000	합계	5,000,000

회계에서는 상품을 판매하거나 서비스를 고객에게 제공하면 수익이 발생한 것으로 처리하며 이것의 대가로 현금이 늘거나 앞으로 받을 돈인 외상매출금 또는 매출채권이 늘어나는 것으로 처리한다. 반대로 임차료나 급여 등을 지출하면 비용이 발생하는 것으로 처리하고, 이에 따라 현금이 줄어들거나 외상매입금 또는 매입채무와 같은 부채가 늘어나는 것으로 처리한다.

예제 2-3　손익계산서의 작성

다음 자료를 이용하여 20××년의 한국서비스회사의 손익계산서를 작성하시오.

용역매출	10,000,000	급여	6,000,000
보험료	1,000,000	소모품비	3,500,000

풀이

손익계산서

한국서비스회사	20××. 1. 1. ~ 12. 31.	(단위: 원)
수익:		
용역매출		10,000,000
비용:		
급여	6,000,000	
보험료	1,000,000	
소모품비	3,500,000	10,500,000
순손실		(500,000)

해설 이 예에서 보듯이 수익(벌어들인 돈)보다 비용(쓴 돈)이 더 많으면 순이익이 아니라 순손실이 발생함. 금액을 표시할 때 괄호(　)는 '음수' 또는 '차감'을 의미함.

국제회계기준에서는 포괄손익계산서를 작성하도록 하고 있는데 포괄손익계산서는 순이익에 기타포괄손익을 추가한 총포괄손익을 보여주는 재무보고서로서 제7장에서 상세히 설명한다. [그림 2-4]는 국제회계기준에 따라 손익계산서에 추가하여 작성한 포괄손익계산서의 양식을 보여준다.[2]

2 수익과 비용 및 기타포괄손익을 한 보고서에 보여주는 단일의 포괄손익계산서를 작성할 수도 있다. 이러한 양식의 포괄손익계산서는 제7장의 [그림 7-5]에 제시되어 있다.

그림 2-4 포괄손익계산서의 양식

포괄손익계산서

회사명	20××년 1월 1일부터 12월 31일까지	(단위: 원)
순이익		500,000
기타포괄손익		
자산재평가잉여금	300,000	
매도가능증권평가이익	50,000	350,000
총포괄손익		850,000

4절 재무상태표와 손익계산서의 관계

기업이 한 해 동안 영업을 하여 발생한 순이익은 주인의 몫이다. 순이익은 주인의 몫을 나타내는 자본을 증가시키는 결과를 가져온다. 즉, 손익계산서의 순손익은 재무상태표의 자본(이익잉여금계정)의 변동을 가져오는 관계가 있다. 이익잉여금계정은 주인이 출자한 돈(자본금계정)과 별도로 영업을 통해서 벌어들인 돈을 기록하기 위한 계정과목이다.

이러한 관계를 [예제 2-4]를 이용하여 정리해 보자.

예제 2-4 재무상태표와 손익계산서의 관계

(1) 한국투자회사의 1월 1일 재무상태표는 다음의 재무상태를 보였다.

자산 10억 = 부채 3억 + 자본 7억

(2) 1년 동안 영업을 한 결과 손익계산서는 순이익이 1억임을 보였다.

수익 5억 − 비용 4억 = 순이익 1억

(3) 한국투자회사의 부채는 3억 그대로 변동되지 않았다. 따라서 12월 31일의 재무상태표는 순이익만큼 자산이 증가하여 11억이 되었고, 자본 역시 1억이 증가하여 8억이 되었음을 보이고 있다.

자산 11억 = 부채 3억 + 자본 8억

이를 간단히 그림으로 그리면 다음과 같다.

재무상태표(기초)
1/1 현재

자산	10억	부채	3억
		자본	7억
	10억		10억

손익계산서
1/1 ~ 12/31

수익	5억
비용	4억
순이익	1억

재무상태표(기말)
12/31 현재

자산	11억	부채	3억
		자본	8억
	11억		11억

(기초 7억 + 순이익 1억)

해설 회계연도가 시작되는 시점을 '기초'라고 하며 회계연도가 끝나는 시점을 '기말'이라고 한다. 회계연도는 보통 1년의 기간이며 대부분의 기업이 1월 1일부터 12월 31일까지를 회계연도로 정하고 있다. 위 그림에서 기말자본 8억은 기초자본 7억에 순이익 1억을 합한 것임을 알 수 있다.

[예제 2-4]가 보여주는 것처럼 손익계산서의 순이익은 재무상태표의 기말자본을 증가시키며, 반대로 순손실은 기말자본을 감소시키게 된다. 손익계산서의 순손익이 재무상태표의 자본(이익잉여금계정)을 변동시키는 관계가 있음을 기억하자.

만일 기업의 주인이 한 회계기간 동안 추가로 출자를 하지도 않았고 배당금으로 돈을 찾아가지도 않았다면 기말자본과 기초자본의 차이는 영업활동의 결과인 순손익으로 발생한 것이다. 따라서 다음과 같은 산식이 성립한다.

〈자본의 변동을 이용한 순손익 계산〉

순손익 = 기말자본 − 기초자본 = 자본 증가

* 단, 주주에 의한 추가 출자나 배당이 없는 경우임.

앞의 [예제 2−4]에서 순이익을 자본의 변동을 이용한 순손익 계산방식으로 표시하면 다음과 같다.

순이익 1억 = 기말자본 8억 − 기초자본 7억 = 자본 증가 1억

손익계산서의 순손익이 재무상태표의 기말자본을 변동시키는 관계를 다음 [예제 2−5]를 통해 풀어보자.

예제 2-5 자본과 손익계산

주주의 추가적인 출자나 배당이 없었다고 할 경우 다음 빈칸에 들어갈 금액을 계산하시오.

	기초자본	기말자본	수익	비용	순손익
(1)	100,000	(A)	50,000	(B)	10,000
(2)	(C)	150,000	(D)	90,000	(15,000)
(3)	170,000	200,000	(E)	40,000	(F)

풀이

(1)	기말자본	A	=	기초자본	100,000	+	순이익	10,000	= 110,000
	비용	B	=	수익	50,000	−	순이익	10,000	= 40,000
(2)	기초자본	C	=	기말자본	150,000	+	순손실	15,000	= 165,000
	수익	D	=	비용	90,000	−	순손실	15,000	= 75,000
(3)	수익	E	=	비용	40,000	+	순이익	30,000	= 70,000
	순손익	F	=	기말자본	200,000	−	기초자본	170,000	= 30,000

이 장에서 익히는 용어

- **재무제표**: 회사의 재무상태와 경영성과를 보고하는 회계보고서로서 재무상태표, 손익계산서, 자본변동표, 현금흐름표를 말함.
- **재무상태표**: 기업이 일정시점에 보유한 자산과 부채, 자본의 상태를 나타내는 재무제표.
- **자산**: 기업이 보유한 돈 가치가 있는 모든 재산. 회계상 '미래 경제적 효익'이 있는 자원이라고 함.
- **부채**: 남에게 갚아야 할 돈, 즉 채무를 말함.
- **자본**: 주인의 몫, 자산에서 부채를 차감한 순자산을 말함.
- **재무상태표 등식**: 자산 = 부채 + 자본
- **손익계산서**: 일정 기간의 수익과 비용 및 순이익이라는 경영성과를 나타내는 재무제표.
- **손익계산서 등식**: 수익 − 비용 = 순이익, 또는 비용 + 순이익 = 수익
- **포괄손익계산서**: 순이익에 기타포괄손익을 가산하여 총포괄손익을 보여주는 재무제표. 기타포괄손익이 없으면 일반 손익계산서와 같게 됨.

01 다음 자료를 이용하여 20×1년 12월 31일 현재 서울회사의 재무상태표를 작성하시오.

현금	30,000	토지	70,000	차입금	150,000
외상매출금	33,000	자본금	60,000	건물	120,000
외상매입금	26,000	비품	15,000	이익잉여금	?

해답

재무상태표

서울회사 20×1년 12월 31일 현재 (단위: 원)

자산:		부채:	
현금	30,000	외상매입금	26,000
외상매출금	33,000	차입금	150,000
비품	15,000	부채계	176,000
토지	70,000	자본:	
건물	120,000	자본금	60,000
		이익잉여금	32,000
		자본계	92,000
자산총계	268,000	부채와 자본총계	268,000

02 다음 자료를 이용하여 서울회사의 20×1년 1월 1일 ~ 12월 31일의 손익계산서를 작성하시오.

용역매출	600,000	보험료	50,000	이자수익	40,000
임차료	170,000	운반비	30,000	감가상각비	20,000
급여	200,000	이자비용	10,000		

해답

손익계산서

서울회사	20×1. 1. 1. ~ 12. 31.		(단위: 원)
비용:		수익:	
보험료	50,000	용역매출	600,000
운반비	30,000	이자수익	40,000
임차료	170,000		
감가상각비	20,000		
급여	200,000		
이자비용	10,000		
비용계	480,000		
순이익	160,000		
합계	640,000	합계	640,000

03 다음 표의 빈칸을 채우시오.

	기초자본	기말자본	수익	비용	순손익
(1)	60,000	A	50,000	B	20,000
(2)	150,000	190,000	C	30,000	D
(3)	E	180,000	70,000	F	(18,000)

해답

(1)	A:	기초자본	60,000	+	순이익	20,000	=	80,000
	B:	수익	50,000	−	순이익	20,000	=	30,000
(2)	C:	비용	30,000	+	순이익(D)	40,000	=	70,000
	D:	기말자본	190,000	−	기초자본	150,000	=	40,000
(3)	E:	기말자본	180,000	+	순손실	18,000	=	198,000
	F:	수익	70,000	+	순손실	18,000	=	88,000

01 다음 설명 중 옳지 않은 것은?

① 자본은 자산에서 부채를 차감한 것으로 주인의 몫을 나타낸다.
② 자산과 부채를 합하면 자본이 된다.
③ 재무상태란 자산, 부채, 자본의 상태를 말한다.
④ 부채는 장래 갚아야 할 빚을 말한다.

02 다음 중 손익계산서에 대한 설명으로 옳지 않은 것은?

① 손익계산서는 기업의 일정 기간 동안의 경영성과에 대한 정보를 제공한다.
② 손익계산서의 순손익은 재무상태표의 자본을 변동시킨다.
③ 수익이 비용보다 많을 때는 순이익이 생긴다.
④ 손익계산서는 과거의 정보이기 때문에 기업의 미래에 대한 성과예측에는 도움이 되지 않는다.

03 다음 중 자산에 관한 설명으로 옳지 않은 것은?

① 자산은 미래의 경제적 효익이 있어야 한다.
② 자산은 기업이 배타적으로 통제할 수 있어야 한다.
③ 경제적 효익은 과거의 거래나 사건의 결과로서 발생될 것이어야 한다.
④ 자산에서 자본을 차감한 나머지를 순자산이라 한다.

04 다음 자료에서 기초자산은 얼마인가?

기초부채	600,000	기말자본	1,200,000	수익	700,000	비용	500,000

① 1,200,000 ② 1,400,000
③ 1,600,000 ④ 1,900,000

정답 1. ② 2. ④ 3. ④ 4. ③

해설 수익 − 비용 = 순이익: 700,000 − 500,000 = 200,000
기말자본 − 순이익 = 기초자본: 1,200,000 − 200,000 = 1,000,000
자산 = 부채 + 자본: 1,600,000 = 600,000 + 1,000,000

05 현금 5,000,000원을 출자하여 영업을 시작한 서울회사의 기말자본은 6,500,000원이다. 이 회계기간 동안 총수익이 2,700,000원이라면 이 기간의 비용은 얼마인가?

① 1,500,000 ② 1,200,000
③ 1,000,000 ④ 700,000

해설 기말자본 − 기초자본 = 순이익: 6,500,000 − 5,000,000 = 1,500,000
수익 − 순이익 = 비용: 2,700,000 − 1,500,000 = 1,200,000

06 다음 중 재무제표에 해당되지 않는 것은?

① 자본변동표 ② 현금흐름표
③ 재무상태표 ④ 시산표

07 서울상사의 한 해 동안의 수익과 비용이 다음과 같을 때 순이익은 얼마인가?

용역매출	3,000,000	이자비용	400,000
종업원급여	1,300,000	임차료	700,000
이자수익	800,000	보험료	500,000

① 900,000 ② 1,100,000
③ 1,400,000 ④ 2,300,000

정답 5. ② 6. ④ 7. ①

Chapter

03

회계거래와 계정과목

1절 회계거래란 무엇인가?

1 회계거래와 일반거래

일반적으로 '거래'라는 말은 다른 사람과 물건을 사고 팔 때 또는 앞으로 사고 팔기를 약속을 할 때 사용하는 말이다. 예를 들어, 아파트를 사기로 계약을 한다든가, 앞으로 알바생을 파트타임제로 고용하기로 약속을 하면 거래가 일어났다고 말한다.

이러한 일반적인 거래개념은 회계상의 거래개념과 반드시 일치하는 것은 아니다. 회계에서 사용하는 '회계거래'란 기업의 재무상태에 변동을 가져오는 사건을 말하기 때문이다. 예를 들어, 현금 2만 원을 지급하고 복사지와 같은 소모품을 구입하는 경우, 소모품이라는 자산이 증가하고 현금이라는 자산이 감소하여 재무상태에 변동이 생기기 때문에 이는 회계거래인 것이다. 그러나 앞의 예와 같이 파트타임제로 알바생을 고용하기로 약속한 것은 아직 재무상태에 변동이 일어난 것이 아니기 때문에 고용 약속 그 자체는 회계거래가 아니다. 물론 알바생이 일을 시작하여 급여를 지급하게 되면, 현금이 감소하고 급여라는 비용이 발생하는 재무상태의 변동이 일어나므로 회계상 거래가 발생하게 된다.

만일 점포에 화재가 발생하여 상품이 불에 타버리면 일반적인 의미에서는 거래가 아니다. 그러나 상품이 없어진 것은 재무상태의 변동이 일어난 것이므로 회계상 거래에 해당한다.

그림 3-1 회계거래의 개념

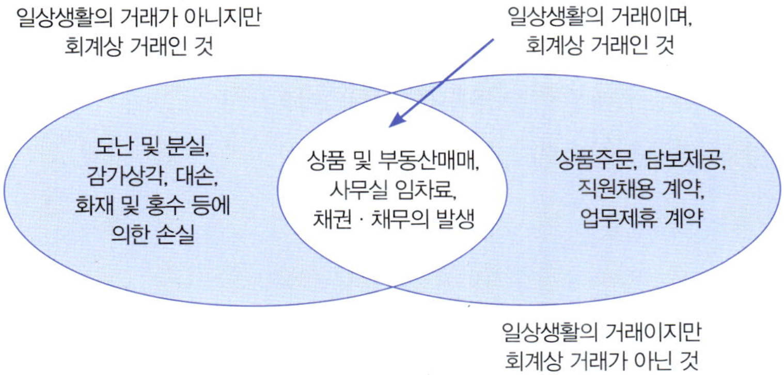

이처럼 기업의 재무상태에 변동을 일으키는 사건을 회계상 거래라고 하며, 재무상태의 변동을 일으키지 않는 계약이나 약속은 회계상 거래가 아니라는 점을 기억하도록 하자.

예제 3-1 회계거래

다음 사항에 대해서 회계거래는 ○, 회계거래가 아닌 경우 ×로 표시하시오.

1. 종업원을 월급 100만 원 주기로 하고 채용하였다. ( )
2. 고객으로부터 현금 30만 원을 받고 1주일 후 상품을 보내주기로 하다. ( )
3. 거래처의 파산으로 외상대금 20만 원을 못 받게 되었다. ( )
4. 기술담당중역이 교통사고로 사망하였다. 앞으로 영업에 많은 손실이 예상된다. ( )
5. 거래처에 매달 300만 원을 받고 경영자문을 하기로 계약하였다. ( )
6. 인터넷 전용선 사용을 신청하고 매월 5만 원을 납부하기로 하였다. ( )

풀이 1. (×) 2. (○) 3. (○) 4. (×) 5. (×) 6. (×)

2 회계거래가 재무상태에 미치는 영향: 거래의 이중성

재무상태의 변동을 가져오는 사건이 회계거래이기 때문에 회계거래는 재무상태를 나타내는 자산, 부채, 자본, 그리고 수익 및 비용의 해당 계정에 변동을 가져온다.

예를 들어, 은행으로부터 현금 1,000만 원을 빌렸다는 회계거래를 보자. 이 회계거래에서 현금이라는 자산 1,000만 원이 증가하고 동시에 차입금이라는 부채가 증가한 것을 알 수 있다. 앞에서 배운 재무상태표 등식을 이용해서 이 회계거래(앞으로 단순히 '거래'라고 함)의 영향을 살펴보자.

▪ 거래의 영향

거래: 은행에서 현금 1,000만 원을 차입하다.

재무상태표 등식:	**자산**	=	**부채**	+	**자본**
계정 변동:	현금	=	차입금	+	0
	1,000만 원		1,000만 원		
재무상태의 변동:	(자산 증가)		(부채 증가)		

또 다른 예로서 회사가 컨설팅서비스를 제공하고 그 대가로 현금 300만 원을 받은 거래를 보자.

▪ 거래의 영향

거래: 컨설팅서비스를 수행하고 현금 300만 원을 받다.

재무상태표 등식:	**자산**	=	**부채**	+	**자본**
계정 변동:	현금	=	0	+	이익잉여금 (수익: 용역매출)
	300만 원				300만 원
재무상태의 변동:	(자산 증가)				(자본 증가)

위의 예에서 컨설팅서비스수입은 기업이 번 돈이므로 수익에 해당되어 구체적으로 용역매출이라는 계정과목을 사용한다. 우리는 수익과 비용은 주인의 몫이므로 자본에 속하며, 이익잉여금이라는 별도의 계정에 영업으로 인한 손익결과를 기록한다는 것을 배웠다.

여기서 중요한 점은 어떤 거래든지 재무상태를 변동시키게 되며 그 내용을 원인과 결과를 나타내는 2가지 요소로 구분할 수 있는데 이를 거래의 이중성이라고 한다.

예를 들어, 은행에서 1,000만 원을 빌렸다는 거래를 거래의 이중성에 따라 분석해보면 1,000만 원 부채(차입금)의 증가와 그에 따른 1,000만 원 자산(현금)의 증가라는 2가지 요소로 설명할 수 있는 것이다. 거래의 이중성에 대해서는 제4장에서 다시 설명한다.

2절 계정과목이란 무엇인가?

1 계정과목이란

회계거래는 재무상태의 변동을 일으키며, 결과적으로 자산, 부채, 자본, 수익, 비용의 변동을 가져온다. 회계에서는 자산, 부채, 자본, 수익, 비용의 5가지 그룹에 속하는 항목을 성격별로 분류하여 기록하기 위하여 계정과목을 설정하고 이것을 회계처리 및 재무제표의 작성에 사용한다. 예를 들어, 자산에 속하는 계정과목으로 현금계정, 외상매출금계정, 상품계정 등 자산의 종류에 따라 많은 계정과목을 설정할 수 있다.

실무적으로 하나의 계정과목 아래에 다수의 하위 계정과목을 설정할 수도 있다. 예를 들어, 은행에서 사용하는 예금계정 아래에 보통예금계정, 저축예금계정 등의 하위 계정과목이 설정되어 있고, 보통예금계정이나 저축예금계정 아래에 각 예금주명을 명칭으로 하는 하위 계정과목이 설정되어 있는 것으로 볼 수 있다.

계정과목의 명칭은 일상생활에서 사용하는 용어를 사용하지 않고 회계상 용어를 사용한다. 우리가 일상생활에서 사용하는 용어가 회계상으로는 어떤 용어(계정과목)로 표현되는지 정리해 보면 [표 3-1]과 같다.

표 3-1 일상생활용어와 회계상 용어의 비교

일상생활용어	회계상 용어(계정과목)
돈, 자기앞수표	현금및현금성자산
외상대금으로 받을 돈	외상매출금 또는 매출채권
외상으로 갚을 돈	외상매입금 또는 매입채무
택시비, 지하철비	교통비
은행 빚	차입금
자동차, 트럭	차량운반구

회계를 공부하기 위해서는 먼저 자산, 부채, 자본, 수익 및 비용에 속하는 주요 계정과목에 대하여 익숙해져야 한다.

2 자산의 계정과목

자산은 회사가 보유한 경제적 가치가 있는 재산을 말한다. 자산에 속하는 주요 계정과목은 [표 3-2]와 같다.

표 3-2 자산 계정과목의 예

계 정 과 목	내 용
현금	현금및현금성자산으로 통합함
예금(당좌예금, 보통예금, 정기예금 등)	현금및현금성자산으로 통합함
상품 또는 재고자산	재고자산은 상품, 제품, 원재료로 구분
소모품	문방구와 같은 사무용품 등
유가증권	재무상태표에는 다른 명칭으로 구분
외상매출금 또는 매출채권	외상으로 상품을 팔거나 서비스를 제공한 경우
받을어음 또는 매출채권	어음을 받고 상품을 판 경우
미수금	상품 이외의 비품 등을 외상판매한 경우
단기대여금	현금을 빌려주고 1년 이내에 받을 돈
건물	공장건물, 사무실건물 등

비품	컴퓨터, 책상 등
차량운반구	승용차, 트럭 등
토지	회사가 소유하는 땅
특허권	특허를 받기 위해 들어간 돈
장기금융자산	1년 이상 만기인 CD 등
투자부동산	사업에 사용하지 않는 토지 등
장기대여금	현금을 빌려주고 1년 이후에 받을 돈

3 부채의 계정과목

부채는 다른 사람에게 빌린 돈처럼 앞으로 갚아야 할 빚이나 채무를 말한다. 부채에 속하는 주요 계정과목은 [표 3-3]과 같다.

표 3-3 부채 계정과목의 예

계 정 과 목	내 용
외상매입금 또는 매입채무	상품 등을 외상으로 매입한 경우
지급어음 또는 매입채무	상품 등을 매입하고 어음을 발행한 경우
미지급금	상품 이외 비품, 소모품 등을 외상으로 구입할 경우
단기차입금	은행 등에서 빌린 돈으로 1년 이내에 갚을 돈
미지급급여	지급하지 않은 급여
미지급임차료	집세 등을 지급하지 않은 경우
장기차입금	은행 등에서 빌린 돈으로 1년 이후에 갚을 돈
사채	회사가 회사채를 발행해서 빌린 돈
제품보증충당부채	판매한 제품에 대한 품질보증의무
퇴직급여충당부채	결산시 전 종업원이 일시에 퇴직한다면 지급해야 하는 퇴직금 금액

4 자본의 계정과목

자본은 자산에서 부채를 차감한 후의 잔여부분, 즉 기업의 주인에게 돌아갈 몫(지분)을 말한다. 자본에 속하는 주요 계정과목은 [표 3-4]와 같다.

표 3-4 자본 계정과목의 예

계 정 과 목	내 용
자본금	발행한 주식수에 1주당 액면금액을 곱한 금액
주식발행초과금	주식의 액면금액을 초과해서 주주가 출자한 경우 액면초과액
이익잉여금	영업으로 벌어들인 순손익을 기록하는 계정

5 수익의 계정과목

수익은 기업활동을 통해 벌어들인 돈을 말한다. 수익에 속하는 주요 계정과목은 [표 3-5]와 같다.

표 3-5 수익 계정과목의 예

계 정 과 목	내 용
매출	상품(유통업)이나 제품(제조업)을 판매한 금액
용역매출	서비스를 제공한 대가
이자수익	예금이자 등
임대료수익	건물 등을 임대하고 받은 돈

6 비용의 계정과목

비용은 기업활동을 위해 사용한 돈을 말한다. 비용에 속하는 주요 계정과목은 [표 3-6]과 같다.

표 3-6 비용 계정과목의 예

계 정 과 목	내 용
매출원가	판매한 상품이나 제품의 원가
급여	종업원에게 지급한 월급, 임금
임차료	매장 임차비용
복리후생비	종업원 식대, 회식비, 경조금 등
접대비	거래처 접대비용
차량유지비	자동차 휘발유대, 주차비 등

여기서 예시한 계정과목 이외에도 많은 계정과목이 있다. 이에 대해서는 세부적인 회계처리방법을 설명하면서 차차 소개하기로 한다.

예제 3-2 계정과목

다음 설명에 해당하는 계정과목을 쓰시오.

설 명	계정과목	설 명	계정과목
1. 상품을 외상판매하고 받을 돈		11. 직원 월급	
2. 회사보유 자동차		12. 수도요금	
3. 은행에서 빌린 돈		13. 은행에서 빌린 대출금 이자	
4. 컴퓨터를 외상매각하고 받을 돈		14. 은행 예금 이자	
5. 상품 외상매입하여 갚을 돈		15. 거래처 임원 대접 식사비	
6. 회사 설립 위해 주인이 출자한 돈		16. 자동차 휘발유비	
7. 책상 외상구입하여 갚을 돈		17. 컨설팅제공의 대가	
8. 거래처에 빌려준 돈		18. 상품판매의 대가	
9. 직원 회식비		19. 택시비	
10. 사무용 복사용지 구입		20. 건물보험료	

풀이

1. 외상매출금	2. 차량운반구	3. 차입금	4. 미수금
5. 외상매입금	6. 자본금	7. 미지급금	8. 대여금
9. 복리후생비	10. 소모품	11. 급여	12. 수도광열비
13. 이자비용	14. 이자수익	15. 접대비	16. 차량유지비
17. 용역매출	18. (상품)매출	19. 여비교통비	20. 보험료

7 계정과목표

기업이 회계기록을 편리하게 하기 위하여 자산, 부채, 자본, 수익 및 비용의 세부계정과목 명칭과 계정의 코드번호를 정리하여 하나의 표로 만든 것을 계정과목표라고 한다. [그림 3-2]는 계정과목표의 예를 보여준다.

그림 3-2 계정과목표 예시

글로벌회사 계정과목표	
〈자산〉	〈부채〉
11. 현금	21. 외상매입금
12. 외상매출금	22. 지급어음
13. 받을어음	23. 미지급금
14. 소모품	24. 차입금
15. 비품	
16. 차량운반구	〈자본〉
17. 건물	31. 자본금
18. 토지	32. 이익잉여금
〈비용〉	〈수익〉
51. 급여	41. 용역매출
52. 임차료	42. 이자수익
53. 이자비용	
54. 소모품비	

3절 계정기록의 규칙

1 차변과 대변의 개념

회계에서 사용하는 계정은 자산, 부채, 자본, 수익, 비용의 5가지로 분류된다. [표 1-3]에서 보는 바와 같이 모든 계정은 금액의 변동을 '차변' 란과 '대변' 란에 구분하여 기록한다. 왼쪽 란을 '차변'이라고 하고, 오른쪽 란을 '대변'이라고 한다. '적요' 란에는 차변 또는 대변에 기록된 금액의 발생 내역을 기록한다.

차변과 대변은 장부양식의 핵심적인 내용으로서 계정의 종류에 관계없이 왼쪽을 차변, 오른쪽을 대변이라고 한다는 점을 기억하도록 하자. [그림 3-3]에서 설명의 편의를 위해 계정을 단순화하여 T자 모양으로 표현하고 있는데 이를 T계정이라고 부른다.

그림 3-3 T계정

자산계정		부채계정		자본계정		수익계정		비용계정	
차변	대변	차변	대변	차변	대변	차변	대변	차변	대변

* 어떤 계정이든지 왼쪽을 차변, 오른쪽을 대변이라고 부름.

2 증가, 감소 및 잔액의 기록 방법

자산의 증가는 해당 계정의 차변(왼쪽)에 기록하고 부채와 자본의 증가는 해당 계정의 대변(오른쪽)에 기록한다. 감소의 기록은 반대로 생각하면 된다. 모든 계정에 있어서 차변합계와 대변합계의 차이를 잔액이라고 하며, 차변과 대변 중에서 증가를 기록하는 쪽에 잔액이 존재하게 된다.

재무상태표에서 자산은 왼쪽에 표시하고 부채와 자본은 오른쪽에 표시하는 것과 복식부기에서 자산의 증가는 계정의 차변(왼쪽)에 기록하고 부채와 자본의 증가는 계정의 대변(오른쪽)에 기록하는 것은 같은 맥락이라고 할 수 있다. [그림 3-4]는 T계정을 이용하여 이러한 관계를 보여주고 있다.

한편, 수익은 자본(이익잉여금)의 증가를 가져오므로 해당 계정의 대변에 기록하고 비용은 반대로 자본(이익잉여금)의 감소를 일으키므로 해당 계정의 차변에 기록한다. 손익계산서 등식은 비용+순이익=수익이라고 배웠다. [그림 3-5]는 T계정을 이용하여 수익 및 비용계정과 손익계산서의 관계를 보여주고 있다.

그림 3-4 **자산, 부채, 자본계정과 재무상태표**

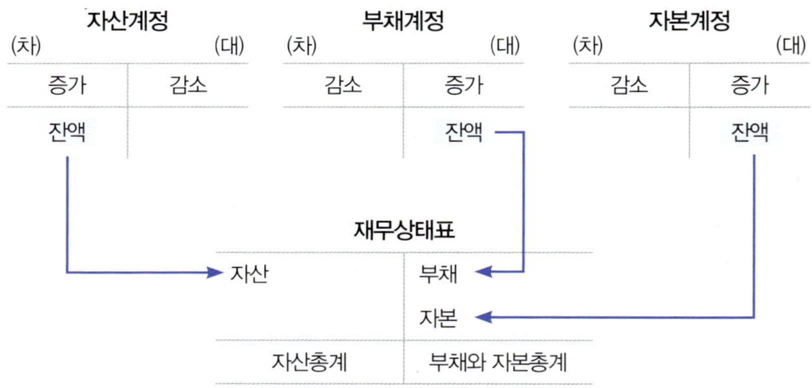

자산, 부채, 자본, 수익, 비용을 기록하는 계정은 금액의 변동을 반영한 결과를 나타내는 잔액이 존재하게 된다. 모든 계정의 잔액은 증가를 기록하는 쪽에 존재하게 되는데 T계정을 이용하는 경우 설명의 편의를 위해 [그림 3-4] 및 [그림 3-5]와 같은 방식으로 잔액을 표시하기로 한다.

그림 3-5 수익, 비용계정과 손익계산서

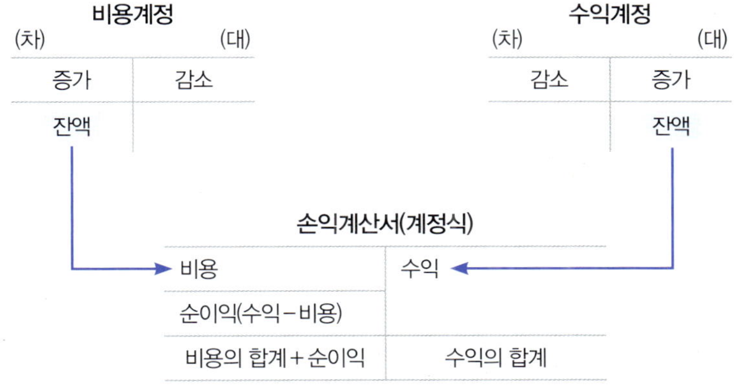

이 장에서 익히는 용어

- **거래**: 기업의 재무(재산)상태에 변동을 가져오는 사건.
- **거래의 이중성**: 모든 거래는 재산변동의 원인과 결과에 따라 차변항목과 대변항목으로 구성되며 차변금액합계와 대변금액합계는 반드시 일치한다는 것.
- **계정과목**: 자산, 부채, 자본, 수익 및 비용을 구성하는 각 항목의 명칭.
- **자산**: 기업이 보유한 금권적 가치가 있는 재산.
- **부채**: 기업이 갚아야 할 채무.
- **자본**: 자산에서 부채를 차감한 순자산으로 주인의 몫.
- **자본금**: 발행한 주식수에 1주당 액면금액을 곱한 금액.
- **이익잉여금**: 영업으로 벌어들인 순손익을 기록하는 계정.
- **계정과목표**: 계정명칭과 계정의 코드번호를 하나의 표로 정리한 것.
- **차변**: 계정의 왼쪽.
- **대변**: 계정의 오른쪽.

01 다음 중 회계거래로 볼 수 없는 것은?

(1) 사무실에 도둑이 들어 현금 1,000,000원을 가져갔다.

(2) 거래처에 매달 1,000만 원의 용역을 제공하기로 계약을 체결하였다.

(3) 거래처의 파산으로 외상매출금 600,000원을 못 받게 되었다.

(4) 월급여 2,000,000원을 주기로 하고 직원을 채용하였다.

(5) 거래처로부터 일주일 후 1,500,000원을 받고 상품을 인도하기로 하였다.

해답

(2), (4), (5)

02 다음 거래가 재무상태표 등식에 미치는 영향을 자산, 부채, 자본의 증가는 (+)로, 감소는 (−)로 표시하시오.

	자산	=	부채	+	자본
(1) 주식을 발행하고 주주로부터 현금을 받다.					
(2) 사무용 컴퓨터를 외상으로 구입하다.					
(3) 외상으로 구입한 컴퓨터 대금을 갚다.					
(4) 거래처에 컨설팅서비스를 제공하고 현금을 받다.					
(5) 사무실 임차료를 현금으로 지급하다.					
(6) 외상매출금을 현금으로 회수하다.					
(7) 은행에서 자금을 차입하다.					

해답

	자산	=	부채	+	자본
(1)	(+)				(+)
(2)	(+)		(+)		
(3)	(−)		(−)		
(4)	(+)				(+)
(5)	(−)				(−)
(6)	(+), (−)				
(7)	(+)		(+)		

03 다음 계정과목을 자산, 부채, 자본으로 분류하시오.

(1) 현금	(2) 차입금	(3) 건물	(4) 자본금
(5) 비품	(6) 받을어음	(7) 지급어음	(8) 미지급금
(9) 미수금	(10) 이익잉여금		

해답

자산: (1), (3), (5), (6), (9)
부채: (2), (7), (8)
자본: (4), (10)

04 다음 계정과목을 수익과 비용으로 구분하시오.

(1) 임차료	(2) 급여	(3) 매출	(4) 이자수익
(5) 복리후생비	(6) 통신비	(7) 매출원가	(8) 세금과공과
(9) 임대료수익	(10) 차량유지비		

해답

수익: (3), (4), (9)
비용: (1), (2), (5), (6), (7), (8), (10)

01 다음 중 회계거래로 볼 수 없는 것은?

가. 영업용 점포를 월 3,000,000원에 임대하기로 계약하였다.
나. 화재로 장부가액 100,000,000원의 건물이 전소되었다.
다. 거래처에 1,000,000원을 대여하다.
라. 거래처로부터 상품 600,000원을 주문받다.

① 가, 나 ② 가, 다 ③ 나, 라 ④ 가, 라

02 다음 중 자산의 증가와 자본의 증가를 발생시키는 거래는?

① 컨설팅서비스를 제공하고 대금은 1주일 후 받기로 하다.
② 은행에서 돈을 차입하다.
③ 외상대금을 현금으로 받다.
④ 임차료를 현금으로 지급하다.

03 다음 중 자산의 감소와 부채의 감소를 발생시키는 거래는?

① 컴퓨터를 외상구입하다.
② 직원급여를 지급하다.
③ 상품을 외상으로 매입하다.
④ 지급어음을 현금으로 갚다.

04 다음 중 자산으로 기록할 수 없는 것은?

① 비품을 구입하기 위해서 미리 지급한 계약금
② 상품을 외상으로 매입하고 아직 지급하지 못한 대금
③ 상품을 외상으로 판매하고 아직 회수하지 못한 대금
④ 판매목적으로 보유하고 있는 상품

정답 1. ④ 2. ① 3. ④ 4. ②

05 다음의 자산, 부채, 자본에 관한 설명 중 옳지 않은 것은?

① 자산은 과거 사건의 결과로 기업이 통제하고 있고 미래의 경제적 효익이 유입될 것으로 기대되는 자원이다.
② 기말자본과 기초자본의 차이는 항상 순손익과 일치한다.
③ 자본은 기업의 자산에서 부채를 차감한 후의 잔여지분이다.
④ 부채는 과거 사건에 의하여 발생하였으며 경제적 효익을 갖는 자원이 기업으로부터 유출됨으로써 이행될 것으로 기대되는 현재의 의무이다.

06 상품매매 이외의 거래에 사용하는 부채계정은?

① 지급어음 ② 미지급금 ③ 외상매입금 ④ 선급금

07 사무실에서 사용하던 복사기를 외상으로 팔았을 때 사용하는 계정은?

① 미지급금 ② 외상매출금 ③ 미수금 ④ 대여금

08 다음 중 차변에 기록하는 것은?

가. 외상매입금 감소	나. 용역매출 증가	다. 외상매출금 증가
라. 미지급금 증가	마. 미수금 증가	

① 가, 나, 다 ② 가, 다, 마 ③ 나, 라, 마 ④ 가, 라, 마

09 다음 중 대변에 기록하는 것은?

가. 외상매입금 증가	나. 용역매출 증가	다. 미지급금 감소
라. 미수금 증가	마. 외상매출금 증가	

① 가, 다, 마 ② 나, 다, 마 ③ 다, 라, 마 ④ 나, 라, 마

정답 5. ② 6. ② 7. ③ 8. ② 9. ④

Chapter

04

거래의 기록

1절 복식부기

1 거래의 8요소

복식부기방식은 재무상태의 변동을 일으키는 거래를 기록의 대상으로 한다. 그런데 재무상태의 변동은 자산, 부채, 자본, 수익 및 비용이라는 5가지 요소의 변동을 의미한다. 거래로 인한 자산, 부채, 자본, 수익 및 비용의 변동은 구체적으로 다음의 8가지 유형으로 구분할 수 있다.

- 자산의 증가 (차변), 자산의 감소 (대변)
- 부채의 증가 (대변), 부채의 감소 (차변)
- 자본의 증가 (대변), 자본의 감소 (차변)
- 수익의 발생 (대변)
- 비용의 발생 (차변)

이와 같이 거래가 재무상태에 미치는 영향을 8가지 유형으로 나눌 수 있는데 이를 거래의 8요소라고 한다. 거래의 8요소는 일정한 규칙에 의해서 해당 계정의 차변 또는 대변에 기록되는데 [그림 4-1]은 거래의 8요소를 차변에 기록하는 요소(4개)와 대변에 기록되는 요소(4개)로 구분한 것이다.

또한 [그림 4-1]은 거래의 8요소 중 차변요소와 대변요소의 결합관계를 나타내고 있는데 모든 거래는 1개 이상의 차변요소와 1개 이상의 대변요소로 구성된다. 이러한 관계를 제3장에서 설명한 바와 같이 거래의 이중성이라고 한다.

그림 4-1 거래 8요소의 결합관계

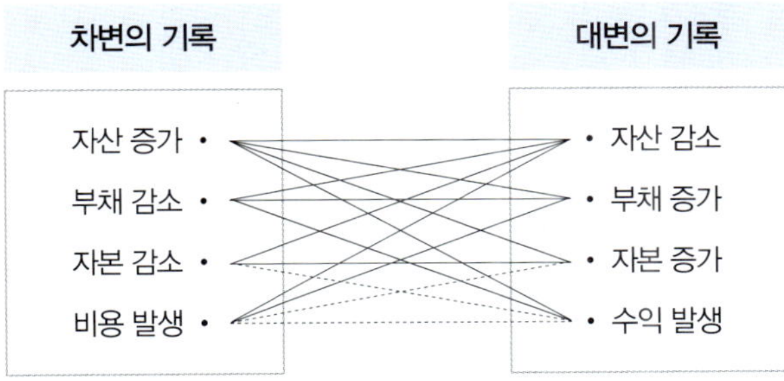

* 점선으로 표시된 부분은 거의 발생하지 않는 결합관계임.

예제 4-1 거래의 8요소

다음 거래를 거래 8요소의 결합으로 표시하시오.

① 은행에서 돈을 빌리다.
② 컴퓨터를 현금으로 구입하다.
③ 상품을 외상으로 매입하다.
④ 사무실에 대한 임차료를 지급하다.
⑤ 어음을 받고 상품을 판매하다.

풀이

	차변	대변
①	자산(현금) 증가	부채(차입금) 증가
②	자산(비품) 증가	자산(현금) 감소
③	자산(상품) 증가	부채(외상매입금) 증가
④	비용(임차료) 증가	자산(현금) 감소
⑤	자산(받을어음) 증가	수익(매출) 증가

2 분개

거래가 발생하면 거래의 발생순서대로 어느 계정이 변동되었으며 해당 계정의 어느 쪽(차변, 대변)에 기록할 것인지를 판단하여 차변과 대변으로 나누어 금액을 기록하는 데 이를 분개라 한다. 즉, 분개는 거래로 인해 변동되는 계정과 해당 계정에 기록할 금액을 요약하는 과정이라고 할 수 있다. 모든 회계기록은 분개로부터 시작하기 때문에 분개를 모르면 회계를 이해할 수 없다. [그림 4-2]는 장부기록의 과정을 보여준다.

그림 4-2 장부기록의 과정

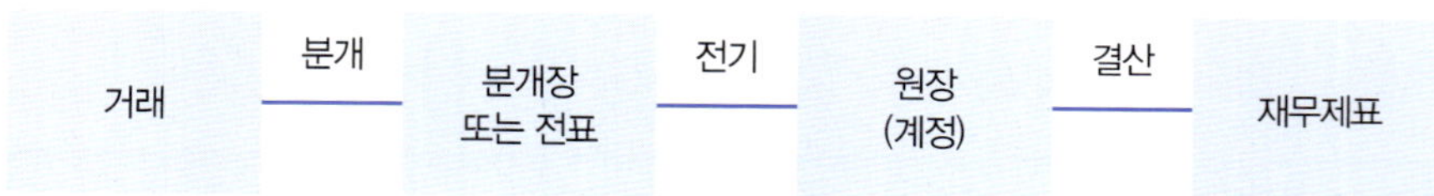

분개하는 방법을 구체적으로 정리하면 다음과 같다.

① 거래가 어느 계정에 변동을 주는지 파악하여 해당 계정과목을 식별한다.

② 해당 계정이 증가했는지 감소했는지에 따라 차변에 기록할 것인지, 대변에 기록할 것인지를 결정한다.(예: 자산의 증가는 차변, 부채의 증가는 대변)

③ 차변과 대변을 구분하여 각각 해당 계정과목과 함께 금액을 기록한다. 하나의 분개에서 차변금액의 합계와 대변금액의 합계는 반드시 일치해야 한다.

예제 4-2 거래의 기록

은행에서 100만 원을 빌렸다는 거래를 절차에 따라 분개하시오.

① 계정변동 파악: 돈이 들어왔음 → 현금계정
나중에 은행에 갚아야 함 → 차입금계정

② 차변과 대변의 결정: 현금이 증가했음 → 자산의 증가이므로 차변에 기록함.
차입금이 증가했음 → 부채의 증가이므로 대변에 기록함.

③ 분개(계정과목과 금액 기록): (차) 현금 1,000,000 (대) 차입금 1,000,000

[예제 4-2]에서 보듯이 거래의 8요소를 외우는 것은 분개를 하기 위한 기초임을 알 수 있다. 다시 한 번 재무상태표 등식을 생각하며 분개법칙을 정리하자.

자산 = 부채 + 자본

자산 증가는 차변에 기록하므로 자산의 잔액은 차변에 나타나고, 부채와 자본의 증가는 대변에 기록하므로 부채와 자본의 잔액은 대변에 나타난다는 것을 기억하자. 자산, 부채, 자본의 감소는 반대로 생각하여 기록하면 된다. 수익은 자본의 증가에 해당하므로 대변, 비용은 자본의 감소에 해당하므로 차변에 기록한다. 자산, 부채, 자본, 수익, 비용의 증감을 해당 계정에 기록하는 방법이 [그림 4-3]에 요약되어 있다.

그림 4-3 계정의 종류에 따른 차변과 대변의 기록 방법

자산계정

(차)	(대)
증가	감소
잔액	

부채계정

(차)	(대)
감소	증가
	잔액

자본계정

(차)	(대)
감소	증가
	잔액

비용계정

(차)	(대)
증가	감소
잔액	

수익계정

(차)	(대)
감소	증가
	잔액

3 거래 유형별 분개

앞에서 분개의 개념과 방법을 학습하였으므로 다음 단계로 거래 유형에 따른 분개를 살펴보기로 한다. 거래 유형을 구분하는 방식은 여러 가지가 있지만 우선 현금을 받거나 앞으로 현금을 받을 수 있는 채권이 발생하는 거래와 현금을 지급하거나 현금을 지급할 채무가 발생하는 거래로 나누어 살펴본다. 기업에서 일어나는 대부분의 거래는 현금증가나 현금감소가 일어나는 거래에 속한다.

(1) 현금의 증가 또는 현금을 받을 수 있는 채권이 발생하는 거래

이 거래는 기업이 상품을 팔거나 용역을 제공하면서 현금을 받거나, 앞으로 현금을 받기로 하고 외상으로 판매하는 유형의 거래가 대표적이다. 세부적으로 살펴보기로 한다.

① 상품을 판매하거나 용역을 제공하고 현금을 받는 거래

- 거래: 상품 1,000,000원을 현금판매하다.
- 계정변동: 매출(수익)계정과 현금(자산)계정의 변동
- 차변, 대변: 현금 증가 (자산 증가) → 차변
  매출 발생 (수익 발생) → 대변
- 분개: (차) 현금 1,000,000 (대) 매출 1,000,000

② 상품이나 용역을 외상으로 판매하는 거래

- 거래: 컨설팅서비스를 제공하고 대금 600,000원은 1주일 후 받기로 하다.
- 계정변동: 용역매출(수익)계정과 외상매출금(자산)계정의 변동
- 차변, 대변: 외상매출금 증가 (자산 증가) → 차변
  용역매출 발생 (수익 발생) → 대변
- 분개: (차) 외상매출금 600,000 (대) 용역매출 600,000

③ 외상대금을 현금으로 회수하는 거래

- 거래: 거래처로부터 외상대금 900,000원을 회수하다.
- 계정변동: 현금(자산)계정과 외상매출금(자산)계정 변동
- 차변, 대변: 현금 증가 (자산 증가) → 차변
  외상매출금 감소 (자산 감소) → 대변
- 분개: (차) 현금 900,000 (대) 외상매출금 900,000

④ 토지 등을 처분하고 현금을 받거나 외상으로 하는 거래

- 거래: 장부에 3,000,000원으로 기록되어 있는 토지를 3,000,000원에 처분하다. 대금 중 1,500,000원은 현금으로 받고 나머지는 한달 후 받기로 하다.
- 계정변동: 현금(자산)계정, 미수금(자산)계정 및 토지(자산)계정의 변동
- 차변, 대변: 현금 증가 (자산 증가) → 차변
  미수금 증가 (자산 증가) → 차변
  토지 감소 (자산 감소) → 대변
- 분개: (차) 현금 1,500,000 (대) 토지 3,000,000
  미수금 1,500,000

⑤ 은행에서 돈을 빌리는 거래

- 거래: 은행에서 10,000,000원을 차입하다.
- 계정변동: 현금(자산)계정과 차입금(부채)계정의 변동
- 차변, 대변: 현금 증가 (자산 증가) → 차변
  차입금 증가 (부채 증가) → 대변
- 분개: (차) 현금 10,000,000 (대) 차입금 10,000,000

⑥ 선수금을 받는 거래

- 거래: 제품이 완성되는 때 인도하기로 하고 선수금 700,000원을 미리 받다.
- 계정변동: 현금(자산)계정과 선수금(부채)계정의 변동
- 차변, 대변: 현금 증가 (자산 증가) → 차변
  선수금 증가 (부채 증가) → 대변
- 분개: (차) 현금 700,000 (대) 선수금 700,000

⑦ 주주로부터 증자를 받는 거래

- 거래: 주주들이 20,000,000원의 유상증자를 하다.
- 계정변동: 현금(자산)계정과 자본금(자본)계정의 변동
- 차변, 대변: 현금 증가 (자산 증가) → 차변
  자본금 증가 (자본 증가) → 대변
- 분개: (차) 현금 20,000,000 (대) 자본금 20,000,000

(2) 현금의 감소 또는 현금을 지급할 채무가 발생하는 거래

이 거래는 상품을 구입하거나 비용이 발생하는데 따라 현금을 지급하거나, 앞으로 지급하기로 하여 미지급채무가 발생하는 유형이다.

① 상품을 매입하면서 현금을 지급하는 거래

- 거래: 상품 400,000원을 현금으로 매입하다.
- 계정변동: 현금(자산)계정과 상품(자산)계정의 변동
- 차변, 대변: 상품 증가 (자산 증가) → 차변
  현금 감소 (자산 감소) → 대변
- 분개: (차) 상품 400,000 (대) 현금 400,000

② 상품을 외상으로 매입하는 거래

- 거래: 상품 800,000원을 외상으로 매입하다.
- 계정변동: 상품(자산)계정과 외상매입금(부채)계정의 변동
- 차변, 대변: 상품 증가 (자산 증가) → 차변
  외상매입금 증가 (부채 증가) → 대변
- 분개: (차) 상품 800,000 (대) 외상매입금 800,000

③ 비용을 현금으로 지급하는 거래

- 거래: 사무실 임차료 200,000원을 현금지급하다.
- 계정변동: 현금(자산)계정과 임차료(비용)계정의 변동
- 차변, 대변: 임차료 발생 (비용 발생) → 차변
  현금 감소 (자산 감소) → 대변
- 분개: (차) 임차료 200,000 (대) 현금 200,000

④ 비용을 미지급한 거래

- 거래: 광고료 1,300,000원의 청구서를 받고 2주 후 갚기로 하다.
- 계정변동: 광고비(비용)계정과 미지급금(부채)계정의 변동
- 차변, 대변: 광고비 발생 (비용 발생) → 차변
  미지급금 증가 (부채 증가) → 대변
- 분개: (차) 광고비 1,300,000 (대) 미지급금* 1,300,000

* 미지급금계정 대신 좀더 세분화한 미지급비용 또는 미지급광고비계정을 사용하기도 함. 이곳에서는 상품 이외의 외상거래를 전부 미지급금계정으로 처리함.

⑤ 컴퓨터 등 비품을 현금구입 또는 외상구입하는 거래

- 거래: 컴퓨터 5대를 5,000,000원에 구입하고 3,000,000원은 현금지급하고 나머지는 외상으로 하다.
- 계정변동: 비품(자산)계정 및 현금(자산)계정과 미지급금(부채)계정의 변동
- 차변, 대변: 비품 증가 (자산 증가) → 차변
  현금 감소 (자산 감소) → 대변
  미지급금 증가 (부채 증가) → 대변
- 분개: (차) 비품 5,000,000 (대) 현금 3,000,000
  미지급금 2,000,000

⑥ 외상대금을 갚는 거래

- 거래: 상품을 외상매입한 대금 300,000원과 임차료 밀린 대금 200,000원을 현금으로 지급하다.
- 계정변동: 외상매입금(부채)계정, 미지급금(부채)계정과 현금(자산)계정의 변동
- 차변, 대변: 외상매입금 감소 (부채 감소) → 차변
  미지급금 감소 (부채 감소) → 차변
  현금 감소 (자산 감소) → 대변
- 분개: (차) 외상매입금 300,000 (대) 현금 500,000
  미지급금 200,000

⑦ 차입금을 상환하는 거래

- 거래: 은행 차입금 2,000,000원을 상환하다.
- 계정변동: 차입금(부채)계정 및 현금(자산)계정의 변동
- 차변, 대변: 차입금 감소 (부채 감소) → 차변
  현금 감소 (자산 감소) → 대변
- 분개: (차) 차입금 2,000,000 (대) 현금 2,000,000

⑧ 배당금을 지급하는 거래

- 거래: 배당금 300,000원을 지급하다.
- 계정변동: 이익잉여금*(자본)계정 및 현금(자산)계정의 변동
- 차변, 대변: 이익잉여금 감소 (자본 감소) → 차변
  현금 감소 (자산 감소) → 대변
- 분개: (차) 이익잉여금 300,000 (대) 현금 600,000

* 이익잉여금계정 대신 배당금계정에 먼저 기록한 후 회계기말에 배당금계정의 차변 잔액을 이익잉여금계정의 차변으로 옮기는 방식을 사용할 수도 있으나, 이곳에서는 바로 이익잉여금계정의 감소로 처리함.

예제 4-3 거래의 분개(1)

다음 거래를 분개하시오.

① 3월 1일: 글로벌회사를 설립하고 주주들이 3,000,000원을 납입하다.
② 3월 5일: 소모품 100,000원을 구입하다. 이중 60,000원을 현금지급하고 40,000원을 외상으로 하다.
③ 3월 6일: 은행에서 1,000,000원을 대출받았다.
④ 3월 10일: 컨설팅 서비스를 수행하고 700,000원을 받다.
⑤ 3월 11일: 임차료 200,000원을 지급하다.
⑥ 3월 16일: 소모품 외상구입대금 중 30,000원을 갚다.
⑦ 3월 25일: 직원 급여 500,000원을 지급하다.
⑧ 3월 27일: 컨설팅 서비스 2,000,000원을 수행하였으나 거래처에서 한달 후에 갚기로 하다.

풀이

	날짜		차변 계정	금액		대변 계정	금액
①	3/1	(차)	현금	3,000,000	(대)	자본금	3,000,000
②	3/5	(차)	소모품	100,000	(대)	현금	60,000
						미지급금	40,000
③	3/6	(차)	현금	1,000,000	(대)	차입금	1,000,000
④	3/10	(차)	현금	700,000	(대)	용역매출	700,000
⑤	3/11	(차)	임차료	200,000	(대)	현금	200,000
⑥	3/16	(차)	미지급금	30,000	(대)	현금	30,000
⑦	3/25	(차)	급여	500,000	(대)	현금	500,000
⑧	3/27	(차)	외상매출금	2,000,000	(대)	용역매출	2,000,000

해설 분개를 할 때 현금의 변동이 있으면 현금 증가는 차변, 현금 감소는 대변으로 현금계정을 먼저 적은 후 그 원인을 찾아 반대쪽에 계정과목과 금액을 적으면 쉽게 분개 된다. 예를 들어, 3번 분개에서 현금 증가를 차변에 적은 후 그 원인인 차입금 증가를 대변에 적는 순서로 하는 것이다. 자산의 변동을 먼저 살핀 후 상대 계정과목을 헤아려서 차변과 대변으로 적으면 조금은 쉽게 분개를 할 수 있을 것이다.

분개는 회계의 첫걸음으로서 충분한 연습이 필요하므로 [부록 Ⅰ]에서 제시하고 있는 다양한 거래를 이용하여 분개연습을 하도록 하자.

예제 4-4 거래의 분개(2)

다음 거래를 분개하시오. (힌트: 자산이 변동되는 계정과목(결과)을 먼저 답한 후 원인에 해당하는 상대 계정과목을 찾는 방식을 취할 것)

① 10월 3일: 서울컨설팅회사를 설립하고 자본금 30,000,000원을 주주로부터 납입 받아 보통예금하다.

② 10월 5일: 컴퓨터 10대를 10,000,000원에 구입하고, 보통예금에서 인출하여 지급하다.

③ 10월 6일: 거래처에 컨설팅 서비스를 제공하고 서비스 대금 2,000,000원을 1주일 후에 받기로 하다.

④ 10월 7일: 사무실 임차료 1,500,000원을 보통예금에서 인출하여 지급하다.

⑤ 10월 8일: 은행에서 5,000,000원을 차입하여 보통예금에 입금하다.

⑥ 10월 9일: 소모품 600,000원을 외상구입하다.

⑦ 10월 10일: 소모품 외상구입대금 중 200,000원을 보통예금에서 인출하여 지급하다.

⑧ 10월 11일: 직원급여 7,000,000원을 보통예금에서 인출하여 지급하다.

⑨ 10월 15일: 신문에 광고를 게재하고 대금 3,000,000원은 보름 후 갚기로 하다.

⑩ 10월 20일: 거래처로부터 외상 컨설팅 서비스료 2,000,000원을 현금으로 회수하다.

⑪ 10월 30일: 광고료, 미지급금 3,000,000원을 보통예금에서 2,000,000원을 인출하고, 보유중인 현금 1,000,000원과 함께 갚다.

풀이

	날짜		차변	금액		대변	금액
①	10/3	(차)	보통예금	30,000,000	(대)	자본금	30,000,000
②	10/5	(차)	비품	10,000,000	(대)	보통예금	10,000,000
③	10/6	(차)	외상매출금	2,000,000	(대)	용역매출	2,000,000
④	10/7	(차)	임차료	1,500,000	(대)	보통예금	1,500,000
⑤	10/8	(차)	보통예금	5,000,000	(대)	차입금	5,000,000
⑥	10/9	(차)	소모품	600,000	(대)	미지급금	600,000
⑦	10/10	(차)	미지급금	200,000	(대)	보통예금	200,000
⑧	10/11	(차)	급여	7,000,000	(대)	보통예금	7,000,000
⑨	10/15	(차)	광고비	3,000,000	(대)	미지급금* (미지급광고비)	3,000,000

* 미지급금계정을 사용하지만 미지급광고비라는 더욱 세분화된 계정을 사용할 수도 있다.

	날짜		차변	금액		대변	금액
⑩	10/20	(차)	현금	2,000,000	(대)	외상매출금	2,000,000
⑪	10/30	(차)	미지급금 (미지급광고비)	3,000,000	(대)	보통예금 현금	2,000,000 1,000,000

2절 분개장과 원장의 기록

1 분개장 또는 전표의 기록

분개는 분개장(journal)에 기록한다. 분개장은 거래가 발생하는 순서대로 분개를 기록하는 원시장부이다. [그림 4-4]는 분개장을 보여준다.

그림 4-4 분개장의 예

일자	계정과목 및 설명	원면	차변	대변
20××. 3. 1	(차) 현금	11	3,000,000	
	(대) 자본금	31		3,000,000
	액면 3,000원의 주식 1,000주를 발행하다.			
3. 5	(차) 소모품	14	100,000	
	(대) 현금	11		60,000
	미지급금	23		40,000
	소모품 100,000원을 60,000원은 현금을 지급하고 나머지는 외상으로 구입하다.			

[그림 4-4]에서 보듯이 분개장에는 거래의 발생일자를 기록하고 관련된 계정과목 및 차변과 대변의 금액을 기록한다. 그리고 거래의 내용을 간단히 설명한다. '원면'이라는 것은 계정과목표에 있는 계정의 코드번호를 말한다. [그림 4-4]에서 사용하고 있는 계정의 코드번호를 보면 현금은 11, 자본금은 31, 소모품은 14, 미지급금은 23인 것을 알 수 있다.

실무적으로 분개를 분개장에 기록하는 대신 전표에 기록하기도 한다. 전표를 사용하는 경우에는 한 장의 전표에 하나의 거래만을 기록하는데 거래의 유형에 따라 입금전표, 출금전표, 대체전표의 3가지 양식을 구분하여 사용한다. [그림 4-5]는 전표의 양식을 보여준다.

그림 4-5 전표의 양식

No. 09-35

입금전표

20××년 3월 5일

담당	과장	부장

계정과목	적 요	금 액
매출	A상품 500개 판매	1,000,000
합 계		1,000,000

No. 09-31

대체전표

20××년 3월 7일

담당	과장	부장

계정과목	금 액	계정과목	금 액
미수금	2,000,000	비품	2,000,000
합 계	2,000,000	합 계	2,000,000
적 요	컴퓨터 2대를 외상으로 매각함.		

입금전표는 현금을 받는 입금거래를 기록하는 데 사용하는 전표이다. 입금거래의 분개에서 차변은 항상 현금계정이기 때문에 입금전표에는 대변계정과목만을 표시하도록 되어 있다. [그림 4-5]의 입금전표에 기록된 매출계정은 대변을 의미하므로 상품을 팔아 현금 1백만 원이 입금된 거래를 나타낸다.

출금전표는 현금이 지급되는 출금거래를 기록하는 데 사용하는 전표이다. 출금거래의 분개에서 대변은 항상 현금계정이기 때문에 출금전표에는 차변계정과목만을 표시하도록 되어 있다.

그리고 대체전표는 입금 또는 출금을 수반하지 않는 거래를 기록하는 데 사용하는 전표이다. [그림 4-5]의 대체전표는 비품을 외상으로 매각한 거래로서 차변에 미수금계정(자산 증가)과 대변에 비품계정(자산 감소)을 표시하고 있다.

2 원장의 기록

분개장이나 전표에 분개를 기록한 다음 분개내용을 원장에 있는 각 계정에 옮겨 적는데 이를 전기(posting)라고 한다. [그림 4-6]은 원장 전기의 예를 보여준다.

그림 4-6 원장 전기의 예

분개: (1) 3. 1 (차) 현 금 3,000,000 (대) 자본금 3,000,000

원장:

현 금 계 정					번호: 11
일 자	적 요	분면	차 변	대 변	잔 액
3. 1	주식발행	(1)	3,000,000		3,000,000

자 본 금 계 정					번호: 31
일 자	적 요	분면	차 변	대 변	잔 액
3. 1	주식발행	(1)		3,000,000	3,000,000

[그림 4-6]에서 보듯이 각 계정과목을 구분하여 변동내용을 기록하는 장부를 원장(ledger)이라고 한다. 원장의 계정을 보면 '분면'이라는 항목이 있는데 이는 해당 분개가 있는 분개장의 페이지 또는 전표번호를 적어서 각 계정에 기록된 내용이 어느 분개로부터 온 것인지 확인할 수 있도록 하려는 것이다.

본서에서는 설명의 편의를 위해 원장을 T계정을 사용하여 표시하고 있는데 T계정을 쓸 경우 [그림 4-6]은 [그림 4-7]과 같이 나타낼 수 있다.

그림 4-7 원장 전기의 예(T계정)

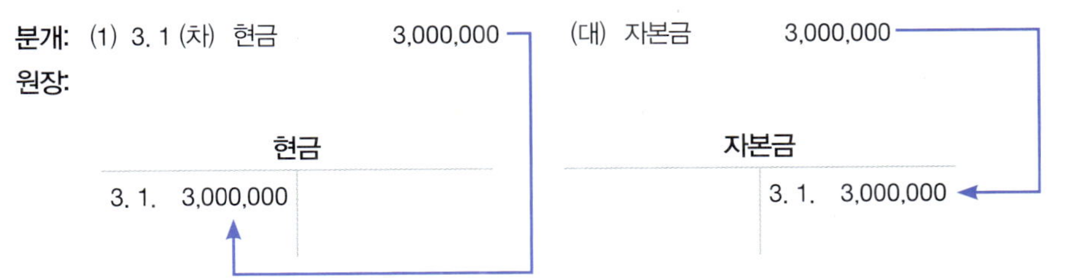

예제 4-5 T계정의 기록

다음의 분개를 T계정에 기록하시오.

① 3/1	(차)	현금	3,000,000	(대)	자본금	3,000,000
② 3/5	(차)	소모품	100,000	(대)	현금	60,000
					미지급금	40,000
③ 3/6	(차)	현금	1,000,000	(대)	차입금	1,000,000
④ 3/10	(차)	현금	700,000	(대)	용역매출	700,000
⑤ 3/11	(차)	임차료	200,000	(대)	현금	200,000
⑥ 3/16	(차)	미지급금	30,000	(대)	현금	30,000
⑦ 3/25	(차)	급여	500,000	(대)	현금	500,000
⑧ 3/27	(차)	외상매출금	2,000,000	(대)	용역매출	2,000,000

풀이

현금

① 3/1	3,000,000	② 3/5	60,000
③ 3/6	1,000,000	⑤ 3/11	200,000
④ 3/10	700,000	⑥ 3/16	30,000
		⑦ 3/25	500,000
잔액	3,910,000		

외상매출금

⑧ 3/27	2,000,000		
잔액	2,000,000		

소모품

② 3/5	100,000		
잔액	100,000		

미지급금

⑥ 3/16	30,000	② 3/5	40,000
		잔액	10,000

차입금

		③ 3/6	1,000,000
		잔액	1,000,000

자본금

		① 3/1	3,000,000
		잔액	3,000,000

용역매출

		④ 3/10	700,000
		⑧ 3/27	2,000,000
		잔액	2,700,000

급여

⑦ 3/25	500,000		
잔액	500,000		

임차료

⑤ 3/11	200,000		
잔액	200,000		

3절 시산표와 재무제표 작성

1 시산표

시산표(trial balance)는 분개를 한 후 총계정원장에 전기한 내용이 정확하게 되었는지를 알아보기 위해 작성하는 양식이다. 시산표는 총계정원장에 있는 모든 계정의 차변합계와 대변합계 또는 잔액을 하나의 표로 모은 것으로 시산표상 차변합계와 대변합계는 반드시 일치해야 한다. 왜냐하면 모든 분개 하나 하나의 차변합계와 대변합계가 같으므로 이를 정확하게 개별 계정에 기록하였다면 모든 계정에 기록되어 있는 차변금액의 합계와 대변금액의 합계가 같을 수밖에 없기 때문이다.

시산표의 차변합계와 대변합계가 일치하지 않을 경우에는 다음과 같은 오류의 가능성이 있기 때문에 일련의 과정을 다시 확인하여 수정하여야 한다.

① 분개를 할 때 차변이나 대변 중 어느 한쪽 금액을 누락했거나 계정에 전기할 때 차변이나 대변 중 어느 한쪽을 누락한 경우

② 분개를 할 때 차변이나 대변금액을 틀리게 분개한 경우 또는 분개를 맞게 했으나 원장전기를 할 때 틀리게 계정에 기록한 경우

③ 원장계정의 합계와 잔액을 잘못 계산한 경우

④ 원장의 차변합계와 대변합계, 잔액을 시산표에 옮겨 적을 때 잘못 기록한 경우

그러나 다음과 같은 오류는 시산표에 의해 발견되지 않는다.

① 분개를 할 때 대변과 차변을 반대로 한 경우 또는 분개는 바르게 했으나 원장의 계정에 전기할 때 차변과 대변을 정반대로 한 경우

② 분개에 있는 계정과 다른 계정과목으로 차변과 대변을 바르게 전기한 경우

③ 분개를 할 때 차변과 대변금액을 함께 잘못 기록한 경우 (예: 560원을 650원으로 기록)

④ 한 거래에 대해 이중으로 분개한 경우 또는 하나의 분개에 대해 원장에 두 번 중복

해서 전기한 경우

⑤ 특정 거래에 대해 분개 자체를 누락한 경우

시산표를 검토하여 오류를 발견한 후에는 오류를 수정하여야 한다. 분개는 올바르게 했으나 원장에 전기를 잘못한 경우에는 해당 계정의 기록을 정정해서 바른 기록을 하면 된다. 만일 분개를 이중으로 했거나, 차변과 대변을 바꾸어서 분개를 하거나, 금액을 틀리게 분개한 경우에는 한 번 기록한 분개 자체를 지울 수는 없다. 이 경우는 수정분개를 해야 한다. 예를 들어, 이중분개를 했다면, 이중으로 한 분개를 취소하는 분개를 하여야 한다.

시산표는 각 계정의 차변합계와 대변합계를 모아 작성한 합계시산표, 각 계정의 잔액만을 모아 작성한 잔액시산표, 그리고 합계시산표와 잔액시산표를 합하여 하나의 표로 나타내는 합계잔액시산표의 세 종류가 있다. 제2절에 제시한 [예제 4-5]에 기초하여 작성한 잔액시산표가 [그림 4-9]에, 합계잔액시산표가 [그림 4-10]에 제시되어 있다.

잔액시산표상에서는 다음과 같은 등식이 성립하게 되는데 이를 시산표 등식이라고 한다.

〈시산표 등식〉

자산 + 비용 = 부채 + 자본 + 수익

[그림 4-8]은 잔액시산표의 구조를 보여준다.

그림 4-8 잔액시산표의 구조

잔액시산표
20××년 ×월 ×일

자 산	부 채
	자 본
	(순이익)
비 용	수 익
자산 + 비용	부채 + 자본 + 수익

* 위 그림 중 비용을 초과한 수익부분이 순이익이며, 이는 재무상태표의 자본 중 이익잉여금에 통합되어 표시된다.

그림 4-9 잔액시산표

잔액시산표

20××. 3. 31.

(차변)		(대변)	
현금	3,910,000	미지급금	10,000
외상매출금	2,000,000	차입금	1,000,000
소모품	100,000	자본금	3,000,000
급여	500,000	용역매출	2,700,000
임차료	200,000		
	6,710,000		6,710,000

그림 4-10 합계잔액시산표

합계잔액시산표

20××. 3. 31.

차변		계정과목	대변	
잔 액	합 계		합 계	잔 액
3,910,000	4,700,000	현금	790,000	
2,000,000	2,000,000	외상매출금		
100,000	100,000	소모품		
	30,000	미지급금	40,000	10,000
		차입금	1,000,000	1,000,000
		자본금	3,000,000	3,000,000
		용역매출	2,700,000	2,700,000
500,000	500,000	급여		
200,000	200,000	임차료		
6,710,000	7,530,000	계	7,530,000	6,710,000

시산표를 작성하면 장부기록의 정확성을 확인할 수 있을 뿐만 아니라 재무상태표와 손익계산서를 용이하게 작성할 수 있다. 모든 계정의 잔액을 하나의 표로 정리하였기 때문에 자산, 부채, 자본계정을 따로 집계하면 재무상태표가 되고, 수익과 비용계정을 따로 집계하면 손익계산서를 작성할 수 있기 때문이다.

2 재무상태표와 손익계산서 작성

회계기말의 결산과정에서 시산표를 작성한 후 재무상태표와 손익계산서를 작성한다. 시산표의 차변에 표시된 자산과 대변에 표시된 부채와 자본을 각각 재무상태표의 왼쪽과 오른쪽으로 옮겨 적어 재무상태표를 작성한다. 이때 차변인 자산합계가 대변인 부채와 자본합계보다 많다면 그 차액이 순이익으로서 이익잉여금계정의 증가로 표시하고, 반대인 경우 이익잉여금의 감소로 표시한다.

마찬가지 방식으로 시산표의 비용계정과 수익계정을 각각 손익계산서의 왼쪽과 오른쪽으로 옮겨 적어 손익계산서를 작성한다. 이때도 수익금액이 비용금액보다 많으면 그 차액은 당기순이익이 되고 반대인 경우 당기순손실이 된다. [그림 4-11]은 [그림 4-9]의 시산표로부터 재무상태표와 손익계산서를 작성하는 방식을 보여준다.

그림 4-11 재무제표의 작성

시산표

현금	3,910,000	미지급금	10,000
외상매출금	2,000,000	차입금	1,000,000
소모품	100,000	자본금	3,000,000
급여	500,000	용역매출	2,700,000
임차료	200,000		
차변합계	6,710,000	대변합계	6,710,000

재무상태표 계정 → 재무상태표

손익계산서 계정 → 손익계산서

재무상태표

자산:		부채:	
현금	3,910,000	미지급금	10,000
외상매출금	2,000,000	차입금	1,000,000
소모품	100,000	부채계	1,010,000
		자본:	
		자본금	3,000,000
		이익잉여금[1]	2,000,000
		자본계	5,000,000
자산총계	6,010,000	부채와자본총계	6,010,000

손익계산서

비용:		수익:	
급여	500,000	용역매출	2,700,000
임차료	200,000		
비용계	700,000		
순이익[2]	2,000,000		
비용과순이익계	2,700,000	수익계	2,700,000

1) 자산합계에서 부채와 자본금합계를 차감한 금액으로 이 예제의 경우 당기순이익과 일치하고 있다.
2) 손익계산서의 순이익은 수익에서 비용을 차감한 잔액으로 계정식 손익계산서의 왼쪽과 오른쪽의 합계를 일치시키기 위해 왼쪽에 표시한 것이다. 순이익은 재무상태표의 이익잉여금을 증가시킨다.

예제 4-6 시산표와 재무제표

서울회사의 다음 자료를 이용하여 (1) 분개, (2) T계정 기록, (3) 시산표 작성, (4) 재무상태표와 손익계산서를 작성하시오.

① 9월 1일: 회사 설립을 위해 주식을 발행하고 대금 30,000,000원을 납입받다.
② 9월 2일: 컴퓨터 10대를 15,000,000원에 구입하고, 대금 중 6,000,000원은 현금지급하고, 나머지는 보름 후 지급하기로 하였다.
③ 9월 3일: 은행에서 10,000,000원을 차입하다.
④ 9월 4일: 사무실 임차료 3,000,000원을 현금지급하다.
⑤ 9월 5일: 컨설팅 서비스를 수행하고 대금 8,000,000원 중 4,000,000원은 현금으로 받고 나머지는 1주일 후 받기로 하다.
⑥ 9월 10일: 직원 급여 6,000,000원을 지급하다.
⑦ 9월 11일: 컴퓨터 외상대금 중 7,000,000원을 지급하다.
⑧ 9월 12일: 컨설팅 외상대금 중 3,000,000원을 회수하다.
⑨ 9월 15일: 컨설팅 서비스를 제공하고 대금 5,000,000원을 현금으로 받다.
⑩ 9월 16일: 광고료 2,000,000원을 현금지급하다.
⑪ 9월 30일: 은행차입금이자 100,000원을 현금지급하다.

풀이

(1) 분개 (단위: 천원)

①	9/1	(차)	현금	30,000	(대)	자본금	30,000
②	9/2	(차)	비품	15,000	(대)	현금	6,000
						미지급금	9,000
③	9/3	(차)	현금	10,000	(대)	차입금	10,000
④	9/4	(차)	임차료	3,000	(대)	현금	3,000
⑤	9/5	(차)	현금	4,000	(대)	용역매출	8,000
			외상매출금	4,000			
⑥	9/10	(차)	급여	6,000	(대)	현금	6,000
⑦	9/11	(차)	미지급금	7,000	(대)	현금	7,000
⑧	9/12	(차)	현금	3,000	(대)	외상매출금	3,000
⑨	9/15	(차)	현금	5,000	(대)	용역매출	5,000
⑩	9/16	(차)	광고비	2,000	(대)	현금	2,000
⑪	9/30	(차)	이자비용	100	(대)	현금	100

(2) T계정 기록 (단위: 천원)

현금

①	9/1	30,000	②	9/2	6,000
③	9/3	10,000	④	9/4	3,000
⑤	9/5	4,000	⑥	9/10	6,000
⑧	9/12	3,000	⑦	9/11	7,000
⑨	9/15	5,000	⑩	9/16	2,000
			⑪	9/30	100
	잔액	27,900			

자본금

			①	9/1	30,000
				잔액	30,000

비품

②	9/2	15,000			
	잔액	15,000			

미지급금

⑦	9/11	7,000	②	9/2	9,000
				잔액	2,000

차입금

			③	9/3	10,000
				잔액	10,000

임차료

④	9/4	3,000			
	잔액	3,000			

외상매출금

⑤	9/5	4,000	⑧	9/12	3,000
	잔액	1,000			

용역매출

			⑤	9/5	8,000
			⑨	9/15	5,000
				잔액	13,000

급여

⑥	9/10	6,000			
	잔액	6,000			

광고비

⑩	9/16	2,000			
	잔액	2,000			

이자비용

⑪	9/30	100			
	잔액	100			

(3) 시산표 작성

시 산 표

서울회사	20××. 9. 30.		(단위: 천원)
현금	27,900	자본금	30,000
비품	15,000	차입금	10,000
외상매출금	1,000	미지급금	2,000
임차료	3,000	용역매출	13,000
급여	6,000		
광고비	2,000		
이자비용	100		
	55,000		55,000

(4) 재무상태표와 손익계산서 작성

재무상태표

서울회사	20××. 9. 30. 현재		(단위: 천원)
자산:		부채:	
현금	27,900	미지급금	2,000
외상매출금	1,000	차입금	10,000
비품	15,000	부채계	12,000
		자본:	
		자본금	30,000
		이익잉여금	1,900*
		자본계	31,900
자산총계	43,900	부채와 자본총계	43,900

손익계산서

서울회사	20××. 9. 1. ~ 9. 30.	(단위: 천원)
수익:		
용역매출		13,000
비용:		
급여	6,000	
임차료	3,000	
광고비	2,000	
이자비용	100	11,100
당기순이익		1,900*

* 손익계산서의 당기순이익만큼 재무상태표의 자본항목 중 이익잉여금이 증가한 것을 알 수 있다.

4절 회계장부와 증빙관리

1 회계의 증빙서류

기업이 원재료를 구입하면 거래처에서 거래명세표와 세금계산서를 보내오며, 거래명세표와 세금계산서를 근거로 하여 회계처리를 하는 것이다. 이처럼 대부분의 거래는 그 내용을 확인할 수 있는 증빙서류가 있다. 외부 거래처와의 거래가 아닌 내부거래의 경우, 예를 들어 직원의 급여를 지급하는 때는 급여대장, 원천징수기록 및 현금의 출금을 위한 지출결의서 같은 내부서류가 거래사실을 확인할 수 있는 증빙서류가 된다.

증빙서류, 특히 세금계산서와 같은 증빙서류는 외부감사와 세무조사 등의 경우 거래사실의 확인을 위해 제시할 수 있도록 체계적으로 잘 보관하여야 한다.

2 회계장부

거래가 발생하면 분개장이나 전표에 분개를 한 후 총계정원장(general ledger)의 각 계정에 전기를 한다. 이때 사용되는 분개장과 총계정원장을 회계장부라고 한다. 이외에도 현금출납장과 재고관리대장 등 보조원장이 있다. [그림 4-12]는 장부의 종류를 보여준다.

회계장부 중 가장 중요한 것이 총계정원장이다. 재산변동을 기록하는 모든 계정이 설정되어 있는 장부이기 때문이다. 총계정원장의 특정 계정, 예를 들어 매출채권계정은 거래처별로 거래내역을 기록하는 매출처원장과 같은 보조원장을 두고 있다.

그림 4-12 장부의 종류

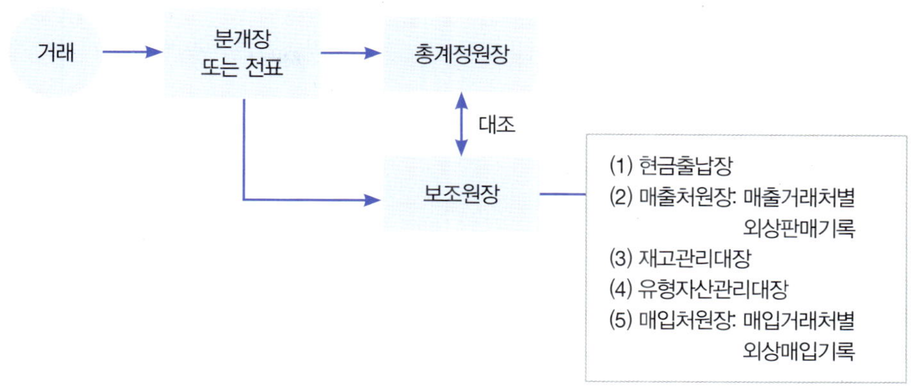

외상매출금과 받을어음, 외상매입금과 지급어음은 총계정원장에 있는 총괄계정이다. 실제 영업에서는 거래처가 많기 때문에 거래처별로 얼마의 채권과 채무가 있는지를 관리하기 위하여 거래처별 원장(보조원장)을 사용한다. 즉, 총계정원장에는 외상매출금이나 외상매입금의 총액을 기록하고, 각 거래처별 외상매출금이나 외상매입금은 거래처 이름을 사용한 거래처별 원장에 기록한다. [예제 4-7]은 거래처별 원장의 기록을 보여준다.

예제 4-7 거래처별 원장

① 서울회사는 종로회사에서 상품 100,000원, 충무로회사에서 200,000원을 외상매입하다.

② 서울회사는 매입한 상품을 부산회사에 150,000원, 대전회사에 250,000원 외상으로 판매하다.

이 거래를 분개하고 총계정원장 및 거래처별 원장에 기록하시오.

풀이

- 분개

①	(차) 상 품	300,000	(대) 외상매입금	300,000
	(종로회사 100,000원, 충무로회사 200,000원)			
②	(차) 외상매출금	400,000	(대) 매 출	400,000
	(부산회사 150,000원, 대전회사 250,000원)			

- 총계정원장

외상매출금			외상매입금	
② 400,000				① 300,000

- 거래처별 원장

부산회사			종로회사	
② 150,000				① 100,000

대전회사			충무로회사	
② 250,000				① 200,000

[예제 4-7]에서 보는 것처럼 거래처별 원장의 합계액은 총계정원장에 있는 외상매출금이나 외상매입금과 같은 총괄계정의 금액과 일치하게 된다. 이는 은행에서 개별예금자의 보통예금합계가 보통예금이라는 총괄계정금액과 일치하는 것과 같은 성격이다.

3 회계정보시스템

거래가 발생하면 분개장과 총계정원장에 기록하여 재무제표를 작성한다. 이러한 일련의 업무처리과정을 회계정보시스템이라고 하는데 과거에는 이러한 과정이 수작업으로 이루어졌지만 요즈음은 일반적으로 컴퓨터에 의한 회계프로그램을 이용하고 있어 거래사실을 컴퓨터에 입력하면 자동적으로 분개와 전기가 이루어지고 원장뿐만 아니라 재무제표까지 작성된다.

기업에서 어떤 회계정보시스템을 사용할 것인지는 기업의 상황에 따라 다르다. 규모가 작은 기업은 현금출납장과 분개장, 총계정원장과 같은 회계장부를 수작업으로 작성할 수도 있지만, 오늘날 대부분의 기업은 컴퓨터를 이용한 회계정보시스템을 사용하고 있다.

컴퓨터를 이용하여 회계처리하는 경우 계정과목 등에 코드를 부여하고 거래가 발생할 때 화면에 계정과목과 코드가 바로 창에 팝업되도록 함으로써 업무효율을 높일 수 있다. 그리고 회계정보시스템을 운용함에 있어서 거래에 대한 증빙서류를 잘 갖추고 분개번호와 증빙서류를 잘 연결시키고 보관하는 것이 중요하다.

이 장에서 익히는 용어

- **복식부기방식**: 자산, 부채, 자본, 수익 및 비용의 5가지 요소를 이용하여 거래를 기록함.
- **거래의 8요소**: 자산의 증가와 감소, 부채의 증가와 감소, 자본의 증가와 감소, 수익과 비용의 발생을 말함.
- **분개**: 거래가 발생하면 해당 계정의 차변과 대변 중 어느 곳에 기록할 것인지를 판단하여 원장의 해당 계정에 기록하도록 하는 명령기록.
- **분개장**: 분개를 기록하는 장부.
- **전표**: 분개장 대신 하나의 거래를 한 장의 서류에 분개하기 위하여 사용하는 서식.
- **원장**: 계정을 포함하는 장부. 총계정원장과 보조원장이 있음.
- **시산표**: 모든 계정의 차변합계와 대변합계 또는 잔액을 모은 표. 재무제표가 아님.

연습문제

01 다음 거래가 재무상태에 미치는 영향을 자산 증가(감소), 부채 증가(감소), 자본 증가(감소), 수익 및 비용 발생으로 표시하시오.

① 주식을 발행하여 현금을 받다.
② 비품을 외상구입하다.
③ 광고비 청구서를 받았으나 나중에 지급하기로 하였다.
④ 은행에서 자금을 차입하다.
⑤ 거래처에 용역을 제공하고 대금은 외상으로 하다.
⑥ 외상구입한 비품대금을 지급하다.
⑦ 직원급여를 지급하다.

해답

① 자산 증가, 자본 증가
② 자산 증가, 부채 증가
③ 비용 발생, 부채 증가
④ 자산 증가, 부채 증가
⑤ 자산 증가, 수익 발생
⑥ 부채 감소, 자산 감소
⑦ 비용 발생, 자산 감소

02 서울회사가 작성한 다음의 시산표에는 잘못된 부분이 있다. 올바른 시산표를 작성하시오.

시산표

서울회사 (단위: 원)

현금	120,000	외상매출금	180,000
미지급금	136,000	자본금	450,000
소모품	54,000	급여	230,000
비품	430,000	임차료	82,000
건물	680,000	용역매출	693,000
이익잉여금	274,000		
광고료	157,000		
차입금	380,000		
	2,231,000		1,635,000

해답

시산표

서울회사 (단위: 원)

현금	120,000	미지급금	136,000
외상매출금	180,000	차입금	380,000
소모품	54,000	자본금	450,000
비품	430,000	이익잉여금	274,000
건물	680,000	용역매출	693,000
급여	230,000		
임차료	82,000		
광고료	157,000		
	1,933,000		1,933,000

03 20×1년 12월 1일 현재 서울회사의 시산표는 다음과 같다.

시산표

서울회사 (단위: 천원)

현금	120	미지급금	136
외상매출금	180	차입금	380
소모품	54	자본금	450
비품	430	이익잉여금	498
건물	680		
	1,464		1,464

12월 중의 거래가 다음과 같을 경우 (1) 분개를 하고, (2) T계정의 기입, (3) 시산표 작성 및 (4) 재무상태표와 손익계산서를 작성하시오.

① 보험료 24,000원을 현금지급하다.

② 소형트럭을 250,000원에 구입하면서 50,000원은 현금으로 지급하고 나머지는 외상으로 하다.

③ 소모품을 30,000원만큼 사용하였다.

④ 컨설팅 서비스를 제공하고 대금 395,000원 중 200,000원은 현금으로 받고, 나머지는

외상으로 하다.
⑤ 급여 96,000원을 현금지급하다.
⑥ 컨설팅 외상대금 중 230,000원을 회수하다.
⑦ 임차료 52,000원을 지급하다.
⑧ 126,000원의 컨설팅 서비스를 제공하고 대금청구를 하였다.
⑨ 차입금이자 14,000원을 지급하다.
⑩ 소형트럭 외상구입대금 중 176,000원을 지급하다.

해답

(1) 분개 (단위: 천원)

①	(차)	보험료	24	(대)	현금	24
②	(차)	차량운반구	250	(대)	현금	50
					미지급금	200
③	(차)	소모품비	30	(대)	소모품	30
④	(차)	현금	200	(대)	용역매출	395
		외상매출금	195			
⑤	(차)	급여	96	(대)	현금	96
⑥	(차)	현금	230	(대)	외상매출금	230
⑦	(차)	임차료	52	(대)	현금	52
⑧	(차)	외상매출금	126	(대)	용역매출	126
⑨	(차)	이자비용	14	(대)	현금	14
⑩	(차)	미지급금	176	(대)	현금	176

(2) T계정 기록 (단위: 천원)

현금

기초	120	①	24
④	200	②	50
⑥	230	⑤	96
		⑦	52
		⑨	14
		⑩	176
잔액	138		

외상매출금

기초	180	⑥	230
④	195		
⑧	126		
잔액	271		

소모품

기초	54	③	30
잔액	24		

비품

기초	430		
잔액	430		

건물

기초	680		
잔액	680		

미지급금

⑩	176	기초	136
		②	200
		잔액	160

차입금

		기초	380
		잔액	380

자본금

		기초	450
		잔액	450

이익잉여금

		기초	498
		잔액	498

보험료

①	24		
잔액	24		

차량운반구

②	250		
잔액	250		

소모품비

③	30		
잔액	30		

용역매출

		④	395
		⑧	126
		잔액	521

급여

⑤	96		
잔액	96		

임차료

⑦	52		
잔액	52		

이자비용

⑨	14		
잔액	14		

(3) 시산표 작성

시 산 표

서울회사 (단위: 천원)

현금	138	미지급금	160
외상매출금	271	차입금	380
소모품	24	자본금	450
비품	430	이익잉여금	498
건물	680	용역매출	521
차량운반구	250		
보험료	24		
소모품비	30		
급여	96		
임차료	52		
이자비용	14		
	2,009		2,009

(4) 재무상태표와 손익계산서 작성

재무상태표

서울회사	20×1. 12. 31. 현재		(단위: 천원)
자산:		부채:	
현금	138	미지급금	160
외상매출금	271	차입금	380
소모품	24	부채계	540
비품	430	자본:	
차량운반구	250	자본금	450
건물	680	이익잉여금	803*
		자본계	1,253
자산총계	1,793	부채와 자본총계	1,793

* 기초 이익잉여금 498 + 당기순이익 305 = 803

손익계산서

서울회사	20×1. 1. 1. ~ 12. 31.	(단위: 천원)
수익:		
용역매출		521
비용:		
급여	96	
보험료	24	
소모품비	30	
임차료	52	
이자비용	14	216
당기순이익		305

01 다음 중 성립할 수 없는 거래요소의 결합은?

① 자산의 증가, 수익의 발생
② 자산의 증가, 부채의 증가
③ 부채의 증가, 자산의 감소
④ 비용의 발생, 자산의 감소

02 다음 설명 중 옳지 않은 것은?

① 외상매출금의 감소는 차변에 기록한다.
② 매출의 증가는 대변에 기록한다.
③ 광고비의 증가는 차변에 기록한다.
④ 차입금의 감소는 차변에 기록한다.

03 다음의 거래 중 수익 또는 비용이 발생하지 않는 거래는?

① 고객에게 현금을 받고 상품을 판매하다.
② 종업원에게 급여를 지급하다.
③ 1년분 구독료를 선불한 정기구독자에게 주간잡지를 송부하다.
④ 은행에서 설비구입자금을 융자받다.

04 거래처에 현금 2,000,000원을 빌려주는 거래에 대한 분개는?

	차변	금액	대변	금액
①	(차) 보통예금	2,000,000	(대) 현금	2,000,000
②	(차) 현금	2,000,000	(대) 차입금	2,000,000
③	(차) 광고비	2,000,000	(대) 현금	2,000,000
④	(차) 대여금	2,000,000	(대) 현금	2,000,000

정답 1. ③ 2. ① 3. ④ 4. ④

05 다음 중 자산 감소와 부채 감소로 이루어진 분개는?

① (차) 광고선전비	1,200,000	(대) 현금	1,200,000
② (차) 외상매입금	1,200,000	(대) 현금	1,200,000
③ (차) 통신비	1,200,000	(대) 미지급금	1,200,000
④ (차) 이자비용	1,200,000	(대) 현금	1,200,000

06 다음 중 부채 증가와 부채 감소로 이루어진 분개는?

① (차) 외상매입금	600,000	(대) 지급어음	600,000
② (차) 외상매입금	600,000	(대) 현금	600,000
③ (차) 현금	600,000	(대) 선수금	600,000
④ (차) 비품	600,000	(대) 미지급금	600,000

07 다음과 같은 거래요소의 결합에 해당하는 거래는?

(차) 자산의 증가	(대) 자산의 감소 수익의 발생

① 상품 30,000원을 매입하면서 12,000원은 현금으로 지급하고 나머지는 외상으로 하다.
② 단기대여금 30,000원과 그에 대한 이자 1,000원을 현금으로 회수하다.
③ 임대료 50,000원을 현금으로 받다.
④ 외상매입금 40,000원을 현금으로 지급하다.

08 다음 중 거래와 사용되는 전표가 적절하게 연결되지 못한 것은?

① 상품을 외상매출하다 – 대체전표
② 직원의 복리후생비 지급하다 – 대체전표
③ 상품매입하고 현금지급하다 – 출금전표
④ 상품외상대금을 받다 – 입금전표

정답 5. ② 6. ① 7. ② 8. ②

09 외상매입금 600,000원에 대하여 200,000원은 현금을 지급하고 나머지 금액은 약속어음을 발행하여 지급한 경우 재무상태에 미치는 영향을 올바로 나타낸 것은?

① 총자산은 증가하고, 총부채는 감소한다.
② 총자산은 감소하고, 총부채는 증가한다.
③ 총자산과 총부채가 모두 감소한다.
④ 총자산과 총부채가 모두 증가한다.

10 다음 중 시산표의 차변합계와 대변합계가 일치하지 않는 경우 그 원인이 되는 오류의 유형으로 볼 수 없는 것은?

① 원장의 차변합계와 대변합계, 잔액을 시산표에 옮겨 적을 때 잘못 기록한 경우
② 분개의 차변이나 대변 중 어느 한 쪽의 전기를 누락한 경우
③ 분개를 할 때 차변과 대변금액을 동일한 금액으로 함께 잘못 기록한 경우
④ 원장계정의 합계와 잔액을 잘못 계산한 경우

11 다음의 회계와 관련된 등식 중 성립할 수 없는 것은?

① 총비용 + 당기순이익 = 총수익
② 기말자산 + 총비용 = 기말부채 + 기말자본 + 총수익
③ 순매출액 − 매출원가 = 매출총이익
④ 기말자산 = 기말부채 + 기말자본

해설 기말자본에는 당기순이익이 포함되어 있음.

12 다음 중 보조원장이 아닌 것은?

① 총계정원장 ② 현금출납장
③ 매출처원장 ④ 매입처원장

정답 9. ③ 10. ③ 11. ② 12. ①

13 다음 중 컴퓨터에 의한 회계정보시스템의 장점이 될 수 없는 것은?

① 분개장의 내용을 별도의 수작업으로 원장에 전기할 필요가 없다.
② 계정잔액이 항상 최신의 잔액을 나타낼 수 있다.
③ 수작업시스템에 비해 경영자에게 회계자료를 신속히 제공할 수 있다.
④ 컴퓨터의 정확성으로 인해 내부통제절차가 필요 없다.

해설 내부통제는 경영활동을 효과적으로 통제하기 위한 조직적이고 계통적인 통제 방법을 말하는데 내부견제와 내부감사제도로 나누어짐.

14 다음의 증빙서류 중 회사 내부에서 작성된 서류가 아닌 것은?

① 상품구입에 따른 세금계산서
② 종업원 급여대장
③ 종업원에 대한 소득세 원천징수기록
④ 현금출금을 위한 지출결의서

해설 세금계산서는 상품의 판매자가 발행함.

15 다음의 증빙서류에 관한 설명 중 옳지 않은 것은?

① 면세사업자가 교부하는 계산서는 세금계산서와 같으나 부가가치세에 대한 내용은 없는 증빙서류이다.
② 입장권, 승차권도 영수증을 대신할 수 있는 증빙서류이다.
③ 기업 외부에 대금을 지급하더라도 증빙을 받을 수 없는 경우에는 기업 내부에서 지출사실을 확인하는 지출결의서를 작성하여야 한다.
④ 인터넷 뱅킹의 송금 관련 출력물은 증빙서류가 될 수 없다.

해설 면세사업자는 부가가치세가 면제되는 품목을 공급하는 자를 말함.

정답 13. ④ 14. ① 15. ④

16 다음의 증빙서류를 증거력이 큰 순서로 배열한 것은?

ㄱ. 회사 내부에서 작성되었고 내부에서만 유통되는 서류
ㄴ. 회사 내부에서 작성되었고 외부에서도 유통되는 서류
ㄷ. 회사 외부에서 작성된 서류

① ㄱ, ㄴ, ㄷ
② ㄱ, ㄷ, ㄴ
③ ㄷ, ㄴ, ㄱ
④ ㄴ, ㄷ, ㄱ

해설 회사 외부에서 작성된 서류가 내부에서 작성된 서류보다 증거력이 큼.

정답 16. ③

Chapter

05

회계순환과정과 결산

1절 회계순환과정

거래의 발생과 함께 분개를 하는 것으로 시작하여 원장 전기, 수정전시산표 작성, 그리고 결산수정분개와 함께 재무제표를 작성하여 결산보고를 하는 일련의 과정을 회계순환과정이라고 한다. [그림 5-1]은 회계순환과정을 보여준다. [부록 Ⅱ]의 종합문제를 이용하여 회계순환과정을 종합적으로 연습해 보도록 하자.

그림 5-1 회계순환과정

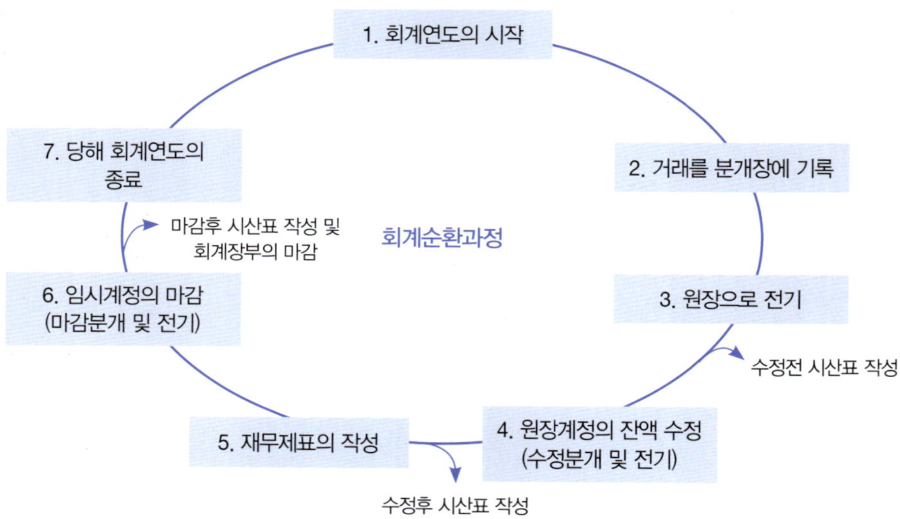

회계연도가 끝나는 시점에서 결산을 하게 되는데 결산을 통해서 회계기말의 재무상태와 회계연도의 경영성과를 계산하여 재무제표를 작성하게 된다. 재무제표의 작성이 끝나면 금년도 장부를 마감한다. 다음 회계연도에는 새 장부를 사용하여 분개부터 시작하여 다음 회계연도의 회계순환을 다시 시작한다.

2절 결산과 결산수정사항

1 결산

회계연도 말이 되면 기업은 한 회계기간 동안 얼마나 돈을 벌었는지를 계산하고 회계연도 말(기말)에 보유하고 있는 자산, 부채 및 자본금액을 확정하는 계산 작업을 하는데 이를 결산(closing)이라고 한다. 결산은 기간별 보고의 가정에 따라 1년 단위(3개월 또는 6개월 단위로도 할 수 있음)의 회계연도로 나누어 해당 회계연도에 얼마의 수익과 비용이 있었는지 계산하여 순이익(경영성과)을 측정하기 위한 절차이다.

2 결산수정사항

기업은 회계연도 중 발생한 모든 거래에 대해 분개를 한 후 원장 전기 등의 장부기록을 하고, 회계연도 말이 되면 한 회계연도의 손익계산과 회계기말의 재무상태를 파악하는 결산을 한다. 결산을 하기 위해 먼저 시산표를 작성하여 장부기록 과정에서의 오류 유무를 확인하는 한편, 여러 가지 결산준비절차를 수행하고 결산수정사항을 반영하여야 한다.

기업이 일반적으로 수행하는 결산준비절차 및 결산수정사항에는 다음과 같은 것이 있다.

(1) 상품과 같은 재고자산이 얼마나 남아 있는지 재고조사를 실시하고, 파손 여부와 장부상 재고와 차이가 있는지를 검토한다. 재고자산에 대해 실지재고조사법을 사용하는 경우 매출원가를 계산하기 위한 분개를 한다(제6장 참조).

(2) 외상매출금이나 받을어음과 같은 매출채권에 대해서 앞으로 회수하지 못할 금액을 예상하여 대손충당금계정을 수정한다(제9장 참조).

(3) 주식과 같은 유가증권을 보유하고 있다면 기말의 시가가 장부가액보다 높거나 낮은

경우 장부가액을 시가로 평가하는 회계처리를 한다(제12장 참조).

(4) 유형자산의 취득원가를 체계적인 방법으로 배분하여 비용을 인식하기 위하여 유형자산에 대한 감가상각비를 계상한다(제11장 참조).

(5) 종업원의 퇴직급여제도와 관련하여 비용을 인식하고 퇴직급여충당부채 등의 부채를 계상한다(제13장 참조).

(6) 수익과 비용을 발생주의에 의해 정확한 금액을 인식하기 위해 다음과 같은 항목에 관한 수정분개를 한다(제3절 참조).

① **선급비용**: 기중에 지출한 비용 중 다음 연도분까지 미리 지급한 부분이 있으면 그 부분은 선급비용이라는 자산으로 회계처리한다.

② **선수수익**: 기중에 대가를 받은 수익 중 다음 연도분까지 미리 받은 부분이 있으면 그 부분은 금년도 수익이 아니고 다음 연도 수익이므로 선수수익이라는 부채로 회계처리한다.

③ **미지급비용**: 금년도에 부담할 비용이지만 아직 현금으로 지급하지 않은 경우 미지급비용이라는 부채로 회계처리한다.

④ **미수수익**: 정기예금의 이자처럼 금년도의 이자수익으로 이미 발생하였지만 아직 현금으로 지급받지 못한 경우 미수수익이라는 자산으로 회계처리한다.

3절 결산수정분개

1 결산수정분개의 의의

회계연도 말에 결산수정사항을 확인하여 장부금액을 수정하기 위해 결산수정분개를 한다. 본절에서는 발생주의와 관련된 수익과 비용항목에 대한 결산수정분개를 알아보기로 한다.

발생주의는 한 회계기간에 보고하는 수익과 비용을 현금의 수입이나 지출을 기준으로 하지 않고 수익이나 비용의 발생을 기준으로 한다는 개념이다. 예를 들어, 상품을 12월 말 경에 외상으로 판매하고 대금은 다음해 1월 중 받은 경우 현금의 수입을 기준으로 한다면 다음해 1월에 현금의 수입과 함께 매출이라는 수익을 기록하여야 할 것이다. 그러나 이와 같이 실질적인 판매활동은 금년 12월 중에 수행되었는데 수익을 다음해에 기록하는 것은 불합리하다. 이에 비해 발생주의를 적용하면 실질적인 판매활동이 수행된 금년도 12월에 매출이라는 수익을 기록하고 외상대금은 외상매출금이라는 자산으로 기록하게 된다.

또 하나의 예로 비용의 경우를 살펴보자. 금년 10월 1일에 내년 9월 말까지 1년분 사무실 임차료 1,200,000원을 지급한 경우이다. 이 경우 현금의 지출을 기준으로 한다면 현금을 지급한 시점인 10월 1일에 1,200,000원을 모두 임차료로 기록하여야 할 것이다. 그러나 실제 사무실을 임차하여 금년에 사용한 기간은 10월, 11월, 12월 이렇게 3개월밖에 안 되는데 내년 9월까지의 12개월분 임차료 모두를 금년의 임차료로 기록하는 것은 불합리하다. 이에 비해 발생주의를 적용하면 실제 금년에 사용한 기간인 3개월에 대한 임차료만을 기록하고 나머지 내년 9개월분의 임차료는 선급비용이라는 자산으로 기록하게 된다.

이와 같이 발생주의와 관련된 수익과 비용항목에 대한 결산수정분개는 다음의 4가지 유형이 있다.

① **선급비용**: 비용과 자산계정인 선급비용으로 구분하는 분개
② **선수수익**: 수익과 부채계정인 선수수익으로 구분하는 분개
③ **미지급비용**: 비용과 부채인 미지급비용을 동시에 기록하는 분개
④ **미수수익**: 수익과 자산인 미수수익을 동시에 기록하는 분개

4가지 유형의 결산수정분개 중 선급비용과 선수수익은 금년 중 이미 현금을 지급했거나 받은 금액을 내년도의 비용과 수익으로 수정하는 것이므로 다음 연도로 넘긴다는 의미인 '이연분개'의 성격을 가진다. 이에 반해 미수수익과 미지급비용은 수익이나 비용이 금년 중 발생했지만 아직 현금의 수입이나 지출이 이루어지지 않은 것을 수정하는 것이므로 '발생분개'의 성격을 가진다.

[표 5-1]은 발생주의와 관련된 결산수정분개의 유형을 정리한 것이다.

표 5-1 발생주의와 관련된 결산수정분개의 유형

구 분		수정내용
이연분개	선급비용	당 회계연도의 비용과 다음 회계연도의 비용인 선급비용을 구분
	선수수익	당 회계연도의 수익과 다음 회계연도의 수익인 선수수익을 구분
발생분개	미지급비용	당 회계연도에 발생했으나 아직 현금으로 지급하지 않은 비용 기록
	미수수익	당 회계연도에 발생했으나 아직 현금으로 받지 않은 수익 기록

2 선급비용의 수정분개

금년 중 임차료나 보험료와 같은 비용을 지급했지만 그 중 일부가 다음 연도분에 해당한다면 그 부분을 자산인 선급비용으로 기록하여야 한다.

[예제 5-1]에서와 같이 금년 4월 1일에 1년분 보험료 1,200,000원을 지급하고 선급보험료라는 자산으로 처리한 경우를 생각해보자. 이 경우 결산시점인 12월 31일에 당년도 9개월분의 보험료인 900,000원은 비용인 보험료로 기록하고, 선급보험료는 900,000원을 감소시켜 300,000원만 선급보험료가 되도록 수정분개를 해야 한다.

예제 5-1 원시분개를 선급보험료로 기록한 경우

① 4/1 보험료 1,200,000원을 선급보험료(자산)로 기록함

② 12/31 당년도 보험료(비용) 900,000원
미사용 보험료(자산) 300,000원

③ 분개

4/1	(원시분개)	(차)	선급보험료 (자산 증가)	1,200,000	(대)	현금 (자산 감소)	1,200,000
12/31	(수정분개)	(차)	보험료 (비용 증가)	900,000	(대)	선급보험료 (자산 감소)	900,000

④ 계정표시

선급보험료(자산)

4/1	1,200,000	12/31	900,000
수정후잔액	300,000		

보험료(비용)

12/31	900,000		
수정후잔액	900,000		

만일 보험료를 지급하는 시점에 자산인 선급보험료로 기록하지 않고 비용인 보험료로 기록하였다면 연말에 다음 연도 3개월분에 해당하는 부분을 선급보험료로 기록하는 수정분개를 하여야 한다. [예제 5-2]는 원시분개를 할 때 비용인 보험료로 기록한 경우의 수정분개를 보여준다.

예제 5-2 원시분개를 보험료로 기록한 경우

① 4/1 보험료로 1,200,000원을 지급하고 보험료(비용)로 기록함

② 12/31 당년도와 다음 연도로 비용의 구분

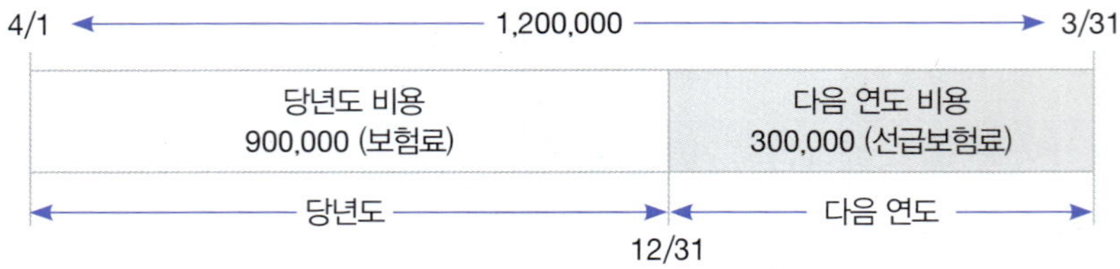

③ 분개

4/1	(원시분개)	(차)	보험료 (비용 증가)	1,200,000	(대)	현금 (자산 감소)	1,200,000
12/31	(수정분개)	(차)	선급보험료 (자산 증가)	300,000	(대)	보험료 (비용 감소)	300,000

④ 계정표시

보험료(비용)

4/1	1,200,000	12/31	300,000
수정후잔액	900,000		

선급보험료(자산)

12/31	300,000		
수정후잔액	300,000		

해설 [예제 5-1]의 계정표시와 비교하면 선급비용과 보험료 모두 수정 후 잔액이 같은 금액인 것을 알 수 있다. 즉, 원시분개를 비용인 보험료로 기록하느냐 자산인 선급비용으로 기록하느냐에 따라 수정분개의 내용이 달라지지만, 수정분개 후의 선급비용과 비용계정은 원시분개와는 관계없이 항상 같은 결과를 보이는 것이다.

[예제 5-3]은 소모품 구입 시 선급비용의 성격인 소모품이라는 자산으로 원시 기록한 경우의 수정분개를 보여주고 있다.

예제 5-3 원시분개를 소모품으로 기록한 경우

① 11/15 소모품 100,000원을 자산계정인 소모품(선급비용)계정에 기록함

② 12/31 기말에 소모품 재고조사를 한 결과 80,000원 만큼 사용하고 20,000원의 소모품이 남아 있다.

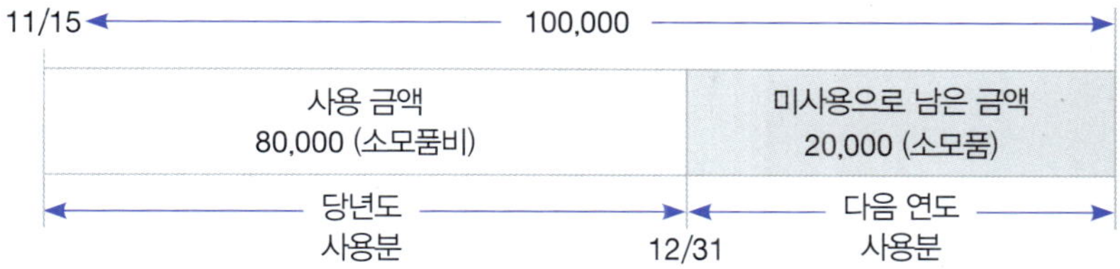

③ 분개

11/15	(원시분개)	(차)	소모품 (자산 증가)	100,000	(대)	현금 (자산 감소)	100,000
12/31	(수정분개)	(차)	소모품비 (비용 증가)	80,000	(대)	소모품 (자산 감소)	80,000

④ 계정표시

소모품(자산)

11/15	100,000	12/31	80,000
수정후잔액	20,000		

소모품비(비용)

12/31	80,000		
수정후잔액	80,000		

3 선수수익의 수정분개

금년 중 사무실을 타인에게 임대하여 받은 임대료를 선수임대료로 기록하였는데 이 중 당년도 9개월분의 임대료는 연말에 임대료수익이라는 수익으로 기록하여야 한다. [예제 5-4]에서 구체적인 예를 살펴보자.

예제 5-4 원시분개를 선수임대료로 기록한 경우

① 4/1 임대료수익 3,600,000원을 부채인 선수임대료계정에 기록

② 12/31 당년도와 다음 연도 수익의 구분

- 당년도 수익 2,700,000원 (4/1 ～ 12/31)
- 다음 연도 수익 900,000원 (1/1 ～ 3/31)

③ 분개

4/1	(원시분개)	(차)	현금 (자산 증가)	3,600,000	(대)	선수임대료 (부채 증가)	3,600,000
12/31	(수정분개)	(차)	선수임대료 (부채 감소)	2,700,000	(대)	임대료수익 (수익 증가)	2,700,000

④ 계정표시

선수임대료(부채)

12/31	2,700,000	4/1	3,600,000
		수정후잔액	900,000

임대료수익(수익)

		12/31	2,700,000
		수정후잔액	2,700,000

한편, 임대료를 현금으로 받았을 때 수익인 임대료수익으로 기록한 경우에는 연말에 임대료수익을 감소시키고 선수임대료를 인식하는 회계처리를 하여야 한다. [예제 5-5]에서 이러한 회계처리의 예를 보여주고 있다.

예제 5-5 원시분개를 임대료수익으로 기록한 경우

① 4/1 빌딩을 임대해주고 금년 4월 1일부터 내년 3월 말까지 임대료 3,600,000원을 받아 임대료수익계정에 기록

② 12/31 당년도와 다음 연도 수익의 구분

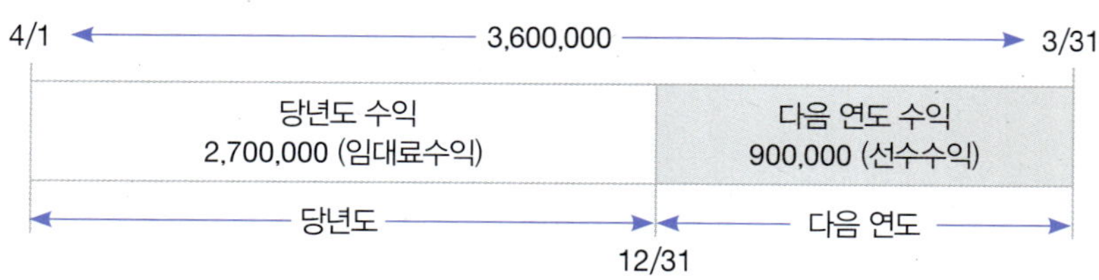

③ 분개

4/1	(원시분개)	(차)	현금 (자산 증가)	3,600,000	(대)	임대료수익 (수익 증가)	3,600,000
12/31	(수정분개)	(차)	임대료수익 (수익 감소)	900,000	(대)	선수임대료 (부채 증가)	900,000

④ 계정표시

임대료수익(수익)

12/31	900,000	4/1	3,600,000
		수정후잔액	2,700,000

선수임대료(부채)

		12/31	900,000
		수정후잔액	900,000

해설 [예제 5-4]의 계정표시와 비교하면 선수임대료와 임대료수익 모두 수정 후 잔액이 같은 금액임을 알 수 있다. 즉, 원시분개를 수익인 임대료수익으로 하느냐 부채인 선수임대료로 기록하느냐에 따라 수정분개의 내용이 달라지지만, 수정분개 후의 선수임대료와 임대료수익계정은 원시분개와는 관계없이 항상 같은 결과를 보이는 것이다.

4 미지급비용의 수정분개

당년도에 비용이 이미 발생했지만 아직 장부에 기록하지 않은 부분에 대해 연말에 비용과 부채를 동시에 기록하는 분개를 하여야 한다. 예를 들어, 급여지급일이 매월 20일인 경우 12월 31일 현재 직원이 근무한 10일간의 급여 600,000원이 이미 발생했지만 지급되지 않은 상태이므로 다음과 같은 수정분개를 해야 한다.

12/31	(수정분개)	(차)	급여 (비용 증가)	600,000	(대)	미지급급여 (부채 증가)	600,000

다음해 1월 20일에 월급 1,800,000원을 지급한 경우의 분개는 다음과 같다.

1/20	(차) 미지급급여 (부채 감소: 전년도 미지급액)	600,000	(대) 현금 (자산 감소)	1,800,000
	급여 (비용 증가)	1,200,000		

미지급비용에는 미지급급여 외에도 차입금에 대한 이자 미지급액, 수도나 전기사용료 미지급액, 보험료 미지급액, 세금 미지급액 등 여러 가지 종류가 있다.

예제 5-6 미지급비용의 수정분개 예

다음 수정사항에 대해 수정분개를 하시오.

① 12월 31일 현재 전화료 60,000원을 미지급한 사실을 확인하다.
② 12월 31일 현재 은행차입금에 대한 이자 발생분 100,000원을 기록하지 않았다.
③ 12월 31일 현재 금년도 직원 급여 발생분 900,000원을 기록하지 않은 것을 발견하다.

풀이

①	(차) 통신비 (비용 증가)	60,000	(대) 미지급통신비 (부채 증가)	60,000
②	(차) 이자비용 (비용 증가)	100,000	(대) 미지급이자 (부채 증가)	100,000
③	(차) 급여 (비용 증가)	900,000	(대) 미지급급여 (부채 증가)	900,000

5 미수수익의 수정분개

수익이 금년 중에 발생했지만 아직 장부에 기록하지 않은 부분에 대해 연말에 수익과 자산을 동시에 기록하는 분개를 하여야 한다. 예를 들어, 12월 31일 현재 정기예금에 대한 금년도분 이자 300,000원이 이미 발생했지만 이자지급일이 다음 연도 2월 말이기 때문에 이자를 지급받지 못한 상태라면 다음과 같은 수정분개를 해야 한다.

12/31 (수정분개)	(차) 미수이익수익 (자산 증가)	300,000		(대) 이자수익 (수익 증가)	300,000

다음해 2월 말에 정기예금이자 900,000원을 지급 받은 경우의 분개는 다음과 같다.

2/28	(차) 현금 (자산 증가)	900,000	(대) 미수이자수익 (자산 감소: 전년도 미수액)	300,000
			이자수익 (수익 증가)	600,000

미수수익의 수정분개를 [예제 5-7]을 통해 연습한다.

예제 5-7 미수수익의 수정분개 예

다음 수정사항에 대해 수정분개를 하시오.

① 12월 31일 현재 창고 임대료수익 발생분이 200,000원 있으나 아직 기록하지 않았음을 확인하다.
② 12월 31일 현재 정기예금이자 발생분 400,000원을 기록하지 않은 것을 확인하다.

풀이

①	(차) 미수임대료수익	200,000	(대) 임대료수익	200,000
②	(차) 미수이자수익	400,000	(대) 이자수익	400,000

6 오류의 수정분개

거래에 대한 회계처리를 하는 과정에서 착오로 잘못된 계정과목을 사용하거나 계산상의 오류로 잘못된 금액을 기록할 수 있다. 이와 같은 잘못된 회계처리를 나중에 발견하면 이를 바로 잡기 위한 수정분개를 하여야 한다.

과거의 기록을 바로 잡기 위해서는 먼저 과거기록을 취소하는 분개를 하여야 한다. 그런 다음에 올바른 분개를 추가한다. 여기서 주의할 점은 잘못된 과거기록을 두 줄을 그어서 취소하거나, 지우개나 수정액으로 지우고 올바른 기록을 기재하는 방법으로 수정해서는 안 된다는 것이다. 잘못된 기록이라도 장부에 한 번 기록한 이상 그 기록은 그대로 남겨둔 상태에서 이를 취소하는 분개를 함으로써 그 효력을 상쇄하는 것이 올바른 수정 방법이다. 다음의 [예제 5-8]을 통해 잘못된 기록을 수정하는 방법을 알아보자.

예제 5-8 오류 수정

서울회사는 1,000,000원의 컴퓨터를 구입하면서 이를 수선비로 잘못 처리하였다. 이를 바로 잡기 위한 수정분개를 하시오.

풀이 1. 잘못된 기록: (차) 수선비 1,000,000 (대) 현금 1,000,000

2. 수정분개: ① 잘못된 과거 기록의 취소 (반대분개)

(차) 현금 1,000,000 (대) 수선비 1,000,000

② 올바른 분개

(차) 비품 1,000,000 (대) 현금 1,000,000

3. 간편한 수정분개:

잘못된 기록과 올바른 기록을 비교해보면 차변의 수선비계정이 잘못되었기 때문에 이를 비품계정으로 바꾸면 되고, 대변의 현금계정은 바르기 때문에 일반적으로 다음의 간편한 수정분개를 한다.

(차) 비품 1,000,000 (대) 수선비 1,000,000

이 분개는 2번의 수정분개 ①번과 ②번을 합한 것과 같다. ①번과 ②번을 합하면 차변과 대변에 같은 금액의 현금계정이 있으므로 현금계정은 상쇄되어 없어지고 차변에 비품계정, 대변에 수선비계정이 남는 것을 알 수 있다.

①번과 ②번 분개의 결합

(차)	현금	1,000,000	(대) 현금*	1,000,000
(차)	비품	1,000,000	(대) 수선비	1,000,000

* 같은 계정에 같은 금액이 차변과 대변에 있으므로 상쇄해서 없어진다.

4절 회계장부의 마감

1 임시계정의 마감

계정은 한 회계기간이 종료된 후 다음 회계기간으로 잔액이 이월되는 영구계정과 이월되지 않고 마감절차에 의해 잔액이 영(0)이 되어 버리는 임시계정으로 구분할 수 있다. 자산, 부채 및 자본계정들은 영구계정에 해당하고 수익, 비용계정들은 임시계정에 해당한다.

우리는 수익과 비용은 모두 기업의 주인 몫인 자본을 증가시키거나 감소시킨다는 것과 함께 순손익은 이익잉여금계정에 포함된다는 것은 배웠다. 결산시점에 수익과 비용계정의 잔액을 이익잉여금계정으로 옮기고 수익과 비용계정 잔액을 영(0)으로 만드는 절차를 마감절차라고 한다. 이때 수익과 비용계정의 잔액을 바로 이익잉여금계정으로 옮기지 않고 중간에 집합손익이라는 계정을 만들어 수익과 비용의 차액인 순이익이나 순손실을 이익잉여금으로 옮기게 된다.

[그림 5-2]는 수익과 비용계정의 마감절차를 보여주고 있다.

그림 5-2 수익과 비용계정의 마감

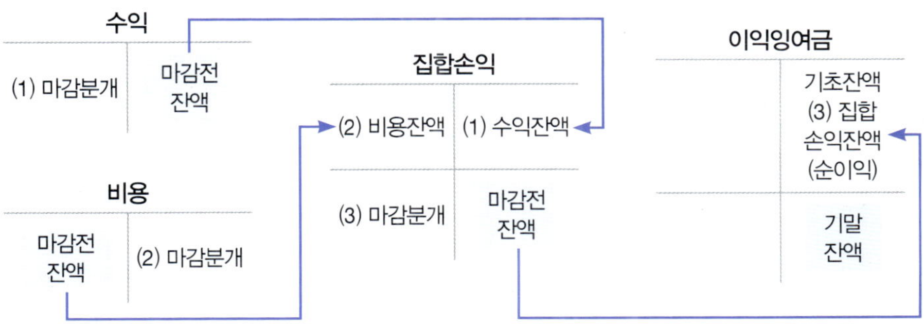

[그림 5-2]에서 보는 것처럼 수익계정은 대변잔액을 갖고 있다. 이 대변잔액을 집합손익계정의 대변으로 옮기는 (1)번 분개를 한다. 수익계정의 잔액을 집합손익계정으로 옮겼기 때문에 수익계정은 잔액이 남아 있지 않게 된다. 대변잔액을 없애기 위해서 차변에 같은 금액을 기록하도록 하는 (1)번 분개를 했는데 이를 마감분개라 한다.

(1)	(차) 수익	×××	(대) 집합손익	×××

비용계정은 차변잔액을 보인다. 이 차변잔액을 집합손익계정의 차변으로 옮기고 비용계정의 잔액을 없애기 위해 비용계정의 대변에 기록하는 (2)번의 마감분개를 한다.

(2)	(차) 집합손익	×××	(대) 비용	×××

수익과 비용을 마감한 후 집합손익계정을 마감하여야 한다. 수익이 비용보다 크면 그 차액은 순이익이 되고 반대의 경우 순손실이 된다. 순이익이 있는 경우 집합손익은 대변잔액을 보인다. 이 대변잔액을 이익잉여금계정의 대변으로 옮기고 집합손익계정의 잔액을 없애기 위해 집합손익의 차변에 기록하는 (3)번의 마감분개를 한다. 마감분개 결과 수익, 비용, 집합손익계정의 잔액은 모두 영(0)이 되는 것을 알 수 있다.

(3)	(차) 집합손익	×××	(대) 이익잉여금	×××

예제 5-9 마감분개

다음의 수익과 비용계정을 마감하는 분개를 하시오.

매출 (차)	매출 (대)	급여 (차)	급여 (대)	임차료 (차)	임차료 (대)
	6,000,000	4,000,000		500,000	

풀이

(1) (차) 매출 6,000,000 (대) 집합손익 6,000,000

* 수익계정의 마감

(2) (차) 집합손익 4,500,000 (대) 급여 4,000,000
임차료 500,000

* 비용계정의 마감

(3) (차) 집합손익 1,500,000 (대) 이익잉여금 1,500,000

* 집합손익계정의 마감

매출	
(1) 6,000,000	6,000,000

급여	
4,000,000	(2) 4,000,000

임차료	
500,000	(2) 500,000

집합손익	
(2) 4,500,000	(1) 6,000,000
(3) 1,500,000	잔액 1,500,000

이익잉여금	
	(3) 1,500,000
	(순이익)

2 영구계정의 마감

자산, 부채 및 자본계정과 같은 영구계정은 회계기간이 종료된 후 잔액이 다음 회계기간으로 이월되므로 회계기간의 기록을 장부상 분명하게 구분하기 위하여 [그림 5-3]에서 보는 바와 같은 방법으로 차기이월 금액 및 전기이월 금액의 표시를 한다. 이 경우 별도의 마감분개는 필요가 없다.

그림 5-3 영구계정의 마감 예

현금계정

일 자	적 요	차 변	일 자	적 요	대 변
20×1. 1. 1	전기이월	47,000	⋮	⋮	⋮
⋮	⋮	⋮	12.30	PC구입	9,000
12.29	매출채권 회수	8,000	12.31	차기이월	15,000
		230,000			230,000
20×2. 1. 1	전기이월	15,000			

이 장에서 익히는 용어

- **회계의 순환**: 거래로부터 분개를 하고 원장에 전기한 후 시산표를 만들고 재무제표를 작성하는 과정을 말함.
- **결산**: 보통 1년 단위로 회계연도를 나누어 회계연도 말에 재무상태표와 손익계산서를 만들고 회계장부를 마감하는 회계절차.
- **결산수정사항**: 발생주의에 의한 회계를 위해 결산과정에서 장부에 반영하여야 하는 수정사항.
- **결산수정분개의 유형**: 선급비용, 선수수익, 미지급비용, 미수수익이 있음.
- **오류의 수정분개**: 잘못된 분개를 취소하기 위해 잘못된 분개를 반대로 하는 분개를 한 후 올바른 분개를 하는 방식으로 수정함. 이때 잘못된 기록 중 틀린 계정만을 바로 잡는 간편한 수정분개를 하는 경우가 많음.
- **마감분개**: 수익과 비용계정의 잔액을 집합손익계정으로 옮기고, 집합손익계정의 잔액을 이익잉여금계정으로 옮기기 위한 분개를 말함.

01 서울회사의 회계연도는 1월 1일부터 12월 31일까지이다. 다음 자료에 의해서 기말수정 분개를 하시오.

① 금년 초 보험료 3년분 3,600,000원을 지급하고 선급보험료계정에 기록하였다.
② 건물에 대한 감가상각비가 6,400,000원이다.
③ 회사 빌딩의 일부를 7월 1일부터 다음 해 6월 30일까지 임대하기로 하고 1년분 임대료 18,000,000원을 받아 선수임대료계정에 기록하였다.
④ 은행차입금이 60,000,000원 있다. 이에 대해 12월 말 현재 발생한 이자 3,000,000원을 아직 지급하지 않았다.
⑤ 은행에 예금한 정기예금 40,000,000원에 대해 12월 말 현재 이자수익이 2,000,000원 발생했다.
⑥ 급여지급일이 매달 21일이다. 12월 말 현재 12월 22일부터 31일까지 급여 발생분이 2,500,000원 있다.
⑦ 소모품계정에 1,800,000원이 기록되어 있는데 12월 말에 소모품을 실사한 결과 소모품 잔액은 300,000원이었다.

해답

①	(차)	보험료	1,200,000	(대)	선급보험료	1,200,000
②	(차)	감가상각비	6,400,000	(대)	감가상각누계액-건물	6,400,000
③	(차)	선수임대료	9,000,000	(대)	임대료수익	9,000,000
④	(차)	이자비용	3,000,000	(대)	미지급이자	3,000,000
⑤	(차)	미수이자	2,000,000	(대)	이자수익	2,000,000
⑥	(차)	급여	2,500,000	(대)	미지급급여	2,500,000
⑦	(차)	소모품비	1,500,000	(대)	소모품	1,500,000

연습문제

02 다음과 같은 서울회사의 수정전 시산표와 기말수정사항에 기초하여 (1) 기말수정분개를 하고 (2) 수정분개에 대한 T계정 기록 (3) 수정후 시산표 작성 (4) 재무상태표와 손익계산서의 작성 및 (5) 마감분개를 하시오.

수정전 시산표

서울회사 20×1. 12. 31. (단위: 천원)

현금	11,000	차입금	2,500
선급보험료	3,000	미지급금	1,300
소모품	1,600	선수임대료	1,800
특허권	8,000	자본금	10,000
임차료	1,700	이익잉여금	5,100
운반비	1,100	용역매출	8,400
급여	2,700		
	29,100		29,100

• 기말수정사항

① 선급보험료는 2년간 보험료로서 1년분은 금년의 보험료비용으로 처리한다.

② 소모품 미사용액은 1,200천원이다.

③ 차입금에 대한 이자 발생액이 250천원 있다.

④ 금년 특허권 상각액은 600천원이다.

⑤ 선수임대료 중 금년에 이익실현된 금액은 1,500천원이다.

⑥ 종업원 급여 900천원이 미지급 상태이다.

해답

(1) 기말수정분개 (단위: 천원)

①	(차) 보험료	1,500	(대)	선급보험료	1,500
②	(차) 소모품비	400	(대)	소모품	400
③	(차) 이자비용	250	(대)	미지급비용	250
④	(차) 특허권상각비	600	(대)	특허권	600
⑤	(차) 선수임대료	1,500	(대)	임대료수익	1,500
⑥	(차) 급여	900	(대)	미지급비용	900

* 미지급이자와 미지급급여를 별도로 기록하지 않고 미지급비용으로 통합하여 기록할 수 있다.

(2) T계정 기록 (단위: 천원)

선급보험료	
수정 전 3,000	① 1,500
1,500	

보험료	
① 1,500	
1,500	

소모품	
수정 전 1,600	② 400
1,200	

소모품비	
② 400	
400	

이자비용	
③ 250	
250	

미지급비용	
	③ 250
	⑥ 900
	1,150

특허권	
수정 전 8,000	④ 600
7,400	

특허권상각비	
④ 600	
600	

선수임대료	
⑤ 1,500	수정 전 1,800
	300

임대료수익	
	⑤ 1,500
	1,500

급여	
수정 전 2,700	
⑥ 900	
3,600	

(3) 수정후 시산표 작성

수정후 시산표

서울회사 20×1. 12. 31. 현재 (단위: 천원)

현금	11,000	차입금	2,500
선급보험료	1,500	미지급금	1,300
소모품	1,200	선수임대료	300
특허권	7,400	미지급비용	1,150
임차료	1,700	자본금	10,000
운반비	1,100	이익잉여금	5,100
급여	3,600	용역매출	8,400
보험료	1,500	임대료수익	1,500
소모품비	400		
이자비용	250		
특허권상각비	600		
	30,250		30,250

(4) 재무상태표와 손익계산서 작성

재무상태표

서울회사	20×1. 12. 31. 현재		(단위: 천원)
자산:		부채:	
현금	11,000	선수임대료	300
선급보험료	1,500	미지급금	1,300
소모품	1,200	미지급비용	1,150
특허권	7,400	차입금	2,500
		부채계	5,250
		자본:	
		자본금	10,000
		이익잉여금	5,850*
		자본계	15,850
자산총계	21,100	부채와 자본총계	21,100

* 기초잔액 5,100 + 순이익 750 = 기말잔액 5,850

손익계산서

서울회사 20×1. 1. 1. ~ 12. 31.	(단위: 천원)
수익:	
용역매출	8,400
임대료수익	1,500
수익계	9,900
비용:	
임차료	1,700
운반비	1,100
급여	3,600
보험료	1,500
소모품비	400
이자비용	250
특허권상각비	600
비용계	9,150
당기순이익	750

〈참고〉 수정후 시산표를 기초로 하여 손익계산서와 재무상태표를 작성할 때 다음과 같은 정산표 (work sheet) 양식을 이용하면 편리하다.

정산표

서울회사 20×1. 12. 31. (단위: 천원)

계정과목	수정 후 시산표		손익계산서		재무상태표	
	차변	대변	차변	대변	차변	대변
현금	11,000				11,000	
선급보험료	1,500				1,500	
소모품	1,200				1,200	
특허권	7,400				7,400	
차입금		2,500				2,500
미지급금		1,300				1,300
선수임대료		300				300
미지급비용		1,150				1,150
자본금		10,000				10,000
이익잉여금		5,100				5,100
용역매출		8,400		8,400		
임대료수익		1,500		1,500		
임차료	1,700		1,700			
운반비	1,100		1,100			
급여	3,600		3,600			
보험료	1,500		1,500			
소모품비	400		400			
이자비용	250		250			
특허권상각비	600		600			
합계	30,250	30,250	9,150	9,900	21,100	20,350
순이익			750			750
			9,900	9,900	21,100	21,100

연습문제

(5) 마감분개

① 수익계정 마감

(차)	용역매출	8,400	(대) 집합손익	9,900
	임대료수익	1,500		

② 비용계정 마감

(차)	집합손익	9,150	(대) 임차료	1,700
			운반비	1,100
			급여	3,600
			보험료	1,500
			소모품비	400
			이자비용	250
			특허권상각비	600

③ 집합손익계정 마감

(차)	집합손익	750	(대) 이익잉여금	750

집합손익

②	9,150	①	9,900
③	750		
	9,900		9,900

이익잉여금

		기초	5,100
		③	750
		기말	5,850

01 다음 중 회계순환과정의 순서를 올바르게 나타낸 것은?

가. 결산수정사항 분개	나. 거래발생
다. 분개	라. 수정전 시산표 작성
마. 원장전기	바. 재무제표 작성

① 나 – 다 – 가 – 마 – 라 – 바
② 나 – 다 – 마 – 라 – 가 – 바
③ 나 – 다 – 마 – 가 – 라 – 바
④ 나 – 다 – 라 – 마 – 가 – 바

02 미지급비용을 기록하지 않으면 재무제표에 어떤 영향을 미치는가?

① 비용이 과대 계상됨　② 자산이 과소 계상됨
③ 수익이 과소 계상됨　④ 부채가 과소 계상됨

03 다음 중 잔액이 다음 회계연도로 이월되지 않는 계정은?

① 통신비계정　② 자본금계정
③ 외상매출금계정　④ 차입금계정

해설 수익계정과 비용계정은 임시계정으로서 잔액이 다음 회계연도로 이월되지 않음.

04 다음 중 필요한 결산수정분개가 누락되면 자산이 과소 계상되는 경우에 해당하는 것은?

① 건물에 대한 감가상각비 40,000원 계상 누락
② 차입금에 대한 이자의 미지급분 20,000원 계상 누락
③ 대여금에 대한 이자의 선수분 30,000원 계상 누락
④ 사무실 임차료의 선급분 50,000원 계상 누락

정답 1. ② 2. ④ 3. ① 4. ④

05 임대료수익으로 기록된 금액 중 선수수익(선수임대료) 60,000원이 포함되어 있으나 이를 기록에서 누락한다면 재무제표에 어떤 영향을 미치는가?

① 비용이 60,000원 과대 계상
② 자산이 60,000원 과대 계상
③ 수익이 60,000원 과대 계상
④ 부채가 60,000원 과대 계상

해설 수정분개 (차) 임대료수익 60,000 (대) 선수수익 60,000

06 다음 결산수정사항 중 순이익에 미치는 영향이 다른 것은?

① 미지급급여의 계상
② 보험료 중 미경과분(선급분)을 선급비용으로 계상
③ 임대료수익 중 미리 받은 분을 선수수익으로 계상
④ 소모품 중 사용분을 비용으로 계상

해설 수정분개

①	(차) 급여	×××	(대) 미지급비용	×××
②	(차) 선급비용	×××	(대) 보험료	×××
③	(차) 임대료수익	×××	(대) 선수수익	×××
④	(차) 소모품비	×××	(대) 소모품	×××

07 다음과 같은 현금계정의 기입내용을 보고 날짜별로 발생한 거래를 추정한 것으로 옳지 않은 것은?

현 금

1.2	자본금	1,000,000	1.8	상품	200,000
1.13	외상매출금	800,000	1.20	단기차입금	500,000
			1.27	임차료	400,000

① 1월 2일 현금 1,000,000원을 출자하여 영업을 개시하였다.
② 1월 8일 200,000원의 상품을 매입하고 대금을 현금으로 지급하였다.
③ 1월 13일 거래처에서 외상매출금 800,000원을 현금으로 회수하였다.
④ 1월 20일 차입금 500,000원을 6개월 후에 갚기로 하고 차입하였다.

정답 5. ③ 6. ② 7. ④

08 다음 중 마감분개에 대한 설명으로 옳지 않은 것은?

① 비용계정의 잔액은 집합손익계정의 차변으로 옮긴다.
② 수익계정의 잔액은 집합손익계정의 대변으로 옮긴다.
③ 수익이 비용보다 큰 경우 마감분개는 집합손익계정 대변에 기록한다.
④ 수익이 비용보다 큰 경우 마감분개는 이익잉여금계정 대변에 기록한다.

해설 순이익인 경우의 마감분개 (차) 집합손익 ××× (대) 이익잉여금 ×××

09 선급보험료 중 기간경과로 인하여 소멸된 부분에 대한 수정분개를 누락한 경우 그 영향을 올바르게 설명한 것은?

① 순이익은 과소계상되고, 자산과 자본은 과대계상된다.
② 순이익은 과대계상되고, 자산과 자본은 과소계상된다.
③ 순이익, 자산, 자본이 모두 과대계상된다.
④ 순이익, 자산, 자본이 모두 과소계상된다.

10 결산수정전 당기순이익이 750,000원이다. 다음과 같은 결산수정사항을 반영한다면 당기순이익은 얼마가 되는가?

선급보험료	50,000	미지급이자	15,000
선수수익	33,000	미수임대료	40,000

① 708,000 ② 742,000
③ 758,000 ④ 792,000

정답 8. ③ 9. ③ 10. ④

11 다음의 회계에 관한 설명 중 옳지 않은 것은?

① 전표나 분개장에 기록된 분개의 내용을 각 계정과목별로 분류해서 해당 계정에 옮겨 적는 것을 마감이라고 한다.
② 회계상의 거래를 기록, 계산, 정리하기 위하여 설정된 단위를 계정이라고 한다.
③ 회계상의 거래를 발생순서대로 차변과 대변으로 나누어 기록하는 것을 분개라고 한다.
④ 회계상의 거래란 기업의 자산, 부채, 자본의 증가 또는 감소를 일으키는 모든 사건을 말한다.

정답 11. ①

Chapter

06

상품매매회사의 회계

1절 상품매매회사의 영업활동

1 상품매매회사의 특징

이마트와 같은 상품매매회사는 상품을 매입하여 이를 판매하는 회사이다. 상품을 판매하면 전체 판매금액을 매출이라는 수익으로 기록하며, 판매한 상품의 매입원가는 매출원가라는 비용으로 기록한다. 매출(판매한 상품의 판매금액)에서 매출원가(판매한 상품의 원가)를 차감하면 상품판매로부터 얻은 순수익인 매출총이익(판매이윤)을 계산할 수 있다.

매출총이익 = 매출 − 매출원가

매출총이익은 상품을 팔아서 얼마의 이윤을 남겼는지 보여준다. 매출총이익이 높을수록 수지맞는 사업을 한 것이다.

상품매매회사는 상품을 사고파는 영업을 하기 때문에 상품관리를 잘 하여야 한다. 특히 매입한 상품을 팔기 전까지는 회사의 자금이 상품에 묶여있는 셈이기 때문에 가능하면 빠른 시간 내에 팔 수 있도록 노력해야 한다. 상품매매회사의 경우 [그림 6-1]에서 보는 바와 같이 상품을 매입해서 판매하고 판매대금을 현금으로 회수하기까지의 과정을 영업주기라고 한다.

그림 6-1 상품매매회사의 영업주기

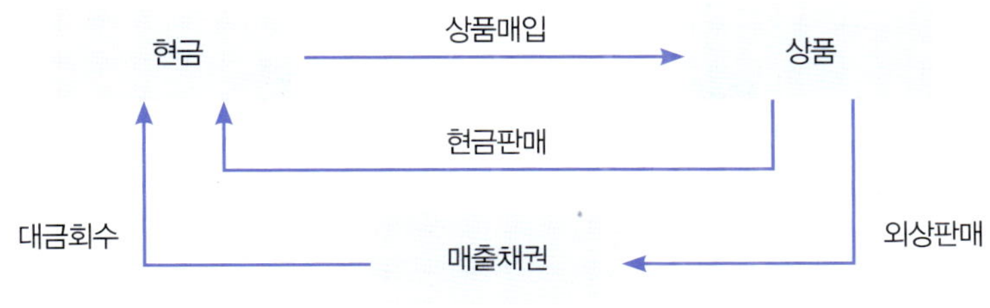

상품을 회계처리하는 계정은 상품계정이나 재고자산계정을 사용한다. 상품을 외상으로 판매할 때는 외상매출금계정에 기록한다. 외상매출금계정은 더 큰 범위의 계정인 매출채권계정에 속한다.

2 재고자산의 관리

상품과 같은 재고자산은 상품의 종류별로 재고관리대장을 만들어 입고, 출고 및 재고 보유상태를 관리한다. [그림 6-2]의 재고관리대장에서 보는 바와 같이 상품을 판매할 때 판매수량뿐 아니라 판매한 상품의 매입원가를 재고관리대장에 기록하게 되면 그 금액이 바로 판매한 상품의 매출원가가 된다. [그림 6-2]에서 보면 9월 3일에 판매한 상품 400개의 1개당 매입원가는 200원으로 총원가는 80,000원임을 알 수 있는데 이 금액

그림 6-2 재고관리대장

재고관리대장

상품명:

일자	매 입			판 매			재 고		
	수량	단가	금액	수량	단가	금액	수량	단가	금액
9.1	1,000	200	200,000				1,000	200	200,000
9.3				400	200	80,000	600	200	120,000

이 판매한 상품의 매출원가이며, 상품의 판매액이 100,000원이라고 가정할 경우의 회계기록은 다음과 같다.

1.	(차) 현금	100,000	(대) 매출	100,000
2.	(차) 매출원가	80,000	(대) 상품	80,000

이 분개는 매입원가가 80,000원인 상품을 100,000원에 팔아 20,000원의 매출총이익을 얻은 것을 보여준다. 이처럼 상품을 판매할 때마다 재고관리대장에 판매한 상품의 수량과 매출원가를 기록하는 재고관리방식을 계속기록법이라고 한다. 계속기록법은 상품을 판매할 때마다 매출원가를 바로바로 알 수 있고, 보유하고 있는 상품의 재고수량과 금액을 알 수 있다는 장점이 있다.

계속기록법은 이러한 장점이 있음에도 불구하고 취급하는 상품의 종류가 많으면 상품별로 재고관리대장을 기록하는 것이 번거롭고 시간과 노력이 많이 필요하기 때문에 실무적으로 상품을 판매할 때 판매한 상품의 매출원가를 기록하지 않고 판매수량만을 기록하는 방식을 쓰는 경우가 많다. 경우에 따라서는 재고관리대장을 기록하지 않고 회계기말에 팔리지 않고 보유하고 있는 상품을 실사하여 재고수량을 파악하는 방식을 사용하기도 한다. 이와 같이 재고관리대장에 판매한 상품의 매출원가를 기록하지 않고 기말에 실사를 통해 재고수량과 금액을 결정하는 방식을 실지재고조사법이라고 한다.

실지재고조사법에서는 상품을 판매할 때 매출원가를 기록하지 않고 다음과 같이 판매액만 기록하게 된다.

(차) 현금	100,000	(대) 매출	100,000

실지재고조사법은 판매한 상품의 매출원가를 기록하지 않기 때문에 재고관리가 용이해지고 시간과 노력이 적게 드는 장점이 있다. 그러나 회계기간 중에는 보유하고 있는 상품의 금액이나 판매한 상품에 대한 매출원가를 알 수 없다는 단점이 있다.

실지재고조사법에 의한 재고자산관리에 대해서는 〈보론〉에서 상세하게 설명한다.

3 기말재고액과 매출원가의 관계

회사가 회계연도 초에 보유하고 있는 상품금액(기초상품재고액)과 당 회계연도에 구입한 상품금액(당기상품매입액)을 합하면 회사가 판매할 수 있는 상품금액이 되며, 이를 판매가능상품원가라고 한다. 또한 판매가능상품은 팔린 상품과 팔리지 않고 보유하고 있는 상품으로 구분된다. 이 관계가 [그림 6-3]에 나타나 있다.

그림 6-3 매출원가와 기말상품재고액

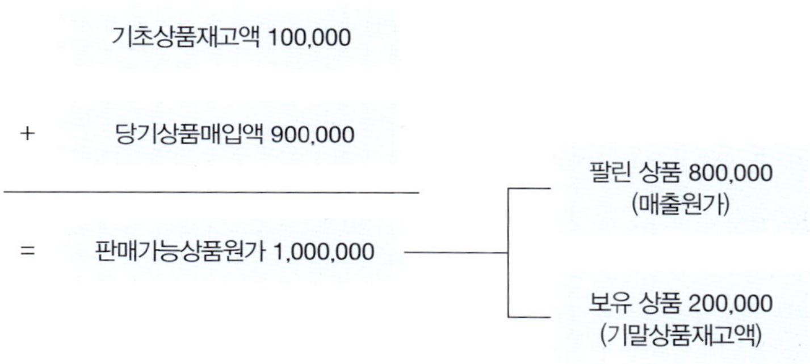

[그림 6-3]에서 보는 것처럼 회사의 기초상품재고액 100,000원에 당기상품매입액 900,000원을 더하면 판매가능상품원가는 1,000,000원이 된다. 즉, 모든 상품을 남김없이 다 판다면 기초상품재고액과 당기상품매입액의 합계만큼 팔 수 있는데, 이를 매입원가로 표시하면 1,000,000원이라는 의미이다. 그런데 기말에 팔리지 않고 남아있는 상품금액, 즉 기말상품재고액이 200,000원임을 재고조사를 통해서 확인하였다면 팔린 상품의 매입원가, 즉 매출원가는 800,000원임을 계산할 수 있다.

[그림 6-3]은 다음과 같은 산식이 성립함을 보여준다.

기초상품재고액 + 당기순매입액 = 판매가능상품원가 = 매출원가 + 기말상품재고액위 산식으로부터 매출원가는 다음과 같이 계산됨을 알 수 있다.

매출원가 = 기초상품재고액 + 당기순매입액 − 기말상품재고액

(판매가능상품원가) ← 기초상품재고액 + 당기순매입액

다음의 [예제 6−1]을 통해서 기말상품재고액과 매출원가의 관계를 익혀보도록 하자.

예제 6-1 매출원가와 기말상품재고액의 관계

서울회사의 상품과 관련한 자료를 이용하여 빈칸을 채우시오.

	기초재고액	당기순매입액	판매가능상품원가	기말재고액	매출원가
1.	120,000	(1)	380,000	150,000	(2)
2.	(3)	300,000	(4)	200,000	260,000

풀이 (1) 판매가능상품원가 380,000 − 기초재고액 120,000 = 260,000

(2) 판매가능상품원가 380,000 − 기말재고액 150,000 = 230,000

(3) 판매가능상품원가 460,000 − 당기순매입액 300,000 = 160,000

(4) 기말재고액 200,000 + 매출원가 260,000 = 460,000

2절 매입과 매출거래의 회계기록

1 매입과 매출

상품을 매입하면 상품이라는 자산계정의 차변에 기록하며, 현금을 지급하면 현금계정의 대변, 외상일 경우에는 외상매입금계정[1]의 대변에 기록한다. 따라서 다음과 같은 분개를 한다.

(차) 상품	×××	(대) 현금 또는 외상매입금	×××

한편, 상품을 판매하면 매출이라는 수익계정의 대변에 기록하며, 현금을 받으면 현금계정의 차변, 외상일 경우에는 외상매출금계정의 차변에 기록한다. 또한 계속기록법을 사용한다면 추가적으로 판매한 상품의 매입원가인 매출원가를 기록하여야 하며, 매출원가라는 비용계정의 차변과 상품계정의 대변에 기록한다. 따라서 다음과 같은 분개를 한다.

(차) 현금 또는 외상매입금	×××	(대) 매출	×××
(차) 매출원가	×××	(대) 상품	×××

1 외상거래의 경우 판매자는 외상매출금, 구매자는 외상매입금계정으로 처리하지만, 재무상태표에는 외상매출금은 받을어음과 합하여 매출채권, 외상매입금은 지급어음과 합하여 매입채무로 표시한다.

그림 6-4 매입과 매출거래

거래: 서울회사는 종로회사에 상품 1,000,000원을 외상으로 판매하다. 상품의 원가는 850,000원이다.

(1) 판매자(서울회사)의 회계처리

①	(차) 외상매출금	1,000,000	(대) 매출	1,000,000
②	(차) 매출원가	850,000	(대) 상품	850,000

외상매출금		매출	
① 1,000,000			① 1,000,000

매출원가		상품	
② 850,000			② 850,000

(2) 구매자(종로회사)의 회계처리

①	(차) 상품	1,000,000	(대) 외상매입금	1,000,000

상품		외상매입금	
① 1,000,000			① 1,000,000

2 상품의 운송비

상품을 사거나 팔 때 운임이 발생한다. 이때 구매자와 판매자 중 어느 쪽이 운임을 지급할 것인지 결정해야 하는데 이는 상품매매계약상 상품의 인도조건에 의해 결정된다. 상품의 인조조건이 선적지인도조건인 경우에는 상품을 선적하면 그때부터 상품의 소유권을 구매자가 가지게 되므로 운임은 구매자가 부담한다.

한편, 도착지인도조건의 경우에는 구매자가 상품을 인도받을 곳에 상품이 도착할 때까지는 소유권이 판매자에게 있으므로 운임은 판매자가 부담한다. 이러한 내용이 [표 6-1]에 요약되어 있다.

표 6-1 운임의 부담과 회계처리

조 건	소유권이전	운임부담	운임의 회계처리
선적지인도	선적지	구매자	구매자의 상품원가로 처리
도착지인도	도착지	판매자	판매자의 판매비로 처리

예제 6-2 운송비의 회계처리

상품운송비 50,000원을 선적지인도조건으로 구매자인 종로회사가 부담한 경우와 도착지인도조건으로 판매자인 서울회사가 부담한 경우의 회계처리를 하시오.

풀이

선적지인도조건: 구매자부담

② (차) 상품	50,000		
(대) 현금			50,000

도착지인도조건: 판매자부담

③ (차) 운송비(판매비)	50,000		
(대) 현금			50,000

상품

차변	대변
① 1,000,000	
② 50,000	

운송비

차변	대변
③ 50,000	

3 환입 · 환출과 에누리

매입한 상품이 파손되어 있거나 불량품이라면 반품을 하게 된다. 이처럼 매입한 상품을 반품하게 되면 상품을 매입했을 때의 기록과 반대되는 기록을 한다. 즉, 매입자는 상품계정의 대변과 외상매입금계정의 차변에 기록한다.

한편, 반품받은 판매자는 매출계정의 차변과 외상매출금계정의 대변에 기록한다. 판매자는 반품받은 경우 매출계정의 차변에 기록하는 대신 반품금액을 관리하기 위해 별도의 매출환입계정을 사용할 수도 있다. 이 경우 회계연도 말에 매출환입계정의 잔액(차변)을 매출계정의 차변으로 대체하는 마감분개를 한다.

매입한 상품의 파손이 경미하다면 반품하지 않고 값을 깎는 경우가 있는데 이를 에누리라고 한다. 매입에누리 및 매출에누리 역시 매입환출 및 매출환입과 같은 방식으로 회계처리한다.

반품과 에누리는 모두 매입 또는 매출의 일부를 취소하는 성격으로서 회계처리 방법이 동일하므로 매입환출과에누리계정, 매출환입과에누리계정과 같이 둘을 통합한 계정을 사용하기도 한다.

예제 6-3 환입 · 환출과 에누리의 회계처리

서울회사 거래 중 상품 100,000원만큼 파손품이 생겨 반품했을 경우의 회계처리를 하시오.

풀이

(1) 판매자 (매출환입)

④ (차) 매출(환입과 에누리) 100,000 (대) 외상매출금 100,000

외상매출금

① 1,000,000	④ 100,000

매출

④ 100,000	① 1,000,000

(2) 구매자 (매입환출)

③ (차) 외상매입금 100,000 (대) 상품 100,000

상품

① 1,000,000	③ 100,000
② 50,000	

외상매입금

③ 100,000	① 1,000,000

4 외상대금의 결제: 외상대금의 할인

상품을 외상으로 판매한 경우 외상대금을 조기에 회수하기 위해서 소정의 기간 내에 갚으면 일정 금액을 깎아주기도 하는데 이것을 할인이라고 한다. 외상대금을 할인하게 되면 판매자는 다음과 같이 분개한다.

(차)	현금	×××	(대) 외상매출금	×××
	매출(할인)	×××		

예를 들어, 외상매출금이 100,000원인데 거래처가 일찍 갚았기 때문에 10,000원을 할인해주고 현금으로 90,000원만 받은 경우 다음과 같이 분개한다.

(차)	현금	90,000	(대)	외상매출금	10,000
	매출(할인)	10,000			

위 분개에서 보듯이 외상매출금에 대한 할인은 결국 판매가격을 깎아주는 것과 같기 때문에 매출을 감소시키기 위해 매출계정의 차변과 외상매출금계정의 대변에 기록한다. 그러나 매출할인금액을 관리하기 위해 별도의 매출할인계정을 사용할 수도 있다. 이 경우 회계연도 말에 매출할인계정의 잔액(차변)을 매출계정의 차변으로 대체하는 마감분개를 한다.

한편, 상품을 매입한 회사는 외상매입금의 할인을 통해서 상품을 싸게 매입한 셈이므로 외상매입금계정의 차변과 상품계정의 대변에 기록한다. 따라서 다음과 같이 분개한다.

(차)	외상매입금	100,000	(대)	현금	90,000
				상품	10,000

5 순매출액과 순매입액의 계산

순매출액은 총매출액에서 매출환입과 에누리, 매출할인을 차감하여 계산한다. 순매입액은 총매입액에 매입운임을 가산하고 매입환출과 에누리, 매입할인을 차감하여 계산한다. [그림 6-5]는 이 관계를 보여준다.

그림 6-5 순매출액과 순매입액의 계산

판매자: 순매출액		
	총매출액	1,000,000
(−)	매출환입과 에누리	(100,000)
(−)	매출할인	(10,000)
	순매출액	890,000

구매자: 순매입액		
	총매입액	1,000,000
(+)	매입운임	50,000
(−)	매입환출과 에누리	(100,000)
(−)	매입할인	(10,000)
	순매입액	940,000

예제 6-4 순매출액과 순매입액의 계산

다음 자료를 이용하여 서울회사의 순매출액과 종로회사의 순매입액을 계산하시오.

1. 서울회사의 종로회사에 대한 매출액 1,000,000원
2. 종로회사가 부담한 매입운임 30,000원
3. 종로회사가 반품한 금액 150,000원
4. 외상대금 할인금액 80,000원

풀이 1. 서울회사의 순매출액

총매출액	1,000,000
매출환입	(150,000)
매출할인	(80,000)
순매출액	770,000

2. 종로회사의 순매입액

총매입액	1,000,000
매입운임	30,000
매입환출	(150,000)
매입할인	(80,000)
순매입액	800,000

보론 실지재고조사법에 의한 재고자산의 관리

1 실지재고조사법을 사용하는 경우의 매출원가 계산

실지재고조사법에서는 상품을 판매할 때 판매한 상품의 원가, 즉 매출원가를 기록하지 않는다. 따라서 회계기말에 판매되지 않고 재고로 보유하고 있는 기말상품재고액을 파악하여 판매한 상품의 원가를 계산하여야 한다. 제1절에서 살펴본 산식을 다시 한 번 보자.

기초상품재고액 + 당기순매입액 = 판매가능상품원가 = 매출원가 + 기말상품재고액

매출원가 = 기초상품재고액 + 당기순매입액 − 기말상품재고액

위 산식에서 보는 것처럼 매출원가는 기초상품재고액에 당기순매입액을 더하여 계산한 판매가능상품원가에서 판매되지 않고 보유하고 있는 기말상품재고액을 차감하여 계산한다. 다음의 [예제 6-5]를 통해 위 산식을 적용해보기로 한다.

예제 6-5 실지재고조사법에 의한 매출원가 계산

서울회사의 다음 회계자료를 이용하여 매출원가를 계산하시오.

기초상품재고액	1,600,000	당기순매입액	15,000,000
기말상품재고액	2,000,000		

풀이 ① 기초상품재고액 1,600,000 + 당기순매입액 15,000,000
= 판매가능상품원가 16,600,000

② 매출원가 = 판매가능상품원가 16,600,000 − 기말상품재고액 2,000,000
= 14,600,000

2 매입계정의 이용

실지재고조사법을 사용하는 경우 당기에 매입한 상품을 기록하는 방법은 상품계정 외에 별도의 매입계정을 이용하는 방법이 있다. 상품계정을 이용하는 방법은 앞에서 살펴보았으므로 여기에서는 매입계정을 이용하는 방법을 설명하기로 한다.

매입계정을 이용하는 경우, 상품매입과 관련된 모든 거래를 매입계정에서 처리한다.

(1) 상품매입

상품을 매입하면 매입계정의 차변에 기록하며, 현금을 지급하면 현금계정의 대변, 외상일 경우에는 외상매입금계정의 대변에 기록한다. 따라서 다음과 같은 분개를 한다.

(차) 매입	×××	(대) 현금 또는 외상매입금	×××

매입하는 상품에 대한 운임을 부담하였다면 역시 매입계정의 차변에 기록한다.

(2) 상품의 반품

매입한 상품을 반품하면 다음과 같이 상품을 매입했을 때의 분개를 반대로 하면 된다.

(차) 현금 또는 외상매입금	×××	(대) 매입	×××

상품을 반품한 경우 매입계정의 대변에 기록하는 대신 별도의 매입환출과에누리계정을 사용할 수도 있다. 이 경우 회계연도 말에 매입환출과에누리계정의 잔액(대변)을 매입계정의 대변으로 대체하는 마감분개를 한다.

(3) 외상대금의 할인

외상대금을 일찍 갚아서 대금의 일부를 할인받으면 외상매입금과 현금지급액의 차액을 매입계정의 대변에 기록한다.

(차)	외상매입금	×××	(대) 현금	×××
			매입(할인)	×××

예를 들어, 100,000원의 외상대금을 일찍 갚아 대금 중 10,000원을 할인받고 90,000원을 현금지급한 경우 다음과 같이 분개한다.

(차)	외상매입금	100,000	(대) 현금	90,000
			매입(할인)	10,000

이때 할인받은 금액을 매입계정의 대변에 기록하는 대신 별도의 매입할인계정을 사용할 수도 있다. 이 경우 회계연도 말에 매입할인계정의 잔액(대변)을 매입계정의 대변으로 대체하는 마감분개를 한다.

매입계정을 사용하는 경우 매입계정의 차변과 대변에 기록되는 내용을 정리하면 [그림 6-6]과 같다.

그림 6-6 매입계정의 회계기록

매입	
(1) 매입액 (2) 운임	(3) 매입환출과에누리 (4) 매입할인
당기순매입액	

3 매출원가 계산을 위한 수정분개와 마감분개

(1) 상품계정을 사용하는 경우

이미 배운 것처럼 실지재고조사법에서는 상품을 판매할 때 판매한 상품의 원가인 매출원가를 기록하지 않는다. 그 대신 회계연도 말에 판매되지 않고 보유하고 있는 기말상품재고액을 파악하여 판매가능상품원가에서 차감하여 매출원가를 계산한다.

회사가 당 회계연도에 매입한 상품을 상품계정에 기록하는 경우에는 상품계정의 잔액이 판매가능상품원가가 된다. 이는 기초상품재고액과 당기순매입액이 모두 상품계정에 기록되기 때문이다. 이 경우 재고실사에 의해 기말상품재고액이 파악되면 상품계정의 잔액에서 기말상품재고액을 차감한 금액을 매출원가로 기록하는 다음의 분개를 한다.

(차) 매출원가	×××	(대) 상　품	×××

다음의 [예제 6-6]을 통해 상품계정을 사용하는 경우 매출원가를 기록하기 위한 분개를 연습해 보도록 하자.

예제 6-6 상품계정 사용시의 매출원가 회계

서울회사의 상품계정은 기초재고액 200,000원과 당기상품순매입액 900,000원이 기록되어 있다. 기말상품재고액은 250,000원으로 조사된 경우 매출원가를 위한 분개를 하시오.

풀이 1. 매출원가 = 판매가능상품원가 1,100,000 − 기말상품재고액 250,000 = 850,000

2. 분개: ① (차) 매출원가 850,000 　(대) 상품 850,000

3. 계정표시

상품

기초재고액	200,000		
당기순매입액	900,000		
판매가능상품원가	1,100,000	① 매출원가 대체	850,000
기말상품재고액	250,000		

(2) 매입계정을 사용하는 경우

당기에 매입한 상품을 매입계정에 기록하는 경우, 매출원가를 계산하기 위한 수정분개는 조금 복잡한 다음의 절차를 따른다.

① 상품계정의 차변에는 기초상품재고액이 기록되어 있고 기말까지 상품계정의 차변과 대변에는 아무것도 추가로 기록되지 않는다. 매출원가의 계산을 위해 기초상품재고액인 상품계정의 잔액(차변)을 매출원가계정의 차변으로 옮기는 분개를 한다.

② 당기순매입액에 해당하는 매입계정의 잔액(차변)을 매출원가계정의 차변으로 옮기는 분개를 한다.

③ ①번과 ②번의 분개 후 매출원가계정의 차변합계를 계산하면 판매가능상품원가가 된다.

④ 재고실사를 통해 회계기말에 판매되지 않고 보유하고 있는 기말상품재고액이 파악되면 상품계정의 차변에 기록함과 동시에 매출원가계정의 대변에 기록하기 위한 분개를 한다.

⑤ 매출원가계정의 차변합계에서 대변합계를 차감한 금액, 즉 매출원가계정의 잔액이 당기의 매출원가가 된다.

[그림 6-7]은 위에서 정리한 매출원가의 계산 과정을 보여준다.

그림 6-7 매출원가계산의 흐름

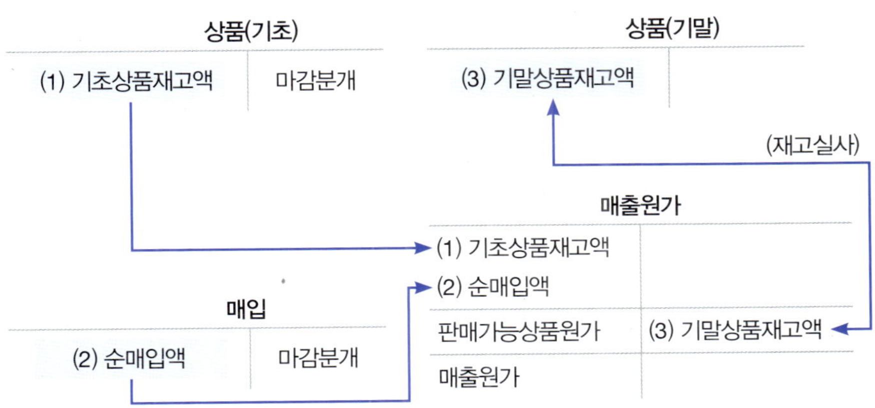

[예제 6-7]을 통해 매출원가를 계산해 보자.

예제 6-7 매입계정 사용시의 매출원가 회계

서울회사는 상품과 관련하여 다음의 자료를 보이고 있다. 매출원가계산을 위한 수정분개와 마감분개를 하시오.

기초상품재고액	1,600,000	당기순매입액	15,000,000
기말상품재고액	2,000,000		

풀이 (1) 기초상품재고액(차변잔액)을 매출원가계정의 차변으로 옮기는 분개

(차) 매출원가 1,600,000 (대) 상품(기초) 1,600,000

(2) 당기 순매입액(차변잔액)을 매출원가계정의 차변으로 옮기는 분개

(차) 매출원가 15,000,000 (대) 매입 15,000,000

(3) 기말상품재고액을 상품계정 차변과 매출원가계정 대변에 기록하는 분개

(차) 상품(기말) 2,000,000 (대) 매출원가 2,000,000

상품(기초)

차변	대변
1,600,000	① 1,600,000

상품(기말)

차변	대변
③ 2,000,000	

→ 재무상태표의 자산으로 표시됨

매입

차변	대변
15,000,000	② 15,000,000

매출원가

차변	대변
① 1,600,000	
② 15,000,000	
16,600,000	③ 2,000,000
14,600,000	

→ 집합손익계정으로 마감

[예제 6-7]에서 보는 것처럼 매출원가는 비용계정이므로 회계기말에 집합손익계정으로 마감된다. 기말상품재고액은 상품계정의 잔액(차변)으로서 재무상태표에 상품 또는 재고자산으로 표시되며, 이 금액은 다음 회계기간의 기초상품재고액이 된다.

[그림 6-8]은 상품매매회사의 간략한 손익계산서와 재무상태표를 보여준다.

그림 6-8 상품매매회사의 손익계산서와 재무상태표

손익계산서

서울회사	20××. 1. 1. ~ 12. 31.	(단위: 천원)
매출액		100,000
매출원가		
기초상품재고액	10,000	
당기매입액	70,000	
판매가능상품원가	80,000	
기말상품재고액	(15,000)	65,000
매출총이익		35,000
판매비와 관리비		20,000
당기순이익		15,000

재무상태표

서울회사 20××. 12. 31. 현재 (단위: 천원)

자산		부채	
유동자산:		유동부채:	
현금	5,000	매입채무	13,000
매출채권	17,000	차입금	16,000
재고자산	15,000	유동부채합계	29,000
유동자산합계	37,000	비유동부채	20,000
비유동자산	40,000	부채총계	49,000
		자본	
		자본금	13,000
		이익잉여금	15,000
		자본총계	28,000
자산총계	77,000	부채와 자본총계	77,000

이 장에서 익히는 용어

- **매출총이익**: 매출에서 매출원가를 차감한 금액으로 상품을 판매하여 얻은 이윤임.
- **계속기록법**: 상품을 매입하거나 판매할 때마다 재고관리대장에 수량과 금액을 기록하는 방식. 상품판매할 때마다 매출원가를 기록함.
- **실지재고조사법의 산식**: 기초상품재고액 + 당기순매입액 = 판매가능상품원가 = 기말상품재고액 + 매출원가
- **매입계정**: 실지재고조사법에서 상품을 매입하면 상품계정에 기록하는 대신 매입계정에 기록하는 방법도 있음.
- **매입운임**: 상품을 매입할 때 지급한 운임은 상품의 매입원가에 가산함.
- **환입 · 환출과 에누리**: 매입환출과 에누리는 상품(또는 매입)계정에서 차감하고 매출환입과 에누리는 매출계정에서 차감함.
- **외상대금할인**: 외상대금을 일정 기간 내에 빨리 갚으면 외상대금 중 일부를 깎아서 받거나 주는 것. 매출할인은 매출에서 차감하고 매입할인은 상품(또는 매입)계정에서 차감함.
- **매출원가계정**: 상품계정을 사용하는 경우 상품계정잔액에서 기말재고액을 차감한 금액을 매출원가계정에 기록함. 매입계정을 사용하는 경우 기초재고액과 당기순매입액을 매출원가계정 차변으로 옮기고 기말재고액을 매출원가계정 대변에 적는 수정분개를 통해 매출원가를 계산함.

01 다음 빈칸에 알맞은 금액을 기입하시오.

	A	B	C
매출액	100,000	(4)	160,000
기초상품재고액	20,000	(5)	(7)
당기매입액	90,000	80,000	100,000
판매가능상품원가	(1)	(6)	(8)
기말상품재고액	30,000	33,000	65,000
매출원가	(2)	70,000	(9)
매출총이익	(3)	24,000	40,000

해답

(1) 110,000 (2) 80,000 (3) 20,000 (4) 94,000 (5) 23,000
(6) 103,000 (7) 85,000 (8) 185,000 (9) 120,000

해설 매출액 − 매출원가 = 매출총이익
기초상품재고액 + 당기매입액 = 판매가능상품원가 = 기말상품재고액 + 매출원가

02 서울회사의 다음 자료에 의해 실지재고조사법을 사용하여 (1) 상품계정을 사용하는 경우, (2) 매입계정을 사용하는 경우 각각 매출원가를 기록하기 위한 분개를 한 후 매출원가계정에 기입하시오.

기초재고액	100,000	당기매입액	850,000	기말재고액	130,000

해답

(1) 상품계정을 사용하는 경우

① 매출원가 = 기초재고액 100,000 + 당기매입액 850,000 − 기말재고액 130,000 = 820,000

② (차) 매출원가 820,000 (대) 상품 820,000

상품

기초	100,000	매출원가	820,000
매입	850,000		
기말잔액	130,000		

(2) 매입계정을 사용하는 경우

①	(차) 매출원가	100,000	(대)	(기초)재고자산	100,000
②	(차) 매출원가	850,000	(대)	매입	850,000
③	(차) (기말)재고자산	130,000	(대)	매출원가	130,000

매출원가

①	100,000	③	130,000
②	850,000		
매출원가	820,000		

03 서울회사의 다음 자료에 의해 순매입액을 계산하시오.

매입	920,000	매입운임	45,000
매입할인	26,000	매입환출과 에누리	34,000

해답

매입	920,000
매입운임	45,000
매입환출과 에누리	(34,000)
매입할인	(26,000)
순매입액	905,000

04 서울회사의 다음 자료에 의해 순매출액을 계산하시오.

매출	1,300,000	운반비	120,000
매출할인	88,000	매출환입과 에누리	230,000

해답

매출	1,300,000
매출환입과 에누리	(230,000)
매출할인	(88,000)
순매출액	982,000

05 다음 각 거래에 대해 (1) 서울회사와 (2) 종로회사의 분개를 하시오.

① 10. 1 서울회사는 상품 1,200,000원을 종로회사에 외상판매하다. 외상조건은 2/10, n/30이다.

② 10. 1 종로회사는 상품 매입에 따른 운반비로 65,000원을 현금으로 지급하다.

③ 10. 3 종로회사는 매입한 상품 중 200,000원의 불량품이 있어 반송하다.

④ 10. 6 종로회사는 외상대금 600,000원을 할인액을 제외하고 현금으로 지급한다.

⑤ 10.30 종로회사는 외상대금 400,000원을 현금으로 지급한다.

해답

(1) 서울회사의 분개

① 10. 1.	(차) 외상매출금	1,200,000	(대)	매출	1,200,000
② 10. 1.	분개없음				
③ 10. 3.	(차) 매출(환입과 에누리)	200,000	(대)	외상매출금	200,000
④ 10. 6.	(차) 현금	588,000	(대)	외상매출금	600,000
	매출(할인)	12,000*			
	* 할인액: 600,000 × 2% = 12,000				
⑤ 10.30.	(차) 현금	400,000	(대)	외상매출금	400,000

(2) 종로회사의 분개

① 10. 1.	(차) 상품(매입)	1,200,000	(대)	외상매입금	1,200,000
② 10. 1.	(차) 상품(매입)	65,000	(대)	현금	65,000
③ 10. 3.	(차) 외상매입금	200,000	(대)	상품(매입환출)	200,000
④ 10. 6.	(차) 외상매입금	600,000	(대)	현금	588,000
				상품(매입할인)	12,000
⑤ 10.30.	(차) 외상매입금	400,000	(대)	현금	400,000

객관식문제

01 다음 산식 중 올바른 것은?

① 매출액 − 매입액 = 매출총이익
② 매출원가 = 기초재고액 + 매출총이익 − 기말재고액
③ 매출액 − 매출원가 = 매출총이익
④ 매출원가 = 기초재고액 + 매입액 + 기말재고액

02 다음 자료에 의해 계산한 매출원가는?

기초재고액	100,000	당기매입액	900,000	기말재고액	250,000

① 750,000　　② 900,000
③ 1,000,000　　④ 1,150,000

해설 기초 100,000 + 매입 900,000 − 기말 250,000 = 750,000

03 매출할인 금액을 총매출액에서 차감하지 않고 영업외비용으로 처리할 경우, 손익계산서상의 매출총이익과 당기순이익에 미치는 영향을 올바르게 짝지은 것은?

	매출총이익	당기순이익		매출총이익	당기순이익
①	과소	과대	②	과소	불변
③	과대	과대	④	과대	불변

04 실지재고조사법 하에서 매출원가계정을 사용하는 경우 기초재고자산 1,000원을 매출원가에 포함시키기 위한 수정분개에 해당하는 것은?

① (차) 재고자산 1,000　(대) 집합손익 1,000
② (차) 집합손익 1,000　(대) 재고자산 1,000
③ (차) 매출원가 1,000　(대) 재고자산 1,000
④ 재고자산계정은 수정분개의 대상이 아니다.

정답 1. ③ 2. ① 3. ④ 4. ③

05 다음 자료에 의해 계산한 매출총이익은?

총매출액	1,400,000	매출할인	60,000
운반비	50,000	매출원가	980,000

① 420,000 ② 360,000
③ 370,000 ④ 310,000

해설 순매출액: 매출액 1,400,000 － 할인 60,000 = 1,340,000
매출총이익: 순매출액 1,340,000 － 매출원가 980,000 = 360,000

06 다음 설명 중 옳지 않은 것은?

① 실지재고조사법은 상품을 판매할 때마다 매출원가를 기록한다.
② 매출액에서 매출원가를 차감하면 매출총이익이 계산된다.
③ 기초재고액에 당기 순매입액을 합하면 판매가능상품원가가 된다.
④ 매입운임은 매입액에 가산하여 순매입액을 계산한다.

07 다음은 상품매입과 매출에 대한 회계처리 방법인 계속기록법과 실지재고조사법에 관련된 설명이다. 옳지 않은 것은?

① 계속기록법에서는 상품관련계정의 결산정리분개가 요구된다.
② 계속기록법에서는 판매가 이루어질 때마다 해당 판매에서의 매출원가를 계산해주어야 한다.
③ 실지재고조사법에서는 기말에 실제로 남아있는 재고금액을 조사하여 매출원가를 기말에 구한다.
④ 계속기록법을 사용하더라도 기말의 재고를 파악하기 위하여 실지재고조사법을 병행하여 적용할 수 있다.

정답 5. ② 6. ① 7. ①

08 다음의 거래에 관한 설명 중 옳지 않은 것은?

① 매입한 상품이 파손되었거나 불량품일 경우 그 상품을 반품하면 구매자 입장에서는 매입환출에 해당한다.

② 매입한 상품이 파손되었지만 반품하지 않고 값을 깎는 경우에는 구매자 입장에서는 매입에누리에 해당한다.

③ 외상매출금을 정해진 기간 내에 갚으면 일정 금액을 깎아주는데 이는 판매자 입장에서 매입할인에 해당한다.

④ 상품매매에서 선적지인도조건인 경우 상품을 선적한 이후에 발생하는 운임은 구매자가 부담한다.

정답 8. ③

Chapter 07

재무보고와 재무제표 작성

1절 재무보고와 재무제표

1 재무보고와 재무제표

기업은 다양한 이해관계자에게 회계보고서를 제공하여 의사결정에 도움이 되도록 한다. 기업에 관한 재무정보를 제공하는 것을 재무보고라고 하며, 재무제표(financial statements)가 재무보고의 중심이 된다.

재무제표는 다음의 4가지로 구성되며, 주석(footnotes)을 포함한다.

① 재무상태표　　② 손익계산서

③ 자본변동표　　④ 현금흐름표

[그림 7-1]에서 보는 바와 같이 재무제표는 상호 연관관계를 가진다. 4가지 재무제표 가운데 본 장에서는 재무상태표와 손익계산서에 대해서 알아보고, 자본변동표는 제14장, 현금흐름표는 제16장에서 알아보기로 한다.

그림 7-1 재무제표의 상호 연관관계

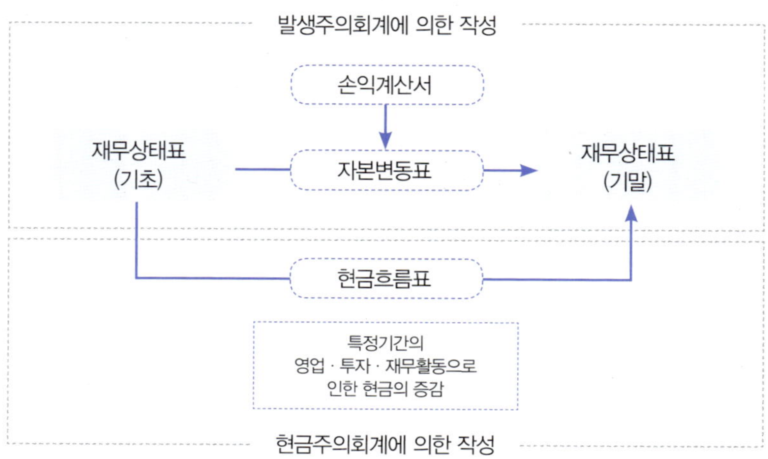

2 재무제표 작성과 표시의 일반원칙

재무제표를 작성하고 표시할 때 따라야 할 일반원칙으로 다음과 같은 것이 있다.

(1) 계속기업

경영진이 재무제표를 작성할 때 계속기업으로서의 존속가능성을 평가한 후, 계속기업을 전제로 하여 재무제표를 작성하여야 한다.

(2) 재무제표의 작성책임과 공정한 표시

재무제표의 작성과 표시에 대한 책임은 경영진에게 있으며, 재무제표는 기업의 재무상태, 경영성과, 현금흐름 및 자본변동을 공정하게 표시하여야 한다. 회계기준에 따라 적정하게 작성된 재무제표는 공정하게 표시된 재무제표로 본다.

(3) 재무제표 항목의 구분과 통합표시

상이한 성격이나 기능을 가진 항목은 구분하여 표시하지만 중요하지 않은 항목은 성격이나 기능이 유사한 항목과 통합하여 표시할 수 있다.

(4) 비교재무제표의 작성

재무제표의 기간별 비교가능성을 높이기 위하여 재무제표에 보고되는 금액은 당기의 금액과 전기의 금액을 함께 표시하여 비교할 수 있도록 한다.

(5) 재무제표 항목의 표시와 분류의 계속성

재무제표의 기간별 비교가능성을 높이기 위하여 재무제표 항목의 표시와 분류는 원칙적으로 매기 동일하여야 한다.

(6) 재무제표의 보고양식

재무제표는 이해하기 쉽도록 간단하고 명료하게 표시하며, 재무상태표, 손익계산서, 현금흐름표, 자본변동표 및 주석으로 구분하여 작성한다.

2절 재무상태표

1 재무상태표의 의의와 구조

재무상태표(statement of financial position)는 대차대조표(balance sheet)라고도 하는데 기업이 일정 시점에 보유하고 있는 자산, 부채, 자본을 보여주는 재무제표이다. 재무상태표에 표시되는 자산은 기업의 자금운용상태를 나타내고, 부채와 자본은 자금조달상태를 나타낸다. 재무정보의 이용자는 기업의 재무상태표를 통하여 경제적 의사결정을 위해 그 기업의 재무건전성과 미래의 현금창출능력을 평가하는 데 필요한 정보를 얻을 수 있다. [그림 7-2]는 재무상태표의 기본구조를 보여준다.

그림 7-2 재무상태표의 기본구조

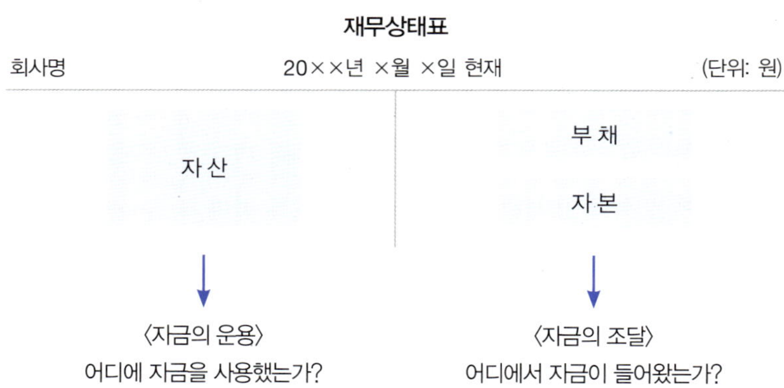

재무상태표의 양식은 계정식과 보고식이 있다. 계정식은 T계정과 유사하게 왼쪽에 자산, 오른쪽에 부채와 자본을 표시하는 방식이다. 보고식은 위로부터 아래로 자산, 부채, 자본을 연속적으로 표시하는 방식이다. [그림 7-3]은 보고식 재무상태표를 나타낸다.

그림 7-3 재무상태표 양식(보고식)

재무상태표

제×기 20××년 ×월 ×일 현재
회사명 제×기 20××년 ×월 ×일 현재 (단위: 원)

과 목	당 기		전 기	
자 산				
유동자산		×××		×××
당좌자산		×××		×××
현금및현금성자산	×××		×××	
단기투자자산	×××		×××	
매출채권	×××		×××	
선급비용	×××		×××	
이연법인세자산	×××		×××	
......	×××		×××	
재고자산		×××		×××
제품	×××		×××	
재공품	×××		×××	
원재료	×××		×××	
......	×××		×××	
비유동자산		×××		×××
투자자산		×××		×××
투자부동산	×××		×××	
장기투자증권	×××		×××	
지분법적용투자주식	×××		×××	
......	×××		×××	
유형자산		×××		×××
토지	×××		×××	
설비자산	×××		×××	
(−) 감가상각누계액	(×××)		(×××)	
건설중인자산	×××		×××	
......	×××		×××	
무형자산		×××		×××
영업권	×××		×××	
산업재산권	×××		×××	
개발비	×××		×××	
......	×××		×××	
기타비유동자산		×××		×××
이연법인세자산	×××		×××	
......	×××		×××	
자 산 총 계		×××		×××

부　채				
유동부채		×××		×××
단기차입금	×××		×××	
매입채무	×××		×××	
당기법인세부채	×××		×××	
미지급비용	×××		×××	
이연법인세부채	×××		×××	
......	×××		×××	
비유동부채		×××		×××
사채	×××		×××	
신주인수권부사채	×××		×××	
전환사채	×××		×××	
장기차입금	×××		×××	
퇴직급여충당부채	×××		×××	
장기제품보증충당부채	×××		×××	
이연법인세부채	×××		×××	
......	×××		×××	
부 채 총 계		×××		×××
자　본				
자본금		×××		×××
보통주자본금	×××		×××	
우선주자본금	×××		×××	
자본잉여금		×××		×××
주식발행초과금	×××		×××	
......	×××		×××	
자본조정		×××		×××
자기주식	×××		×××	
......	×××		×××	
기타포괄손익누계액		×××		×××
매도가능증권평가손익	×××		×××	
해외사업환산손익	×××		×××	
현금흐름위험회피	×××		×××	
파생상품평가손익	×××		×××	
......				
이익잉여금(또는 결손금)		×××		×××
법정적립금	×××		×××	
임의적립금	×××		×××	
미처분이익잉여금 (또는 미처리결손금)	×××		×××	
자 본 총 계		×××		×××
부채 및 자본 총계		×××		×××

재무상태표 양식에는 '재무상태표'라는 보고서의 명칭을 기재해야 하며, 회사명과 재무상태표 작성의 기준시점인 '년 월 일 현재', 그리고 금액 단위를 표시한다.

재무상태표의 각 항목은 총액으로 표시하는 것을 원칙으로 하며, 자산과 부채 또는 자본의 항목을 상계하지 않는다.

그리고 자산과 부채는 각각 유동자산과 비유동자산, 유동부채와 비유동부채로 구분한다. 유동자산이란 1년 이내 또는 정상영업주기 내에 현금화가 되는 자산을 말하며, 유동부채는 1년이나 정상영업주기 내에 갚아야 할 부채를 말한다.

국제회계기준은 재무제표의 양식, 과목의 순서, 형식 등을 규정하고 있지 않지만 일반적으로 유동자산과 비유동자산, 유동부채와 비유동부채는 구분하여 표시한다.

2 자산

자산은 유동자산과 비유동자산으로 구분하며, 비유동자산은 다시 투자자산, 유형자산, 무형자산 및 기타비유동자산으로 세분류한다.

(1) 유동자산

유동자산은 일반적으로 1년 이내에 현금화되거나 사용되어 없어지는 자산이다. 유동자산에는 현금및현금성자산, 매출채권, 재고자산, 단기금융자산 등이 포함된다.

(2) 투자자산

투자자산에는 장기적인 투자목적으로 보유하는 주식이나 채권과 같은 장기금융자산, 투자용 건물이나 토지와 같은 투자부동산, 장기대여금과 장기예금 등이 있다.

(3) 유형자산

유형자산은 사업을 위해 장기적으로 사용하는 토지, 건물, 기계장치, 비품, 건설중인 자산 등을 말한다.

(4) 무형자산

무형자산은 물리적 실체는 없으나 경제적 가치가 있는 특허권, 상표권, 저작권, 개발비, 영업권 등이 포함된다.

(5) 기타비유동자산

기타비유동자산에는 1년 이후에 회수되는 장기성매출채권, 임차보증금, 장기미수금 등이 있다.

3 부채

부채는 기업이 타인에게 이행해야 할 의무의 성격을 가지며, 유동부채와 비유동부채로 구분한다.

(1) 유동부채

유동부채는 1년 이내에 갚아야 할 채무로서 매입채무, 단기차입금, 미지급금, 선수금, 예수금 등이 있다.

(2) 비유동부채

비유동부채는 1년 이후에 갚아야 할 채무로서 장기차입금, 사채, 퇴직급여채무 등이 있다. 장기차입금이라 하더라도 1년 이내에 만기가 도래하는 부분은 유동성장기부채계정으로 옮겨 유동부채로 분류한다.

4 자본

자본은 자산에서 부채를 차감한 잔액으로 기업의 주인(소유주) 몫을 의미한다. 자본은 자본금, 자본잉여금, 자본조정, 기타포괄손익누계액 및 이익잉여금으로 구분된다.

(1) 자본금

자본금은 기업이 발행한 주식의 액면가액을 말한다. 주주가 액면가액을 초과하여 납입한 금액은 자본잉여금 중 주식발행초과금으로 구분한다. 자본금은 발행한 주식의 종류에 따라 보통주자본금과 우선주자본금으로 구분한다.

(2) 자본잉여금

자본잉여금은 주주와의 거래로 발생하는 잉여금으로서 주식발행초과금, 감자차익, 자기주식처분이익 등이 있다.

(3) 자본조정

자본조정은 자본거래에서 발생했으나 다른 자본항목에 속하지 않은 것으로 자기주식 등이 이에 해당된다.

(4) 기타포괄손익누계액

기타포괄손익누계액은 수익이나 비용에 포함되지 않고 포괄손익계산서의 기타포괄손익에 포함되는 항목의 누적금액이다. 따라서 기타포괄손익누계액은 이익잉여금에 포함되지 않고 자본의 별도항목으로 표시한다. 예로는 매도가능증권평가손익, 해외사업환산손익 등이 있다.

(5) 이익잉여금

이익잉여금은 순이익 중 배당을 통해 주주에게 반환한 금액을 차감하고 기업내부에 남아있는 누적금액을 말한다. 이익잉여금은 법령에 의해 적립된 이익준비금과 같은 법정적립금, 사업확장 등의 목적으로 임의로 적립한 임의적립금, 아직 처분하지 않은 미처분이익잉여금으로 구성된다. 법정적립금은 법령에 의해 배당 등의 처분이 제한된 적립금이다.

3절 손익계산서

1 손익계산서의 의의와 구조

손익계산서는 일정 기간(보통 1년) 동안 기업이 벌어들인 수익과 지출한 비용 및 순손익을 나타내는 재무제표이다. 즉, 손익계산서는 다음의 산식을 이용하여 기업의 경영성과를 나타낸다.

수익 − 비용 = 순손익

[그림 7−4]는 손익계산서의 양식을 보여준다.

국제회계기준은 포괄손익계산서의 작성을 요구하고 있다. 포괄손익계산서는 손익계산서의 순손익에 기타포괄손익을 추가한 총포괄손익을 보여주는 재무보고서이다. 따라서 포괄손익계산서는 다음의 정보를 보여준다.

순손익 + 기타포괄손익 = 총포괄손익

국제회계기준은 포괄손익계산서의 양식이나 항목, 배열순서 등을 규정하지 않고 있다. 다만 수익, 금융비용, 당기순손익, 기타포괄손익, 총포괄손익과 같이 개별적으로 표시해야 할 항목만을 정하고 있다.

기타포괄손익은 일반 손익계산서의 당기순손익 계산에 포함되지 않는 항목이다. 그러나 자본의 증가나 감소를 일으키기 때문에 국제회계기준에서 포괄손익계산서에 포함하도록 하고 있다. 또한 유형자산의 재평가잉여금변동액, 매도가능증권평가손익 등과 같은 기타포괄손익은 재무상태표의 자본항목 중 기타포괄손익누계액의 해당 계정에 누적하여 처리된다.

그림 7-4 손익계산서 양식 (보고식)

손익계산서

제×기 20××년 ×월 ×일부터 20××년 ×월 ×일까지
회사명 제×기 20××년 ×월 ×일부터 20××년 ×월 ×일까지 (단위: 원)

과 목	당 기		전 기	
매출액		×××		×××
매출원가		×××		×××
기초제품(또는 상품)재고액	×××		×××	
당기제품제조원가 (또는 당기상품매입액)	×××		×××	
기말제품(또는 상품)재고액	(×××)		(×××)	
매출총이익(또는매출총손실)		×××		×××
판매비와관리비		×××		×××
급여	×××		×××	
퇴직급여	×××		×××	
복리후생비	×××		×××	
임차료	×××		×××	
접대비	×××		×××	
감가상각비	×××		×××	
무형자산상각비	×××		×××	
세금과공과	×××		×××	
광고선전비	×××		×××	
연구비	×××		×××	
경상개발비	×××		×××	
대손상각비	×××		×××	
……	×××		×××	
영업이익(또는 영업손실)		×××		×××
영업외수익		×××		×××
이자수익	×××		×××	
배당금수익	×××		×××	
임대료	×××		×××	
단기투자자산처분이익	×××		×××	
단기투자자산평가이익	×××		×××	
외환차익	×××		×××	
외화환산이익	×××		×××	
지분법이익	×××		×××	
장기투자증권손상차손환입	×××		×××	
유형자산처분이익	×××		×××	
사채상환이익	×××		×××	
전기오류수정이익	×××		×××	
……	×××		×××	

영업외비용		×××		×××
이자비용	×××		×××	
기타의대손상각비	×××		×××	
단기투자자산처분손실	×××		×××	
단기투자자산평가손실	×××		×××	
재고자산감모손실	×××		×××	
외환차손	×××		×××	
외화환산손실	×××		×××	
기부금	×××		×××	
지분법손실	×××		×××	
장기투자증권손상차손	×××		×××	
유형자산처분손실	×××		×××	
사채상환손실	×××		×××	
전기오류수정손실	×××		×××	
......	×××		×××	
법인세비용차감전순손익		×××		×××
법인세비용		×××		×××
당기순이익(또는 단기순손실)		×××		×××

포괄손익계산서를 작성하는 방법은 두 가지가 있다. 하나는 수익과 비용 및 당기순손익을 표시하는 '손익계산서'와 손익계산서의 당기순손익을 시작으로 기타포괄손익을 포함한 '포괄손익계산서'를 별도로 작성하는 방식이다.[1] 다른 하나는 수익과 비용, 당기순손익 및 기타포괄손익을 하나의 보고서로 작성하는 '단일 포괄손익계산서' 방식이다.

[그림 7-5]는 단일 포괄손익계산서의 양식을 보여준다.

2 수익

수익은 매출과 영업외수익으로 구분한다. 매출은 재화를 판매하거나 용역을 제공한 대가로 받는 수익을 말한다. 손익계산서의 순매출액은 총매출액에서 매출할인, 매출에누리, 매출환입을 차감한 금액으로 표시된다.

영업외수익은 주된 영업활동 이외의 활동으로 벌어들인 수익을 의미하며, 이자수익, 배당금수익, 임대료수익, 단기매매증권처분이익, 유형자산처분이익 등이 포함된다.

1 '손익계산서'와 '포괄손익계산서'를 구분하여 작성하는 양식은 제2장의 [그림 2-3]과 [그림 2-4]에 제시되어 있다.

그림 7-5 단일 포괄손익계산서의 예시

손익계산서

서울회사	20××년 1월 1일부터 12월 31일까지 (단위: 천원)
과 목	금 액
총수익	
매출액	28,000
기타수익	1,500
총수익계	29,500
총비용	
매출원가	15,000
판매비	5,000
관리비	4,000
금융비용	3,000
기타비용	500
총비용계	27,500
법인세비용차감전순이익	2,000
법인세비용	800
당기순이익	1,200
기타포괄손익	
토지재평가이익	1,300
매도가능증권평가이익	600
기타포괄이익계	1,900
당기총포괄이익	3,100

3 비용

비용은 그 기능에 따라 매출원가, 판매비와 관리비, 영업외비용 등으로 구분할 수 있다. 매출원가는 판매된 재화나 용역의 원가를 말하며, 매출액에서 매출원가를 차감하여 매출총이익을 계산한다.

판매비는 판매활동과 관련된 비용으로 판매사원급여, 매장임차료, 광고선전비, 운반비, 통신비 등이 포함된다.

관리비는 사업을 위한 일반관리활동과 관련된 비용을 말한다. 관리사원급여, 복리후생비, 본사건물임차료, 감가상각비, 여비교통비, 세금과공과, 사무용품비, 수도광열비 등이 관리비에 포함된다.

영업외비용에는 이자비용, 유형자산처분손실, 단기매매증권처분손실 등이 포함된다.

- **재무제표**: 재무상태표, 손익계산서(포괄손익계산서), 자본변동표, 현금흐름표의 4종류가 있으며 주석이 포함됨.
- **자산의 구분**: 유동자산, 투자자산, 유형자산, 무형자산 및 기타비유동자산으로 구분함.
- **부채의 구분**: 유동부채와 비유동부채로 구분함.
- **자본의 구분**: 자본금, 자본잉여금, 자본조정, 기타포괄손익누계액 및 이익잉여금으로 구분함.
- **수익의 구분**: 매출과 영업외수익으로 구분함.
- **비용의 구분**: 매출원가, 판매비와 관리비, 영업외비용 등으로 구분함.
- **순손익 계산**: 수익 − 비용 = 순손익.
- **총포괄손익 계산**: 순손익 + 기타포괄손익 = 총포괄손익.

연습문제

01 다음과 같은 서울회사의 20×1년 12월 31일 자료를 이용하여 재무상태표를 작성하시오.

(단위: 원)

현금및현금성자산	420,000	토지	750,000
매출채권	540,000	단기차입금	560,000
건물	880,000	장기대여금	175,000
매입채무	237,000	단기대여금	196,000
사채	1,669,000	상품	783,000
자본금	580,000	이익잉여금	?

해답

재무상태표

서울회사 20×1. 12. 31. 현재 (단위: 원)

자산		**부채**	
유동자산		유동부채	
현금및현금성자산	420,000	매입채무	237,000
매출채권	540,000	단기차입금	560,000
단기대여금	196,000	계	797,000
상품	783,000	비유동부채	
계	1,939,000	사채	1,669,000
투자자산		부채계	2,466,000
장기대여금	175,000		
유형자산		**자본**	
건물	880,000	자본금	580,000
토지	750,000	이익잉여금	698,000
계	1,630,000	자본계	1,278,000
자산총계	3,744,000	부채와 자본총계	3,744,000

02 다음과 같은 서울회사의 20×1년 자료를 이용하여 손익계산서를 작성하시오.

(단위: 원)

매출원가	11,000	수수료수익	8,700
급여	3,100	이자수익	4,640
임차료	1,600	이자비용	7,830
광고비	750	법인세비용	5,270
운반비	320	매출	36,200

해답

손익계산서

서울회사 20×1년 1월 1일부터 12월 31일까지 (단위: 원)

과 목	금 액
매출액	36,200
매출원가	11,000
매출총이익	25,200
판매비와 관리비	
급여	3,100
임차료	1,600
광고비	750
운반비	320
계	5,770
영업이익	19,430
영업외수익	
수수료수익	8,700
이자수익	4,640
계	8,700
영업외비용	
이자비용	7,830
법인세비용차감전순이익	24,940
법인세비용	5,270
당기순이익	19,670

객관식문제

01 다음 중 재고자산이 아닌 것은?

① 상품 ② 비품 ③ 제품 ④ 재공품

02 다음 중 유형자산이 아닌 것은?

① 토지 ② 비품 ③ 건물 ④ 특허권

03 다음 중 무형자산이 아닌 것은?

① 영업권 ② 개발비 ③ 매출채권 ④ 산업재산권

04 다음 중 판매비와 관리비가 아닌 것은?

① 유형자산처분손실 ② 감가상각비 ③ 급료 ④ 여비교통비

05 다음 중 재무상태표에서 유동성배열법으로 자산을 표시하는 경우 제일 먼저 기재되는 것은?

① 재고자산 ② 당좌자산 ③ 투자자산 ④ 유형자산

06 다음 중 영업이익을 계산하는 산식은?

① 매출원가 + 매입원가 ② 매출총이익 − 판매비와관리비
③ 순매출액 − 매출원가 ④ 기초상품 + 매입액 − 기말상품

07 다음 중 재무제표 작성의 일반원칙으로 볼 수 없는 것은?

① 재무제표항목의 표시와 분류의 계속성 ② 비교재무제표의 작성
③ 재무상태와 경영성과의 공정한 표시 ④ 재무상태표항목의 순액표시

해설 재무상태표항목은 총액표시가 원칙임.

정답 1. ② 2. ④ 3. ③ 4. ① 5. ② 6. ② 7. ④

08 다음 중 재무상태표 작성기준으로 옳지 않은 것은?

① 자산과 부채는 유동성이 낮은 항목부터 먼저 표시한다.
② 자산, 부채, 자본으로 구분하여 표시한다.
③ 재무상태표의 각 항목은 총액으로 표시하는 것을 원칙으로 한다.
④ 부채는 유동부채와 비유동부채로 구분한다.

09 다음 중 영업외수익이 아닌 것은?

① 이자수익 ② 임대료수익
③ 매도가능증권평가이익 ④ 유형자산처분이익

해설 매도가능증권평가이익은 기타포괄손익에 해당함.

10 다음 중 총포괄손익의 계산식으로 올바른 것은?

① 수익 − 비용 ② 수익 − 비용 + 기타포괄손익
③ 수익 + 기타포괄손익 ④ 수익 − 비용 + 기타수익 + 기타포괄손익

11 다음 중 이익잉여금에 속하지 않는 것은?

① 이익준비금 ② 임의적립금 ③ 주식발행초과금 ④ 기타법정적립금

12 다음 중 기타포괄손익에 해당하는 것은?

① 단기매매증권처분손익 ② 유형자산처분손익
③ 세금과공과 ④ 매도가능증권평가손익

13 다음 중 재무상태표상의 자본항목에 속하지 않는 것은?

① 자본금 ② 자본잉여금 ③ 기타포괄손익 ④ 자본조정

정답 8. ① 9. ③ 10. ② 11. ③ 12. ④ 13. ③

14 다음 중 손익계산서에 표시되는 항목은?

① 개발비 ② 단기매매증권평가손실
③ 선급비용 ④ 선수수익

15 다음의 재무상태표에서 잘못된 부분을 나타낸 것은?

재무상태표

서울회사 20×1. 1. 1. ~ 12. 31. (단위: 원)

자산	부채 자본

① 20×1. 1. 1. ~ 12. 31. ② 서울회사
③ 자산 ④ 부채, 자본

16 다음 자료에 의해 유동자산 금액과 비유동자산 금액을 각각 계산하면?

현금	230,000	영업권	350,000	개발비	75,000
상품	470,000	자본금	220,000	매입채무	89,000
외상매출금	180,000	토지	620,000		

	유동자산	비유동자산
①	955,000	1,059,000
②	880,000	1,045,000
③	880,000	970,000
④	1,230,000	915,000

해설 유동자산: 현금, 상품, 외상매출금
비유동자산: 영업권, 개발비, 토지

정답 14. ② 15. ① 16. ②

Part

II

계정과목별 회계처리

Chapter

08

현금 및 단기금융상품

1절 현금및현금성자산

1 현금및현금성자산의 의의

현금은 거래의 최종적인 결제수단이기 때문에 입금과 출금이 빈번하게 일어나는 자산이다. 현금은 도난을 당하거나 부당하게 사용할 위험이 높기 때문에 모든 기업은 현금의 관리를 철저히 하고 있다.

회계에서 현금은 일상에서 쓰는 현금보다는 넓은 의미로 사용한다. 재무상태표의 현금및현금성자산은 현금뿐 아니라 유동성이 높은 유가증권이나 단기금융상품까지 포함하고 있다. [표 8-1]은 현금및현금성자산의 범위를 보여준다.

표 8-1 현금및현금성자산의 범위

통화	지폐, 동전
통화대용증권	타인발행수표, 자기앞수표, 송금환, 우편환증서, 지급기일 도래한 공사채이자표
단기예금	당좌예금, 보통예금
현금성자산	취득당시 만기가 3개월 이내에 도래하는 채권, 3개월 이내 상환조건 환매채, 3개월 이내 단기수익증권

[표 8-1]에서 보듯이 회계에서는 일반적으로 현금이라고 보는 지폐와 동전 및 자기앞수표뿐 아니라 당좌예금이나 보통예금처럼 기업에서 바로 거래대금으로 사용할 수 있는 것을 현금으로 처리한다. 회계처리할 때는 현금, 소액현금, 당좌예금, 보통예금과 같이 더 세분된 계정을 이용하고 재무상태표에 표시할 때는 현금및현금성자산이라는 통합계정을 사용하는 것이 일반적이다.

현금성자산은 현금을 짧은 기간 동안 금융상품에 투자한 것으로 큰 거래비용 없이 현금으로 쉽게 찾을 수 있고, 이자율의 변동이 있더라도 그 가치가 별로 변동되지 않는 금융상품을 말한다. 즉, 현금성자산은 현금은 아니지만 현금과 거의 동일하게 사용할 수 있는 성질을 갖는 단기금융상품이다.

예제 8-1 현금의 범위

다음 항목 중 현금으로 처리되는 항목을 표시하시오.

① 보험증권 ② 주식 ③ 자기앞수표
④ 약속어음 ⑤ 송금환 ⑥ 지급기일 도래한 공사채 만기이자표
⑦ 상품권 ⑧ 우표 ⑨ 사채

풀이 ③, ⑤, ⑥

2 거래의 기록

현금거래의 기록은 단순하다. 상품을 팔거나 이자 등으로 현금이 증가하면 현금계정의 차변에 기록하고 인건비나 임차료를 지급하면 현금계정의 대변에 기록한다.

예제 8-2 현금거래의 기록

다음 거래를 분개하시오.

① 상품 1,000,000원을 종로회사에 팔고, 700,000원은 종로회사 수표로 받고 300,000원은 현금으로 받다.
② 상품 500,000원을 매입하다. 대금 중 400,000원은 종로회사에 수표를 발행하여 지급하고, 나머지는 외상으로 하다.
③ 종로회사에서 받은 수표 300,000원을 보통예금통장에 입금하였다.
④ 임차료 100,000원을 보통예금에서 찾아 지급하다.

풀이

①	(차) 현금	1,000,000	(대) 매출	1,000,000
②	(차) 상품	500,000	(대) 당좌예금	400,000
			외상매입금	100,000
③	(차) 보통예금	300,000	(대) 현금	300,000
④	(차) 임차료	100,000	(대) 보통예금	100,000

해설 거래처로부터 받은 수표는 현금으로 처리한다. 회사가 수표를 발행하면 당좌예금이 감소한다. 보통예금은 넓은 의미의 현금계정에 포함되어 재무상태표에 현금및현금성자산으로 표시되지만, 실무에서는 보통예금이라는 별도 계정에서 회계처리한다.

현금은 입금과 출금이 빈번하기 때문에 원장의 현금계정과 별도로 현금출납장이라는 보조장부를 이용하여 수입과 지출에 대한 기록 및 현금관리를 한다. [표 8-2]는 현금출납장을 보여준다.

표 8-2 현금출납장

일자	적 요	수 입	지 출	잔 액
9. 1	상품매출로 종로회사에서 현금 1,000,000원을 받다.	1,000,000		1,000,000
9. 2	상품매입하면서 종로회사에 수표 400,000원을 지급하다.		400,000	600,000
9. 4	종로회사 수표 300,000원을 보통예금하다.		300,000	300,000

현금은 장부상의 잔액과 실제 보유하고 있는 금액이 반드시 일치하여야 한다. 따라서 장부상 현금잔액과 현금보유액이 일치하지 않을 경우에는 임시로 현금과부족계정을 사용하여 장부상 현금잔액을 실제 현금보유액과 일치시킨다. 그런 다음 차이의 원인을 찾아내어 현금과부족계정의 잔액을 적절한 계정으로 대체하여야 한다. 불일치의 원인은 주로 거래기록의 누락이나 오류라고 할 수 있는데 만일 회계기말까지 현금과부족의 원인이 밝혀지지 않으면 현금과부족계정의 대변잔액(현금이 남는 경우)은 잡이익으로, 차변잔액(현금이 부족한 경우)은 잡손실로 처리하여 회계기말에 현금과부족계정에는 잔액이 남아 있지 않도록 해야 한다.

예제 8-3 현금과부족회계

다음에 대해 분개하시오.

① 11. 30 현금의 장부금액은 350,000원인데 실제 현금액은 330,000원으로 20,000원이 부족한 것을 알았다.

② 12. 5 기록에 누락된 교통비 15,000원 지급한 영수증을 찾았다.

③ 12. 31 회계기말까지 현금부족액의 원인을 찾아내지 못했다.

풀이

①	(차) 현금과부족	20,000	(대) 현금	20,000
②	(차) 여비교통비	15,000	(대) 현금과부족	15,000
③	(차) 잡손실	5,000	(대) 현금과부족	5,000

현금과부족

①	20,000	②	15,000
	5,000*	③	5,000

* 미확인잔액은 잡손실로 처리됨.

2절 현금의 내부통제와 소액현금제도

1 현금의 내부통제

현금은 도난위험이나 부당하게 사용될 위험이 높다. 따라서 현금을 안전하게 보관하고 부정을 방지할 수 있는 내부통제가 필요하다. 현금에 대한 몇 가지 내부통제 방법에 대해서 알아보자.

(1) 은행을 통한 입출금거래

회사의 입금과 출금거래를 모두 은행을 통해서 하는 것이 좋다. 현금을 모두 보통예금이나 당좌예금으로 예치하고 출금은 계좌이체나 수표발행을 이용하면 현금보관에 따른 위험이 없어지고 자동적으로 거래 흔적이 기록되기 때문이다.

(2) 현금관련 업무의 분담

현금을 보관하고 관리하는 일과 현금수입 또는 지출의 기록업무를 서로 다른 직원이 맡도록 한다. 또한 현금기록이나 현금 입출금업무의 담당자가 현금수입이나 지출에 대한 승인업무를 동시에 담당하도록 해서는 안 된다. 횡령 등 부정의 위험이 커질 수 있기 때문이다.

(3) 현금지급시 증빙의 확인 및 승인

현금을 지급할 때는 증빙을 꼭 갖추도록 하고 승인권이 있는 책임자가 지출내용이 정당한 것인지 확인하고 승인을 하는 절차를 갖추어야 한다. 또한 현금거래와 상관없는 직원이 일정 기간 내에 현금거래에 대해 내부적으로 감사를 하도록 한다.

(4) 은행계정조정표의 작성

당좌예금을 사용하는 경우 주기적으로 회사의 장부상 예금잔액과 은행의 예금잔액이 일치하는지 확인하여야 한다. 만일 차이가 있으면 은행계정조정표를 작성하여 차이의 발생원인을 밝히도록 해야 한다.

2 소액현금제도

현금의 지출을 모두 은행을 통해서 하게 되면 볼펜 한 자루 사는 것도 보통예금에서 인출하거나 당좌수표를 발행하여야 하기 때문에 현금지출업무가 너무 복잡해지게 된다. 이런 번거로움을 피하기 위해 총무과에 현금지출을 위한 일정액의 자금을 주어 소액의 비용은 현금으로 지급하도록 하는 소액현금제도를 사용한다.

일반적으로 사용하는 소액현금제도가 정액기금전도제도인데 다음과 같은 방법으로 운영된다. ① 1주일이나 1개월의 기간 동안 사용할 수 있는 일정 금액의 현금을 미리 현업 부서에 기금으로 선급해 준다. ② 현업 부서의 소액현금담당자는 선급받은 현금을 금고에 보관하고 사무용품의 구입이나 교통비 등의 소액지출이 일어나면 영수증 등의 증빙을 보관한다. ③ 일정 기간이 되면 그 사이 일어난 지출의 명세를 만들어 증빙과 함께 회계부서에 제출하여 사용금액만큼 현금으로 재보충 받는다.

따라서 정액기금전도제도에서는 현금보유액과 영수증금액의 합계가 정액기금으로 선급받은 금액과 항상 일치하여야 한다.

> 정액기금의 금액 = 현금보유액 + 소액지출 영수증금액의 합계

정액기금으로 선급한 금액은 소액현금계정으로 기록하지만 재무제표에는 현금및현금성자산에 포함하여 표시한다.

예제 8-4 소액현금회계

(1) 서울회사의 회계부서는 300,000원을 영업부서의 소액현금자금으로 설정하여 수표를 발행해 주었다. 이때 회계부서의 분개는 다음과 같다. 영업부서의 소액현금 담당자는 아무런 분개를 하지 않는다.

(차) 소액현금 300,000　　(대) 당좌예금 300,000

(2) 영업부서에서는 소액현금을 다음과 같이 지급했다.

- 사무용품비 95,000　• 교통비 126,000　• 통신비 58,000

영업부서의 소액현금담당자는 영수증을 관리하고 영수증합계에 현금보유액을 합한 금액이 소액현금과 일치하는지를 확인했다. 이때 역시 아무런 분개를 하지 않는다.

- 영수증합계 279,000 + 보유현금 21,000 = 소액현금 300,000

(3) 영업부서의 소액현금담당자는 보관하고 있는 영수증을 회계부서에 제출한다. 회계부서는 영수증 합계금액 279,000원의 수표를 발행한다. 이때 회계부서는 다음의 분개를 한다.

(차)		(대)	
사무용품비	95,000	당좌예금	279,000
여비교통비	126,000		
통신비	58,000		

(4) 소액현금담당자의 금고에는 다시 300,000원의 소액현금선급액이 채워진다. 소액현금담당자는 아무런 분개를 하지 않는다.

[예제 8-4]에서 보듯이 소액현금담당자는 분개를 하지 않는다. 오직 회계부서에서 소액현금을 설정할 때와 소액현금사용액에 대한 영수증을 받고 사용한 금액을 다시 보충할 때만 분개를 하여 회계기록을 한다는 것을 꼭 알아두자.

이에 따라 회계부서의 소액현금계정금액은 전혀 변동 없이 한 번 설정된 금액 그대로 유지된다. 만일 회계부서에서 소액현금의 규모를 더 늘리거나 줄이는 경우에는 소액현금계정의 변동이 있게 된다. 다음의 [예제 8-5]를 통해 알아보자.

예제 8-5 소액현금규모의 변동

(1) 서울회사는 영업부서의 소액현금규모를 400,000원으로 늘리기로 하고, 100,000원의 수표를 발행하여 영업부서에 지급하였다.

(차) 소액현금 100,000 (대) 당좌예금 100,000

(2) 서울회사는 영업부서의 소액현금규모를 350,000원으로 줄이기로 하여 영업부서에서 50,000원의 현금을 받아 당좌예금하다.

(차) 당좌예금 50,000 (대) 소액현금 50,000

3절 당좌예금과 은행계정조정표

1 당좌예금과 당좌수표

기업은 일반적으로 보통예금을 통해 현금의 입금과 출금을 관리하지만 규모가 큰 경우 당좌수표를 발행할 수 있는 당좌예금을 사용한다. 대금지급을 위해 당좌수표를 발행하면 수표 자체가 지출에 대한 증빙이 되어 현금관리를 잘 할 수 있게 된다. [예제 8-6]을 통해 당좌예금거래를 알아보자.

예제 8-6 당좌예금거래

(1) 서울회사는 당좌예금계좌를 개설하고 현금 3,000,000원을 예금하다.

(차) 당좌예금 3,000,000 (대) 현금 3,000,000

(2) 상품 900,000원을 매입하면서 당좌수표를 발행하다.

(차) 상품 900,000 (대) 당좌예금 900,000

(3) 상품 500,000원을 판매하고 대금을 당좌수표로 받아 당좌예금에 입금하다.

(차) 당좌예금 500,000 (대) 매출 500,000

[예제 8-6]에서 보는 것처럼 당좌예금의 인출은 당좌수표를 통해서 이루어진다. 만일 당좌예금잔액보다 당좌수표금액이 크면 거래은행에서는 현금지급을 거절하게 된다. 이럴 경우 부도가 났다고 하며 부도수표를 갖고 있는 거래처는 수표발행회사에 직접 지급할 것을 요구하게 된다. 부도수표를 받은 회사는 당좌예금을 감소시키고 외상매출금을 증가시키는 회계처리를 해야 한다.

[예제 8-7]을 통해 부도수표의 회계처리 방법을 알아보자.

예제 8-7 부도수표 회계

[예제 8-6]에서 거래처로부터 받아 은행에 입금한 당좌수표 중 200,000원이 부도로 처리되었다고 은행에서 통지가 왔다.

(차) 외상매출금* 200,000 (대) 당좌예금 200,000

* 부도수표는 더 이상 바로 쓸 수 있는 현금이 아니고 앞으로 받을채권이므로 외상매출금으로 기록한다.

당좌예금잔액보다 조금이라도 큰 금액의 당좌수표를 발행하면 부도가 되기 때문에 기업은 당좌수표발행액이 당좌예금잔액보다 크더라도 일정 한도 내에서는 은행이 부도를 내지 않고 현금을 지급하도록 하기 위하여 당좌차월 계약을 맺을 수 있다. 이 경우 당좌예금은 마이너스 잔액을 보이게 된다. 만일 회계기말에도 당좌예금이 마이너스 잔액이면 재무상태표에 자산항목인 현금및현금성자산이 아니라 유동부채항목인 당좌차월(또는 단기차입금)로 표시한다. [예제 8-8]은 당좌차월의 회계처리를 보여준다.

예제 8-8 당좌차월 회계

서울회사는 은행과 1천만 원까지 당좌차월계약을 맺고 있다. 12월 말 현재 당좌예금 잔액이 100,000원 있는데 상품매입을 위해 1,000,000원의 당좌수표를 발행하였다. 이 경우 분개와 당좌예금계정의 기록, 재무상태표는 다음과 같다.

풀이 분개: ① 12/31 (차) 상품 1,000,000 (대) 당좌예금 1,000,000

당좌예금

수표발행전잔액	100,000	① 12.31	1,000,000
		잔액	900,000

〈당좌예금의 마이너스잔액임.
재무상태표의 유동부채로 표시함〉

재무상태표

서울회사 20××. 12. 31. 현재 (단위: 원)

자산	부채	
	유동부채:	
	당좌차월	900,000
	자본	

2 은행계정조정표

원칙적으로 은행의 당좌예금잔액과 회사의 장부상 당좌예금잔액은 일치하여야 하지만 일정한 시점을 기준으로 대조해 보면 여러 가지 이유로 차이가 날 수 있다. 그 차이를 체계적으로 파악하기 위해 은행계정조정표를 작성하며, 차이의 주요 발생원인은 다음과 같다.

(1) 미결제수표

회사는 당좌수표를 발행하여 당좌예금의 감소로 처리했으나 수표를 받은 거래처가 아직 은행에 지급제시를 하지 않은 수표를 말한다. 은행잔액을 감소시켜야 한다.

(2) 미기록예금

회사는 은행에 입금하였으나 은행업무 마감시간 이후인 관계로 은행은 다음 날짜로 입금처리한 경우이다. 은행예금잔액을 증가시켜야 한다.

(3) 미통지예금

은행의 당좌예금계좌에는 입금이 되었으나 회사는 입금사실을 통지받지 못하여 회사의 장부에는 입금이 기록되지 않은 경우이다. 회사의 당좌예금잔액을 증가시켜야 한다.

(4) 부도수표

회사가 거래처로부터 받은 수표를 당좌예금계좌에 예치하였으나 부도가 났고 회사는 부도사실을 아직 통지받지 못한 경우이다. 회사의 당좌예금잔액을 감소시켜야 한다.

(5) 은행수수료, 이자비용, 이자수익

은행에서 은행수수료나 이자비용, 이자수익을 당좌예금계좌에서 이미 처리했으나 회사가 그 내용을 통지받지 못하고 있다가 은행에서 보내온 은행계정명세서를 통해 알게 된 경우이다. 회사의 당좌예금잔액을 감소 또는 증가시킨다.

(6) 기장오류

은행 또는 회사에서 당좌예금거래를 기록할 때 오류가 발생한 경우이다. 오류가 발생한 쪽의 금액을 수정한다.

다음의 [예제 8-9]를 통해서 은행계정조정표의 작성 방법을 알아보자.

예제 8-9 은행계정조정표

서울회사의 9월 30일 현재 당좌예금잔액은 1,500,000원인데 은행에서 보내온 은행계정명세서의 당좌예금잔액은 1,650,000원이다. 담당자가 차이 원인을 검토한 결과 다음 사실을 알아냈다.

(1) 회사가 발행한 다음 수표가 은행에서 인출되지 않았다.

수표번호	금 액
# 369	80,000
# 371	150,000

(2) 거래처가 외상대금을 온라인으로 입금시킨 130,000원을 회사는 모르고 있었다.

(3) 은행의 수수료 20,000원이 은행계정명세서에 있으나 회사는 기록하지 않았다.

(4) 거래처에서 받아 입금한 수표 170,000원이 부도되었음을 모르고 있었다.

(5) 9월 30일 마감 후 입금액 15,000원이 은행계정명세서에 나타나지 않았다.

(6) 임차료 지급을 위해 당좌수표를 1,300,000원을 발행했으나 당좌예금계정에는 1,295,000원으로 기록되어 있다.

담당자는 다음의 은행계정조정표를 작성한다.

은행계정조정표

서울회사　　　　20××년 9월 30일 현재

은행계정명세서		회사장부	
수정 전 잔액	1,650,000	수정 전 잔액	1,500,000
(1) 미결재수표	(230,000)	(2) 미통지예금	130,000
(5) 미기록예금	15,000	(3) 은행수수료	(20,000)
		(4) 부도수표	(170,000)
		(6) 기장오류	(5,000)
수정 후 잔액	1,435,000	수정 후 잔액	1,435,000

[예제 8-9]에서 보는 것처럼 수정 후에는 은행의 당좌예금잔액과 회사의 장부상 당좌예금잔액이 같아야 한다.

은행계정조정표를 작성한 후에는 회사의 장부상 당좌예금잔액을 수정 후 잔액으로 고치기 위해서 회사의 조정항목에 대해 수정분개를 하여야 한다. 다음의 [예제 8-10]은 은행계정조정표 작성 후의 수정분개를 보여준다.

예제 8-10 은행계정조정표 작성 후의 수정분개

[예제 8-9]의 자료를 이용한 수정분개는 다음과 같다.

(2)	(차) 당좌예금	130,000	(대) 외상매출금	130,000
(3)	(차) 지급수수료	20,000	(대) 당좌예금	20,000
(4)	(차) 외상매출금	170,000	(대) 당좌예금	170,000
(6)	(차) 임차료	5,000	(대) 당좌예금	5,000

당좌예금

수정 전 잔액	1,500,000	(3)	20,000
(2)	130,000	(4)	170,000
		(6)	5,000
수정 후 잔액	1,435,000		

* 위 수정분개 후 당좌예금잔액은 은행계정조정표상 수정 후 잔액과 같은 금액이 된 것을 알 수 있다.

4절 단기금융상품

1 단기금융상품

기업이 운영자금을 초과하는 여유자금이 있으면 거래처에 이자를 받고 빌려주든지 은행의 정기예금과 같은 금융상품에 투자하여 수익을 얻고 있다. 단기대여금이나 정기예금과 같이 만기가 1년 이내인 경우 유동자산의 단기금융상품으로 표시한다. 만일 만기가 1년을 초과하면 유동자산이 아니라 비유동자산의 투자자산으로 분류하여야 한다.

단기금융상품에 포함되는 주요 금융상품의 예는 다음과 같다.

① **1년 미만의 정기예금과 정기적금**: 정기예금은 일정 금액을 일정 기간 은행에 예치한 후 찾는 금융상품이며, 정기적금은 일정 기간 동안 일정 금액씩 계속 적립한

후 찾는 금융상품임.

② 어음관리계좌(CMA): 고객의 예금을 금융회사가 어음이나 단기채권 등에 투자하는 금융상품임.

③ 양도성예금증서(CD): 은행이 발행하는 무기명 정기예금으로 다른 사람에게 양도할 수 있음.

④ 기업어음(CP): 금융기관이 기업에서 발행한 어음을 구입한 후 이를 고객에게 파는 것임.

⑤ 머니마켓펀드(MMF): 은행이 고객의 예금을 각종 채권 등에 투자하는 상품임.

⑥ 환매채(RP): 금융기관이 고객에게 채권을 판매하고 일정 기간 후 이자를 가산하여 다시 매입하는 조건의 채권임.

2 금융상품의 재무제표 표시

금융상품은 만기가 1년 이내이면 유동자산, 1년을 초과하면 비유동자산으로 재무상태표상 분류를 달리 하고 있다. [표 8-3]은 금융상품의 재무제표 표시를 보여준다.

표 8-3 금융상품의 재무제표 표시

금융상품 종류	재무제표 표시
현금, 보통예금, 당좌예금, 3개월 이내 채권	유동자산의 현금및현금성자산
1년 이내 정기예금, 정기적금, CMA, CD 등	유동자산의 단기투자자산
1년 초과 정기예금, 정기적금 및 투자목적의 주식이나 채권 등	비유동자산의 투자자산

- **현금성자산**: 현금은 아니지만 현금으로 간주하는 것으로 취득당시 만기가 3개월 이내에 도래하는 채권, 3개월 이내 상환조건의 환매채 등임.
- **현금과부족계정**: 현금의 실제 보유액과 장부상 금액에 차이가 있을 때 일시적으로 기록한 후 차이의 원인이 밝혀지면 정리하기 위해 사용하는 임시계정임.
- **소액현금**: 회사가 당좌예금을 이용하는 경우 소액의 지출까지 일일이 수표를 발행하여 인출하면 매우 번거로우므로 일정액의 현금을 현업 부서에 맡겨서 소액의 지출에 사용하도록 하는 제도.
- **당좌예금**: 수표를 발행해서 인출할 수 있는 예금. 이자가 없음.
- **은행계정조정표**: 회사의 장부상 당좌예금잔액과 은행의 당좌예금잔액이 서로 다를 때 그 이유를 밝히는 표.
- **단기금융상품**: 여유자금을 1년 미만의 금융상품에 투자한 것임. 1년 미만의 정기예금, 정기적금, CMA, CD, CP, MMF 등이 있음.

연습문제

01 다음의 자료를 이용하여 현금및현금성자산의 금액을 계산하시오.

통화	100,000	만기도래한 국채이자표	20,000
타인발행수표	600,000	직원의 급료 가불증서	40,000
우표	3,000	양도성예금증서	300,000
송금환	350,000	타인발행 약속어음	290,000
만기 2개월 환매채	470,000	어음관리계좌(CMA)	180,000

해답

통화	100,000
만기도래한 국채이자표	20,000
타인발행수표	600,000
송금환	350,000
만기 2개월 환매채	470,000
현금및현금성자산	1,540,000

02 다음의 자료에 의해 분개를 하시오.

① 9. 1. 수표를 발행하여 300,000원의 소액현금을 총무과에 주다.

② 9. 10.까지 총무과에서 다음의 지출이 있었다.

택시요금	20,000	사무용품 구입	45,000
전화요금	18,000	우편요금	6,000
주차요금	9,000	직원회식비	97,000

③ 9. 11. 위 지출의 증빙서류를 회계부서에 제출하고 수표를 받아오다.

④ 9. 30. 소액현금을 400,000원으로 증액하여 수표를 발행하다.

해답

①	(차)	소액현금	300,000	(대) 당좌예금	300,000
②	분개 없음				
③	(차)	여비교통비	29,000	(대) 당좌예금	195,000
		소모품비	45,000		

	통신비	24,000		
	복리후생비	97,000		
④ (차)	소액현금	100,000	(대) 당좌예금	100,000

03 서울회사의 다음 자료를 이용하여 (1) 은행계정조정표를 작성하고 (2) 필요한 수정분개를 하시오.

회사장부의 당좌예금 잔액	905,000	은행계정명세서의 잔액	1,450,000
① 미결제수표금액	365,000	② 미기록예금	206,000
③ 부도수표	105,000	④ 은행수수료	13,000

⑤ 거래처에서 은행으로 자동입금된 외상대금 570,000

⑥ 외상매입금 166,000원을 수표를 발행하여 지급하였는데 장부상 100,000원으로 잘못 기록함.

해답

(1) 은행계정조정표 작성

은행계정조정표

회사장부		은행잔액	
수정 전 잔액	905,000	수정 전 잔액	1,450,000
③ 부도수표	(105,000)	① 미결제수표	(365,000)
⑤ 미통지예금	570,000	② 미기록예금	206,000
④ 은행수수료	(13,000)		
⑥ 기장오류	(66,000)		
수정 후 잔액	1,291,000	수정 후 잔액	1,291,000

(2) 수정분개

(차)	당좌예금	570,000	(대) 외상매출금	570,000
(차)	외상매출금	105,000	(대) 당좌예금	184,000
	지급수수료	13,000		
	외상매입금	66,000		

객관식문제

01 다음 중 현금및현금성자산이 아닌 것은?

① 타인이 발행한 당좌수표 ② 상품권
③ 만기 2개월인 채권 ④ 보통예금

02 은행의 잔액증명서 잔액과 기업의 당좌예금계정 잔액이 일치하지 않는 경우 그 차이를 조정하기 위해 작성하는 것은?

① 잔액시산표 ② 현금흐름표
③ 연결재무제표 ④ 은행계정조정표

03 다음 중 당좌차월에 대한 설명으로 옳지 않은 것은?

① 기업이 당좌예금잔액을 초과하여 수표를 발행하는 경우에 발생한다.
② 은행과 기업 간의 사전약정이 있어야 한다.
③ 당좌차월은 재무상태표에 현금 및 현금성자산의 차감항목으로 표시한다.
④ 당좌차월이 발생해도 은행은 해당 수표를 부도처리하지 않는다.

04 다음 자료에 의하면 현금및현금성자산 금액은?

우편환증서	10,000	당좌개설보증금	25,000
타인발행약속어음	20,000	부도수표	30,000
환매채(60일 환매조건)	15,000	보통예금	40,000

① 85,000 ② 65,000
③ 50,000 ④ 45,000

해설 우편환증서, 환매채, 보통예금은 현금및현금성자산임.

정답 1. ② 2. ④ 3. ③ 4. ②

05 다음 중 현금및현금성자산에 대한 설명으로 옳지 않은 것은?

① 재무상태표일부터 3개월 이내 만기가 도래하여야 한다.
② 이자율변동에 따른 가치변동위험이 크지 않아야 한다.
③ 당좌자산에 속한다.
④ 큰 거래비용 없이 현금으로 전환이 쉬워야 한다.

해설 현금 및 현금성자산으로 분류하기 위해서는 취득당시 만기가 3개월 이내에 도래하여야 함.

06 서울회사의 장부상 당좌예금 잔액은 3,500,000원이다. 다음의 조정사항을 반영한 후의 당좌예금 잔액은?

- 매출채권 추심액 1,200,000원
- 입금한 수표 중 부도수표 800,000원
- 은행수수료 25,000원
- 외상매입금을 갚기 위해 600,000원의 수표를 발행했으나 장부에 700,000원으로 기록됨.

① 4,675,000 ② 3,875,000
③ 3,975,000 ④ 4,775,000

해설 수정금액: 3,500,000 + 1,200,000 − 800,000 − 25,000 + 100,000 = 3,975,000

07 회계기간 중에 실제 현금시재액이 장부상 시재액보다 25,000원이 부족함을 발견한 경우 가장 적절한 회계처리방법은?

① 차액을 곧바로 잡손실로 회계처리하여 현금시재액과 장부상 시재액을 일치시킨다.
② 차액을 현금과부족계정에 대체하여 현금시재액과 장부상 시재액을 일치시킨다.
③ 차액을 가지급금계정에 대체하여 현금시재액과 장부상 시재액을 일치시킨다.
④ 아무런 회계처리를 하지 않고 그대로 둔다.

정답 5. ① 6. ③ 7. ②

Chapter

09

수취채권과 지급채무

1절 채권 · 채무의 회계

1 채권과 채무의 회계상 분류

회사가 사업을 하는 과정에서 상품을 외상으로 판매하면 외상매출금이라는 채권이 생기고, 상품을 외상으로 매입하면 외상매입금이라는 채무가 발생한다. 채권과 채무는 상품매매의 외상거래 이외에도 자금의 융통을 목적으로 돈을 빌려줄 때 생기는 대여금이나 돈을 빌릴 때 발생하는 차입금 등 여러 종류가 있다. 다양한 채권과 채무의 회계상 분류하는 방식을 정리하면 [표 9-1]과 같다.

표 9-1 채권과 채무의 회계상 분류

거 래	채권(유동자산)	채무(유동부채)
상품매매거래	매출채권: 외상매출금, 받을어음	매입채무: 외상매입금, 지급어음
상품매매거래 이외 채권 · 채무	미수금	미지급금
자금의 대여와 차입	대여금	차입금, 당좌차월
선급 및 선수거래	선급금	선수금
기타거래	가지급금	예수금, 가수금
상품매매거래 이외 수익과 비용거래	미수수익, 선급비용	미지급비용, 선수수익

[표 9-1]에서 상품매매거래 이외 수익과 비용거래와 관련된 계정들은 주로 회계기말의 수정분개를 통하여 사용되는 계정들이다.

예제 9-1 채권 · 채무의 분류

다음의 거래에 사용되는 계정명칭을 적으시오.

① 거래처에 빌려준 돈 ② 비품을 외상으로 매각함.
③ 자전거를 외상으로 구입함 ④ 상품대금을 미리 지급함.
⑤ 급여지급 시 소득세 원천징수함.

풀이 ① 대여금, ② 미수금, ③ 미지급금, ④ 선급금, ⑤ 예수금

2 매출채권과 매입채무

매출채권은 상품이나 용역을 외상으로 판매한 경우에 사용하는 계정이다. 순수한 외상이면 외상매출금계정으로 처리하고 거래처로부터 어음을 받으면 받을어음계정으로 처리한다. 재무상태표에는 외상매출금잔액과 받을어음잔액을 합하여 매출채권으로 표시한다.

마찬가지로 상품매매거래에서 발생한 채무를 매입채무라고 하며, 매입채무는 외상매입금과 지급어음으로 구분할 수 있다.

예제 9-2 매출채권과 매입채무

① 9.10 서울회사는 상품 400,000원을 종로회사에 팔았다. 종로회사는 신용카드로 대금을 결제하였다.

② 9.25 서울회사는 위의 신용전표를 제시하고 3%의 수수료를 공제한 388,000원을 현금으로 받았다. 종로회사의 신용카드대금이 보통예금에서 인출되다.

풀이

	서울회사			종로회사		
①	(차) 외상매출금	400,000		(차) 상품	400,000	
	(대) 매출		400,000	(대) 외상매입금		400,000
②	(차) 현금	388,000		(차) 외상매입금	400,000	
	이자비용	12,000		(대) 보통예금		400,000
	(대) 외상매출금		400,000			

3 미수금과 미지급금

상품 이외의 차량이나 비품 등을 외상으로 매각하면 미수금계정으로 처리하고, 외상으로 구입하면 미지급금계정으로 처리한다.

예제 9-3 미수금과 미지급금

① 서울회사는 사용 중인 컴퓨터를 200,000원에 종로회사에 외상으로 팔고 20일 후에 대금을 받기로 하다.

② 20일 후 종로회사는 외상대금을 갚다.

풀이

	서울회사			종로회사		
①	(차) 미수금	200,000		(차) 비품	200,000	
	(대) 비품		200,000	(대) 미지급금		200,000
②	(차) 현금	200,000		(차) 미지급금	200,000	
	(대) 미수금		200,000	(대) 현금		200,000

미수금이나 미지급금과 비슷한 성격으로 미수수익과 미지급비용이 있다. 미수수익과 미지급비용은 제5장의 결산수정사항에서 알아본 것처럼 결산기말에 아직 현금으로 지급받지 않은 이자수익이나 현금으로 지급하지 않은 임차료비용처럼 발생주의에 의해 수익과 비용을 기록하기 위한 수정분개에서 나타내는 채권과 채무계정이다.

4 대여금과 차입금

거래처 등에게 돈을 빌려주면 대여금계정으로 처리하고, 반대로 돈을 빌리면 차입금계정으로 처리한다. 만일 대여 또는 차입 기간이 1년을 초과하면 비유동자산인 장기대여금 및 비유동부채인 장기차입금으로 처리한다.

예제 9-4 대여금과 차입금

① 서울회사는 종로회사에 3개월 만기로 600,000원을 빌려주었다. 연이자율은 12%이다.
② 3개월 후 종로회사는 이자와 차입금을 갚았다.

풀이

	서울회사: 채권자			종로회사: 채무자		
①	(차) 단기대여금	600,000		(차) 현금	600,000	
	(대) 현금		600,000	(대) 단기차입금		600,000
②	(차) 현금	618,000		(차) 단기차입금	600,000	
	(대) 단기대여금		600,000	이자비용	18,000*	
	이자수익		18,000	(대) 현금		618,000

* 3개월 이자 = 600,000 × 12% × 3/12 = 18,000

5 선급금과 선수금

상품이나 비품 등을 구입하기 전에 계약금 등의 대금을 미리 지급하면 자산인 선급금계정으로 기록하고, 대금을 받은 회사는 부채인 선수금계정으로 기록한다.

선급금이나 선수금과 비슷한 성격으로 선급비용과 선수수익이 있다. 선급비용과 선수수익은 제5장의 결산수정사항에서 알아본 것처럼 결산기말에 이미 수령했거나 지급한 금액 중 당 회계연도의 수익 또는 비용이 아니고 다음 회계연도의 수익 또는 비용에 해당하는 금액을 발생주의에 의해 각각 자산과 부채로 처리하기 위한 수정분개에서 나타나는 채권과 채무계정이다.

6 예수금

예수금이란 회사가 제3자에게 지급하여야 할 금액을 일시적으로 보관하는 경우 사용하는 채무계정이다. 종업원에게 급여를 지급할 때 근로소득세 등을 원천징수한 경우나 매출에 따른 부가가치세(부가가치세 예수금)를 징수한 경우에 예수금계정으로 처리한다.

예제 9-5 예수금

① 서울회사는 10월 급여 30,000,000원 중 2,000,000원을 원천징수하고 나머지를 급여통장으로 입금하였다. 원천징수내역은 근로소득세 1,500,000원, 지방소득세 150,000원, 건강보험료 350,000원이다.

② 11월 10일 보관하던 예수금을 납부하다.

풀이

①	(차)	급여	30,000,000	(대)	소득세예수금	1,500,000
					지방소득세예수금	150,000
					건강보험료예수금	350,000
					현금	28,000,000
②	(차)	소득세예수금	1,500,000	(대)	현금	2,000,000
		지방소득세예수금	150,000			
		건강보험료예수금	350,000			

7 가지급금과 가수금

가지급금과 가수금은 기업이 현금을 지급했거나 현금을 수령했지만 그 내용이 아직 확정되지 않아 계정과목을 정할 수 없거나 금액이 확정되지 않은 경우에 임시로 사용하는 계정이다. 그러나 결산시점까지 거래내용을 확정하여 적절한 계정으로 대체해야 하기 때문에 가지급금과 가수금계정이 재무상태표에는 표시되지 않는다.

예제 9-6 가지급금과 가수금

① 서울회사는 판매사원의 출장비로 1,500,000원을 지급하였다.

② 직원이 출장을 마치고 비용보고서를 제출했는데 1,300,000원을 여비교통비로 사용했고 남은 잔액 200,000원은 반납하다.

풀이

①	(차)	가지급금	1,500,000	(대)	현금	1,500,000
②	(차)	여비교통비	1,300,000	(대)	가지급금	1,500,000
		현금	200,000			

2절 매출채권의 대손회계

1 대손비용의 회계처리

일반적으로 외상매출금이나 받을어음과 같은 매출채권을 모두 회수하기는 어렵다. 거래처가 파산을 하거나 빚을 갚지 않고 잠적을 하면 외상대금을 받을 수 없기 때문이다.

매출채권을 받을 수 없게 되면 손실이 발생하는데 회계에서는 이를 대손이라고 하며, 대손은 매출채권에 대한 손상차손에 해당한다.

대손에 의한 손상차손의 회계처리에는 추정된 대손금액을 대손상각비로 기록함과 동시에 매출채권을 직접 차감하는 순액표시의 방법과 매출채권을 차감하는 대신 대손충당금이라는 매출채권의 평가계정을 설정하는 대손충당금설정법의 두 가지가 있는데 회계기준에서는 대손충당금설정법을 인정한다.

2 대손충당금설정법

대손충당금설정법은 객관적 증거에 의하여 추정한 대손금액을 매출채권계정에서 직접 차감하지 않고 매출채권의 차감계정인 대손충당금계정의 대변에 기록하는 방법이다. 즉, 이 방법의 기본개념은 추정한 대손금액에 대해 다음과 같은 분개를 한다는 것이다.

(차) 대손상각비	×××	(대) 대손충당금	×××

이 분개로 대손충당금계정은 대변잔액을 보이지만 재무상태표에 표시할 때는 매출채권에서 차감하는 항목으로 표시한다.

[그림 9-1]은 재무상태표상 대손충당금의 표시를 보여준다.

그림 9-1 대손충당금의 표시

서울회사는 회계기말 매출채권으로 외상매출금 2,000,000원과 받을어음 1,500,000원이 있다. 회사의 대손충당금 잔액은 300,000원이다.

재무상태표

서울회사 20××. 12. 31. 현재 (단위: 원)

자산		부채
매출채권	3,500,000	
대손충당금	(300,000)	
장부가액*	3,200,000	자본

* 매출채권에서 대손충당금을 차감한 금액을 장부가액이라고 한다.

[그림 9-1]에서 보는 것처럼 대손충당금설정법은 회사의 전체 매출채권은 350만 원이며, 이 중 30만 원의 대손추계액을 차감한 320만 원이 회수할 수 있는 금액이라는 정보를 보여준다. 대손충당금설정법의 구체적인 내용을 살펴보기로 한다.

(1) 회계기말의 대손추계액(손상예상액) 추정과 회계처리

회사는 회계기말에 객관적 증거에 의하여 매출채권에 대한 대손추계액을 추정한 후 대손충당금계정을 수정하기 위한 기말수정분개를 한다.

대손충당금계정에 대한 기말수정분개를 할 때 대손상각비금액은 다음과 같이 계산한다. 즉, 기말에 대손충당금 잔액이 남아 있을 경우 대손추계액에서 기말의 수정전 대손충당금 잔액을 차감한 금액을 대손충당금으로 추가 설정하며, 같은 금액을 대손상각비로 처리하여야 한다.

대손충당금 추가설정액 = 대손추계액 − 수정전 대손충당금 잔액
(대손상각비)

(차) 대손상각비 ××× (대) 대손충당금 ×××

예제 9-7 기말대손충당금 설정

서울회사의 기말매출채권 잔액은 5,000,000원이며, 수정전 대손충당금 50,000원이 있다. 서울회사의 매출채권에 대한 대손추계액은 250,000원이다. 대손추계액의 회계처리와 재무상태표 표시를 하시오.

풀이

(1) 대손충당금 추가설정액 = 대손추계액 − 수정전 대손충당금 잔액

(대손상각비) = 250,000 − 50,000 = 200,000

(2) 분개: (차) 대손상각비 200,000 (대) 대손충당금 200,000

(3) 계정표시

매출채권

차변		대변
잔액	5,000,000	

대손충당금

차변	대변	
	수정전잔액	50,000
	추가설정액	200,000
	수정후잔액 (대손추계액)	250,000

재무상태표

서울회사 20××. 12. 31. 현재 (단위: 원)

자산		부채
매출채권	5,000,000	
대손충당금	(250,000)	자본
	4,750,000	

만일 대손추계액보다 수정전 대손충당금 잔액이 많으면 그 금액만큼 대손충당금을 줄이고 대손충당금환입이라는 수익계정으로 기록한다.

> 대손충당금환입액 = 수정전 대손충당금 잔액 − 대손추계액
>
> (차) 대손충당금 ××× (대) 대손충당금환입 ×××

예제 9-8 대손충당금 잔액

다음 자료에 의해 대손상각비와 대손충당금 잔액을 계산하시오.

	A	B	C
매출채권 잔액	1,000,000	1,000,000	1,000,000
대손추계액	50,000	50,000	50,000
수정전 대손충당금 잔액	10,000	0	70,000
대손상각비 또는 대손충당금환입	(　　)	(　　)	(　　)

풀이

(1) 대손상각비 또는 대손충당금환입:

(A) 50,000 − 10,000 = 40,000(대손상각비)

(B) 50,000 − 0 = 50,000(대손상각비)

(C) 50,000 − 70,000 = −20,000(대손충당금환입)

(2) 분개

(A)	(차)	대손상각비	40,000	(대) 대손충당금	40,000
(B)	(차)	대손상각비	50,000	(대) 대손충당금	50,000
(C)	(차)	대손충당금	20,000	(대) 대손충당금환입	20,000

(A) 대손충당금

차변	대변	
	수정전잔액	10,000
	대손상각비	40,000
	수정후잔액	50,000

(B) 대손충당금

차변	대변	
	수정전잔액	0
	대손상각비	50,000
	수정후잔액	50,000

(C) 대손충당금

차변	대변	
대손충당금환입 20,000	수정전잔액	70,000
	수정후잔액	50,000

[예제 9-8]에서 보는 것처럼 대손추계액이 수정후 대손충당금 잔액이 되며, 수정전 대손충당금 잔액에 따라 대손추계액과 대손충당금의 차액만큼이 대손상각비(비용: 대손충당금을 증가시킴) 또는 대손충당금환입(수익: 대손충당금을 감소시킴)이라는 계정에 기록될 금액이 결정된다.

표 9-2 대손상각비와 대손충당금 계산

사 례	분 개
대손추계액 = 수정전 대손충당금 잔액	분개 없음
대손추계액 > 수정전 대손충당금 잔액	(차) 대손상각비 ×× (대) 대손충당금 ××
대손추계액 < 수정전 대손충당금 잔액	(차) 대손충당금 ×× (대) 대손충당금환입 ××

(2) 대손확정의 회계처리

대손확정이란 특정 거래처에 대한 매출채권의 회수가 어렵다는 것이 명확해진 것을 말한다. 매출채권에 대해 대손이 실제로 확정되면 전년도에 설정한 대손충당금과 매출채권을 상계하는 다음의 분개를 한다.

(차)	대손충당금	×××	(대)	외상매출금	×××

이 분개에서 보는 것처럼 대손이 실제로 확정되면 대손상각비라는 비용계정에 기록하지 않고 대손충당금을 감소시키는 회계처리를 한다는 것이 중요하다. 이미 지난해 말에 대손추계액을 추정하여 대손상각비로 비용처리했기 때문에 대손확정시에는 대손상각비가 아니라 대손충당금계정과 매출채권을 동시에 감소시키는 회계처리를 한다.

만일 대손확정액이 대손충당금 잔액보다 더 많으면 대손충당금 잔액을 초과하는 금액은 대손상각비로 처리한다.

(차)	대손충당금	×××	(대)	외상매출금	×××
	대손상각비	×××			

예제 9-9 대손확정액이 대손충당금 잔액보다 큰 경우

서울회사의 대손충당금 잔액은 50,000원이다. 대손 80,000원이 확정된 경우의 회계처리를 하시오.

풀이 (차) 대손충당금 50,000 (대) 외상매출금 80,000
　　　대손상각비 30,000

해설 대손충당금 잔액이 50,000원 있으므로 초과금액 30,000원은 대손상각비로 바로 처리함.

대손확정시의 회계처리를 요약하면 [표 9-3]과 같다.

표 9-3 대손확정시의 회계처리

사 례	분 개
대손발생액 < 대손충당금 잔액	(차) 대손충당금 ×× (대) 외상매출금 ××
대손발생액 > 대손충당금 잔액	(차) 대손충당금 ×× (대) 외상매출금 ×× 대손상각비 ××

(3) 대손처리된 매출채권을 회수하는 경우

이미 대손처리된 매출채권을 거래처에서 나중에 갚는 경우가 있다. 이 경우는 대손이 확정되었을 때 대손충당금과 매출채권을 감소시켰던 분개를 취소하는 분개를 한다. 즉, 매출채권과 대손충당금을 증가시키는 분개를 한다. 그 다음 정상적으로 매출채권을 현금으로 회수하는 분개를 한다.

(1) 대손확정 회계처리의 취소분개
　(차) 외상매출금 ××× (대) 대손충당금 ×××
(2) 현금회수분개
　(차) 현금 ××× (대) 외상매출금 ×××
위 (1)과 (2)의 분개를 합해서 다음과 같이 하나의 분개로 처리할 수 있다.
　(차) 현금 ××× (대) 대손충당금 ×××

만일 대손확정액이 대손충당금 잔액보다 많아서 차액을 대손상각비로 처리한 경우라면 대손확정 회계처리의 취소분개는 다음과 같다.

(1) 대손확정 회계처리의 취소분개

(차)	외상매출금	×××	(대)	대손충당금	×××
				대손상각비	×××

다음의 [예제 9−10]은 대손확정된 매출채권의 회수와 관련된 회계처리를 보여준다.

예제 9-10 대손확정 회계처리된 매출채권의 회수

[예제 9−9]에서 대손처리한 80,000원 중 거래처가 1차적으로 70,000원을 현금으로 보내왔다. 이 경우 대손상각비로 처리한 30,000원을 먼저 취소시키고 나머지 40,000원을 대손충당금을 증가시키는 분개를 한다. 이후 거래처가 나머지 10,000원도 2차적으로 보내온 경우를 살펴보자.

[회사의 대손확정 회계처리: 참고용]

(차)	대손충당금	50,000	(대)	외상매출금	80,000
	대손상각비	30,000			

풀이 **[1차 회수시 분개]**

(1) 대손확장 회계처리를 취소하는 분개

(차)	외상매출금	70,000	(대)	대손상각비	30,000
				대손충당금	40,000

(2) 현금회수분개: 정상적인 매출채권 회수분개임

(차)	현금	70,000	(대)	외상매출금	70,000

또는 (1)과 (2)를 합한 분개

(차)	현금	70,000	(대)	대손상각비	30,000
				대손충당금	40,000

[2차 회수시 분개]

(1)	(차)	외상매출금	10,000	(대)	대손충당금	10,000
(2)	(차)	현금	10,000	(대)	외상매출금	10,000

또는 (1)과 (2)를 합한 분개

(차)	현금	10,000	(대)	대손충당금	10,000

3절 받을어음과 지급어음의 회계

1 약속어음의 의의

약속어음은 어음의 발행자가 어음 수취인에게 일정 기일에 일정 금액을 지급하겠다는 것을 약속한 증서이다. [그림 9–2]는 약속어음의 양식을 보여준다.

그림 9-2 약속어음의 양식

[그림 9–2]에서 보는 것처럼 약속어음의 양식은 수표와 거의 유사하며, 수표와 다른 점은 지급기일이 있다는 점이다. 지급기일이 있기 때문에 약속어음은 지급기일 전에 은행에서 현금으로 찾을 수 없다. 수표는 언제든지 현금으로 찾을 수 있다는 점에서 약속어음과 수표가 다르게 회계처리된다.

약속어음은 일반적으로 상품을 사고파는 상거래에서 발행되고 유통되는데, 어음발행인은 매입채무인 지급어음으로, 어음수취인은 매출채권인 받을어음으로 회계처리한다.

표 9-4 어음의 구분

구 분	어음발행인	어음수취인
상거래	지급어음	받을어음
금융거래	단기차입금	단기대여금

약속어음은 상거래 이외에 돈을 빌리는 금융거래에서도 발행할 수 있다. 이 경우 어음발행인은 단기차입금으로, 어음수취인은 단기대여금으로 처리한다.

어음은 액면금액 외에 발행일로부터 만기일까지 기간에 대한 이자를 지급하기도 하는데 이를 이자부어음이라고 한다. 이 경우 경과일수에 대한 이자비용을 계산할 때 이자율은 연 이자율로 표시하며, 실무적으로 1년은 360일로 보아 계산한다.

이자비용 = 액면금액 × 연이자율 × 어음내용일수 / 360

예제 9-11 이자비용의 계산

약속어음 액면금액 1,000,000원, 연 이자율 12%, 어음내용일수(발행일부터 만기일까지 일수) 90일인 경우 이자비용을 계산하시오.

풀이 이자비용 = 1,000,000 × 12% × 90/360 = 30,000

2 받을어음과 지급어음의 회계

상품을 구입하는 회사가 약속어음을 발행하면 매입채무인 지급어음계정에 기록하고, 상품을 판매하는 회사는 매출채권인 받을어음계정에 기록한다.

예제 9-12 받을어음과 지급어음 회계

서울회사는 상품 300,000원을 종로회사에서 구입하고 90일 만기 연이율 12%의 이자부어음을 발행하다.

(1) 발생일의 분개

어음발행회사			어음수취회사		
(차) 상품	300,000		(차) 받을어음	300,000	
(대) 지급어음		300,000	(대) 매출		300,000

(2) 어음 만기일의 분개

(차) 지급어음	300,000		(차) 현금	309,000	
이자비용	9,000*		(대) 받을어음		300,000
(대) 현금		309,000	이자수익		9,000

* 이자비용 = 300,000 × 12% × 90/360 = 9,000

[예제 9-12]에서 보는 것처럼 이자부어음인 경우 어음대금을 지급할 때 이자도 함께 지급하기 때문에 어음발행회사는 이자비용으로, 어음수취회사는 이자수익으로 기록한다.

만일 어음의 만기일에 어음이 부도가 되면 어음수취인은 부도가 된 약속어음을 받을어음계정에서 차감하여 외상매출금계정이나 부도어음계정으로 옮기는 분개를 한다.

(차) 외상매출금 (또는 부도어음)	×××	(대) 받을어음	×××

외상매출금이나 부도어음은 받을어음과 합하여 재무상태표에 매출채권으로 표시한다.

3 받을어음의 할인 및 배서양도

약속어음을 보유하고 있는 회사가 어음의 만기일 전에 자금이 필요한 경우 금융기관에 받을어음을 매각하여 현금화할 수 있는데 이를 어음할인이라고 한다. 어음할인의 경우 금융기관에 수수료를 지급하게 되는데 이는 이자비용 또는 어음할인료라는 비용계정으로 기록한다. 다음의 [예제 9-13]은 어음할인의 회계처리를 보여준다.

예제 9-13 받을어음의 할인

서울회사는 보유하고 있는 어음 500,000원을 수수료 20,000원을 지급하고 금융회사에서 할인하였다.

풀이 분개:

(차)	현금	480,000	(대) 받을어음	500,000
	어음할인료	20,000		

한편, 거래처로부터 받은 약속어음을 외상매입금과 같은 채무를 갚기 위해 양도하는 경우가 있다. 이런 경우를 어음의 배서양도라고 하며, 외상매입금의 감소와 받을어음의 감소로 기록한다.

〈어음의 배서양도시의 분개〉

(차)	외상매입금	×××	(대) 받을어음	×××

이 장에서 익히는 용어

- **미수금과 미지급금**: 상거래 이외의 외상거래로 받을 돈은 미수금, 갚을 돈은 미지급금임.
- **대여금과 차입금**: 대여금은 남에게 빌려준 돈이고, 차입금은 남으로부터 빌린 돈임.
- **선급금과 선수금**: 선급금은 상품대금 등을 미리 준 돈이고 선수금은 미리 받은 돈임.
- **예수금**: 남에게 지급할 금액을 일시적으로 맡은 돈임.
- **가지급금과 가수금**: 회계처리할 계정과목이 확정되지 않았거나 금액이 확정되지 않았을 때 사용하는 계정임.
- **대손충당금설정법**: 대손이 발생하기 전에 대손발생예상액을 대손충당금으로 기록하면서 대손상각비(비용)를 미리 기록하는 방식.
- **받을어음과 지급어음**: 상품을 팔면서 약속어음을 받으면 받을어음, 상품을 구입하면서 약속어음을 발행하면 지급어음으로 기록함.
- **부도어음**: 거래처로부터 받은 수표나 어음에 대해 거래처의 당좌예금잔액이 없어 은행에서 지급을 못하는 것을 부도라고 하며, 이 경우 부도어음이나 외상매출금계정으로 회계처리함.

01 서울회사의 다음 거래를 분개하시오.

① 20×1년 12월 31일 외상매출금 잔액은 2,000,000원, 대손충당금 잔액은 없고 대손추계액은 40,000원이다.

② 20×2년 1월 대손 30,000원이 발생하다.

③ 20×2년 2월 추가로 대손 15,000원이 발생하다.

④ 20×2년 3월 대손발생으로 상각처리한 외상매출금 20,000원을 거래처가 갚다.

⑤ 20×2년 12월 31일 외상매출금 잔액은 2,500,000원이고 대손추계액은 50,000원이다.

해답

①	(차)	대손상각비	40,000	(대)	대손충당금	40,000
②	(차)	대손충당금	30,000	(대)	외상매출금	30,000
③	(차)	대손충당금	10,000	(대)	외상매출금	15,000
		대손상각비	5,000			
④	(차)	외상매출금	20,000	(대)	대손상각비	5,000
					대손충당금	15,000
	(차)	현금	20,000	(대)	외상매출금	20,000
⑤	(차)	대손상각비	35,000*	(대)	대손충당금	35,000

* 대손상각비 = 50,000 − 잔액 15,000 = 35,000

대손충당금

②	30,000	①	40,000
③	10,000	④	15,000
		잔액	15,000
		⑤	35,000
		기말잔액	50,000

02 다음의 어음거래를 분개하시오.

① 거래처에 상품을 1,000,000원에 판매하고 약속어음을 받다. 이 어음은 이자부어음으로 기간은 3개월, 연이자율은 12%이다.

② 3개월 후 어음금액과 이자를 받다.

③ 보유하고 있는 어음 500,000원을 475,000원에 할인하였다.

해답

①	(차)	받을어음	1,000,000	(대)	매출	1,000,000
②	(차)	현금	1,030,000	(대)	받을어음	1,000,000
					이자수익	30,000*

* 1,000,000 × 12% × 3/12 = 30,000

③	(차)	현금	475,000	(대)	받을어음	500,000
		어음할인료	25,000			

03 (주)서울의 20×1년 영업활동에 관한 정보는 다음과 같으며, 모든 상품매매는 현금 또는 외상거래로 이루어진다. (주)서울의 매출채권 기말잔액은 얼마인가?

1월 1일 매출채권 잔액	8,000	매출채권 회수액	26,000
현금매출액	5,000	1월 1일 상품 잔액	12,000
12월 31일 상품 잔액	11,000	상품매입액	20,000
매출총이익	9,000		

해답

매출액 = 판매한 상품원가 (12,000 + 20,000 − 11,000) + 매출총이익 (9,000)= 30,000

매출채권 당기발생액 = 매출액 (30,000) − 현금매출액 (5,000) = 25,000

매출채권 기말잔액 = 기초잔액 (8,000) + 당기발생액 (25,000) − 회수액 (26,000) = 7,000

01 다음은 지급어음계정의 일부분을 나타내고 있다. 9월 2일의 거래 내용을 올바르게 설명한 것은?

지급어음		
9.2 당좌예금	15,000	

① 거래처에 발행해주었던 어음이 만기가 되어, 그 대금을 당좌수표로 받다.
② 거래처에 발행해주었던 어음이 만기가 되어, 그 대금을 당좌수표로 지급하다.
③ 소지하고 있던 어음이 만기가 되어, 그 대금을 당좌수표로 받다.
④ 소지하고 있던 어음이 만기가 되어, 그 대금을 현금으로 지급하다.

02 다음의 기말 결산자료에 의하여 인식하여야 하는 대손상각비를 계산하면?

외상매출금 잔액	2,000,000원	대손충당금 잔액	10,000원
외상매출금 중 대손추계액	40,000원		

① 50,000　② 40,000　③ 30,000　④ 10,000

03 기말 결산시 대손충당금 설정을 누락한 경우에 대한 설명으로 옳은 것은?

① 순이익이 과대 계상된다.　② 순이익이 과소 계상된다.
③ 자산이 과소 계상된다.　④ 부채가 과소 계상된다.

04 외상매입금을 갚기 위해 보유 중인 약속어음을 배서양도한 경우의 분개는?

① (차) 외상매입금	×××	(대) 지급어음	×××
② (차) 외상매입금	×××	(대) 받을어음	×××
③ (차) 외상매입금	×××	(대) 미지급금	×××
④ (차) 지급어음	×××	(대) 외상매입금	×××

정답 1. ② 2. ③ 3. ① 4. ②

05 다음 중 지급어음계정의 차변에 기록되는 거래는?

① 거래처에서 받은 약속어음이 부도가 된 경우
② 우리 회사가 발행한 어음의 만기일에 대금을 지급한 경우
③ 거래처에서 받은 어음을 할인한 경우
④ 거래처에서 받은 어음을 만기일에 현금회수한 경우

06 거래처에서 받은 어음을 수수료를 차감하고 현금으로 할인받은 경우의 분개는?

①	(차)	현금	×××	(대)	받을어음	×××
		어음할인료	×××			
②	(차)	현금	×××	(대)	받을어음	×××
③	(차)	현금	×××	(대)	받을어음	×××
					어음할인료	×××
④	(차)	현금	×××	(대)	지급어음	×××
		어음할인료	×××			

07 서울회사는 10월 1일에 10,000,000원을 이자율 12%로 다음해 9월 30일에 원금과 이자를 상환하는 조건으로 은행에서 차입하였다. 회계기말인 12월 31일에 서울회사가 해야 하는 분개는?

①	(차)	이자비용	1,200,000	(대)	미지급비용	1,200,000
②	(차)	이자비용	300,000	(대)	현금	300,000
③	(차)	미지급비용	300,000	(대)	현금	300,000
④	(차)	이자비용	300,000	(대)	미지급비용	300,000

해설 3개월(10월~12월) 이자 미지급액: 10,000,000 × 12% × 3/12 = 300,000

정답 5. ② 6. ① 7. ④

08 이미 대손으로 처리한 매출채권 100,000원을 나중에 현금으로 회수한 경우의 분개로 올바른 것은?

① (차) 현금	100,000	(대) 매출채권	100,000
② (차) 현금	100,000	(대) 대손충당금	100,000
③ (차) 현금	100,000	(대) 잡이익	100,000
④ (차) 현금	100,000	(대) 매출채권	100,000

정답 8. ②

Chapter
10
재고자산

1절 재고자산의 회계처리

1 재고자산의 의의

재고자산이란 상품이나 제품처럼 회사가 영업활동과정에서 판매하거나 생산을 위해 보유 중인 자산을 말한다. 재고자산은 기본적으로 판매를 목적으로 보유하는 자산이므로 업종에 따라 재고자산의 내용이 다를 수 있다. 따라서 일반적으로 자동차는 유형자산이지만 자동차 판매회사의 경우 재고자산이 될 수 있으며, 마찬가지로 건물은 보통 유형자산이지만 부동산매매업의 경우 재고자산이 될 수 있다.

재고자산의 종류는 상품, 제품, 재공품, 반제품, 원재료, 저장품 등이 있다.

2 계속기록법과 실지재고조사법의 비교

상품매매회사의 회계처리를 제6장에서 이미 살펴보았다. 재고자산의 관리방법으로 실지재고조사법을 사용하는 경우와 계속기록법을 사용하는 경우를 비교해 보면 [표 10-1]과 같다.

계속기록법은 상품을 매입할 때 상품계정의 차변에 기록하고, 판매할 때는 상품계정의 대변과 매출원가계정의 차변에 기록하는 방법이다. 이와 같이 계속기록법은 상품을 판매할 때마다 매출과 함께 매출원가를 바로바로 기록한다는 점에서 실지재고조사법과 큰 차이가 있다.

표 10-1 계속기록법과 실지재고조사법의 비교

구 분	계속기록법	실지재고조사법
(1) 상품매입	(차) 상품 ××× (대) 외상매입금 ×××	(차) 상품 (또는 매입) ××× (대) 외상매입금 ×××
(2) 상품매출: 매출의 기록	(차) 외상매출금 ××× (대) 매출 ×××	(차) 외상매출금 ××× (대) 매출 ×××
(3) 상품매출: 매출원가의 기록	(차) 매출원가 ××× (대) 상품 ×××	분개없음
(4) 매출원가 계산을 위한 기말 결산수정분개	수정분개 없음	(차) 매출원가 ××× (대) 상품 ××× * 상품계정을 사용한 경우를 가정함.

[표 10-1]에서 보는 것처럼 계속기록법에서는 상품을 판매할 때마다 수익인 매출을 기록함과 동시에 판매한 상품의 원가인 매출원가를 기록한다. 그러나 실지재고조사법은 판매할 때 매출원가를 기록하지 않기 때문에 기말에 매출원가를 기록하기 위한 결산수정분개를 하는 것을 알 수 있다.

3 상품의 매입원가 결정

상품의 매입원가에는 상품매입의 대가로 지급한 금액뿐 아니라 매입과정에서 부담한 운임이나 보관료, 관세와 같은 세금 등이 포함된다.

> 상품의 매입원가 = 매입가격 + 부대비용

예제 10-1 상품의 매입원가

서울회사는 상품 1,000,000원을 외상매입하면서 다음의 비용을 현금으로 지출하였다. 운임 50,000원, 창고료 20,000원, 관세 40,000원, 구입 중개수수료 10,000원. 상품의 취득원가를 구하기 위한 분개를 하시오.

풀이 (차) 상품 1,120,000* (대) 외상매입금 1,000,000
현금 120,000

* 상품의 취득원가는 매입가격에 부대비용을 모두 합한 금액임.

4 기말재고자산의 범위

회사는 회계연도 말에 재고심사를 통해 재고자산이 얼마만큼 남아 있는지 파악하여 재무상태표에 표시하여야 한다. 이때 주의할 점은 회사의 창고나 매장에 없더라도 재고자산에 포함시켜야 할 상품이 있다는 것이다.

(1) 미착상품

미착상품은 회계연도 말 현재 운송 중에 있는 상품을 말한다. 외국으로부터 상품을 수입하는 경우 상품의 인도조건이 선적지인도조건이면 미착상품을 구매회사의 기말재고자산에 포함시킨다. 선적지인도조건은 상품을 선적한 시점부터 구매회사가 상품의 소유권을 가지기 때문이다. 그러나 도착지인도조건이면 미착상품을 구매회사의 기말재고자산에 포함시켜서는 안 된다.

표 10-2 미착상품의 처리

구 분	소유권의 귀속
선적지인도조건	구매회사의 기말재고자산임
도착지인도조건	판매회사의 기말재고자산임

(2) 위탁상품

위탁상품은 상품소유자(위탁자)가 다른 회사(수탁자)에게 판매를 위탁한 상품이다. 위탁상품은 수탁자가 판매할 때까지는 위탁자의 재고자산에 포함시켜야 한다. [그림 10-1]은 위탁상품의 처리방법을 보여준다.

그림 10-1 위탁상품

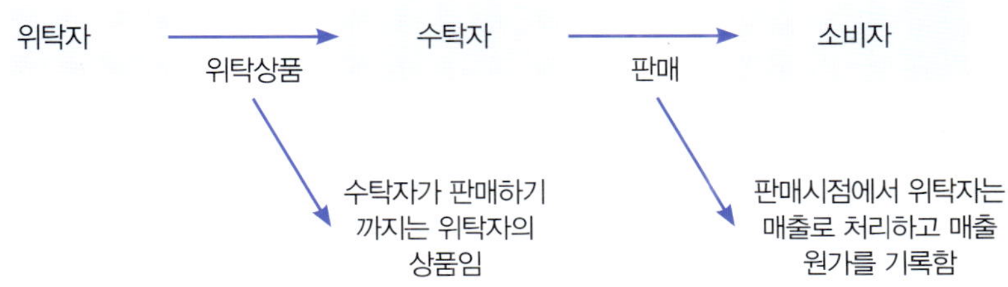

(3) 시용품

시용품은 소비자가 상품을 일정 기간 시험적으로 사용해 본 다음 구입 여부를 결정하도록 한 상품이다. 소비자에게 상품을 인도하였지만 소비자가 구입의사를 표시하기 전까지는 회사의 재고자산에 포함시킨다.

(4) 할부판매상품

할부판매는 상품을 인도한 후 구매자가 판매대금을 분할해서 지급하도록 하는 판매방식이다. 이 경우 구매자가 상품대금을 완납할 때까지는 법적인 소유권이 판매자에게 있지만 회계에서는 판매시점에 소유권이 구매자에게 이전된 것으로 보기 때문에 할부판매상품은 판매자의 재고자산에 포함시키지 않는다. 즉, 할부판매는 일반적인 상품의 판매와 동일하게 회계처리한다.

2절 상품의 단가결정 방법

1 기말재고자산과 매출원가의 관계

회사가 회계연도 초에 보유한 상품재고액에 당기에 매입한 금액을 더하면 판매가능상품원가가 된다. 이 판매가능상품원가 중 판매된 상품의 원가는 매출원가로 손익계산서에 보고되고, 회계기말까지 판매되지 않아 보유하고 있는 상품원가는 기말재고자산으로 재무상태표에 보고된다. [그림 10-2]는 이러한 관계를 보여준다.

그림 10-2 기말재고자산과 매출원가의 관계

						(판매)		(보유)
기초상품재고액	+	당기순매입액	=	판매가능상품원가	=	매출원가	+	기말상품재고액
						(손익계산서)		(재무상태표)

[그림 10-2]에서 보는 것처럼 판매가능상품원가는 상품의 판매 여부에 따라 매출원가와 기말재고자산으로 금액의 분배가 이루어진다. 따라서 매출원가로 많은 금액이 분배되면 기말재고자산에는 적은 금액이 분배되고, 반대로 매출원가로 적은 금액이 분배되면 기말재고자산에는 많은 금액이 분배되는 결과가 된다.

그런데 판매가능상품원가 중 얼마만큼을 기말재고자산으로 분배하고, 얼마만큼을 매출원가로 분배하느냐 하는 문제는 판매한 상품의 수량과 보유하고 있는 상품의 수량에 각각 어떤 상품단가를 적용하느냐 하는 문제로 귀결된다. 실지재고조사법에서는 다음과 같이 기말재고자산의 금액을 결정한 다음 매출원가를 계산하기 때문에, 재고실사를 통해 파악한 기말재고자산의 수량에 적용할 상품단가를 어떻게 결정하느냐가 중요한 문제가 된다.

(1) 기말상품재고액 = 보유한 상품수량 × 단가
(2) 매출원가 = 판매가능상품원가 − 기말상품재고액

2 원가흐름과 단가결정

상품단가를 결정하는 방법에는 개별법, 평균법, 선입선출법, 후입선출법이 있다.[1] 재고자산관리방식에는 계속기록법과 실지재고조사법이 있는데 여기서는 계속기록법을 적용하는 경우의 단가결정 방법을 설명하기로 한다. 실지재고조사법을 적용하는 경우의 단가결정 방법은 〈보론〉에서 설명한다.

다음의 원가자료를 이용하여 단가결정방법을 알아본다.

[원가자료]

서울회사의 9월 중 상품의 매입 및 판매에 관한 원가자료는 다음과 같다.

	수량	단가	금액
기초재고	10	100	1,000
당기매입			
9. 5.	15	110	1,650
9.15.	20	120	2,400
9.25.	5	130	650
판매가능상품	50		5,700
판매한 상품			
9. 7.	13		
9.17.	25		
기말재고	12		

1 기업회계기준은 그 밖에 백화점이나 유통업종에서 사용하는 소매재고법(매출가격환원법)을 단가결정 방법으로 인정하고 있다. 그러나 매출총이익률법은 인정하지 않는다.

(1) 개별법: 실물흐름에 따른 단가결정

귀금속이나 특별주문품과 같이 수량은 많지 않지만 단위당 원가가 고가인 상품의 경우 어떤 상품이 팔리고 어떤 상품이 남아 있는지 쉽게 파악할 수 있기 때문에 팔린 상품의 원가를 매출원가에 반영하고 보유하고 있는 상품의 원가를 기말재고자산금액으로 반영하는 개별법을 적용하는 것이 이상적이다.

이 방법은 상품의 실물흐름에 따른 회계처리를 하기 때문에 수익과 비용을 정확하게 대응시킬 수 있다는 장점이 있다. 그러나 상품의 원가를 개별적으로 추적할 수 있는 경우가 아니면 사용하기 어렵다.

개별법을 적용하기 위해서 (1) 9월 7일에 판매한 상품 13개는 기초재고 중 5개와 9월 5일에 매입한 상품 중 8개가 팔렸고, (2) 9월 17일에 판매한 상품 25개는 9월 5일에 매입한 상품 5개와 9월 15일에 매입한 상품 20개가 팔렸다고 가정한다.

[예제 10-2]는 개별법에 의한 매출원가와 기말상품재고액의 계산과정을 보여주고 있다.

예제 10-2 개별법

1. 매출원가 계산

(1) 9.7. 판매	① 기초재고:	단가 100 × 5개 =	500
	② 9.5 매입:	단가 110 × 8개 =	880
		계	1,380
(2) 9.17. 판매	① 9.5 매입:	단가 110 × 5개 =	550
	② 9.15 매입:	단가 120 × 20개 =	2,400
		계	2,950

매출원가 (1) + (2) = 1,380 + 2,950 = 4,330

2. 기말상품재고액 계산

판매가능상품원가	5,700
− 매출원가	(4,330)
기말상품재고액	1,370

(2) 평균법

평균법은 기말상품재고액과 매출원가를 계산할 때 상품단가의 평균을 적용하는 방법이다. 그러데 계속기록법 하에서 평균법을 적용하는 경우에는 상품을 추가로 매입할 때마다 상품단가의 평균을 새로 계산하여야 하므로 이동평균법을 적용한다. 상품을 추가로 매입한 시점에 다음의 산식을 이용하여 상품단가의 평균을 새로 계산하고, 이것을 이후의 판매에 대한 매출원가의 계산에 적용한다.

$$\text{이동평균단가} = \frac{\text{직전재고금액} + \text{신규매입금액}}{\text{직전재고수량} + \text{신규매입수량}}$$

계속기록법 하에서 이동평균법을 적용한 재고관리대장은 [예제 10-3]과 같으며, 판매한 상품 38개의 매출원가는 4,246원, 기말상품재고액은 1,454원임을 알 수 있다. 그리고 단가가 다른 상품을 추가로 매입할 때마다 이동평균법에 의해 새로운 평균단가가 계산되고 이 평균단가를 이후에 판매한 상품에 대한 매출원가의 계산에 적용하는 것을 볼 수 있다.

예제 10-3 계속기록법의 이동평균법

재고관리대장: 이동평균법

일자	매 입			판 매			재 고		
	수량	단가	금액	수량	단가	금액	수량	단가	금액
9. 1	10	100	1,000				10	100	1,000
9. 5	15	110	1,650				25	106	2,650
9. 7				13	106	1,378	12	106	1,272
9.15	20	120	2,400				32	114.75	3,672
9.17				25	114.75	2,868	7	114.75	804
9.25	5	130	650				12	121.16	1,454
	50		5,700	38		4,246 (매출원가)			1,454 (기말재고)

(3) 선입선출법(FIFO: First-In, First-Out)

선입선출법은 먼저 매입한 상품을 먼저 판매한다는 원가흐름을 가정하여 단가를 결정하는 방법이다. 따라서 이 방법을 사용하면 기말재고자산에는 최근의 상품단가를 먼저 적용하고, 매출원가에는 오래된 상품단가를 먼저 적용하게 된다. 또한 계속기록법의 경우에는 기중에 상품을 판매할 때마다 판매시점을 기준으로 오래된 상품단가를 먼저 적용하여 매출원가를 산출하게 된다.

계속기록법 하에서 선입선출법을 적용한 재고관리대장은 [예제 10-4]와 같으며, 판매한 상품 38개의 매출원가는 4,210원, 기말상품재고액은 1,490원임을 알 수 있다.

예제 10-4 계속기록법의 선입선출법

재고관리대장: 선입선출법

일자	매 입			판 매			재 고		
	수량	단가	금액	수량	단가	금액	수량	단가	금액
9. 1	10	100	1,000				10	100	1,000
9. 5	15	110	1,650				15	110	1,650
9. 7				10	100	1,000			
				3	110	330	12	110	1,320
9.15	20	120	2,400				12	110	1,320
							20	120	2,400
9.17				12	110	1,320			
				13	120	1,560	7	120	840
9.25	5	130	650				7	120	840
							5	130	650
	50		5,700	38		4,210 (매출원가)			1,490 (기말재고)

선입선출법은 재무상태표에 최근 가격이 적용된 기말재고자산이 표시된다는 점에서 그 타당성이 인정되지만 매출원가에는 과거 가격이 적용되므로 가격이 상승하는 시기에는 낮은 매출원가가 산출되어 순이익이 높게 보고될 수 있다는 비판이 있다.

(4) 후입선출법(LIFO: Last-In, First-Out)

후입선출법은 최근에 매입한 상품을 먼저 판매한다는 원가흐름을 가정하여 단가를 결정하는 방법이다. 따라서 이 방법을 사용하면 기말재고자산에는 오래된 상품단가를 먼저 적용하고, 매출원가에는 최근의 상품단가를 먼저 적용하게 된다.

계속기록법 하에서 후입선출법을 적용한 재고관리대장은 [예제 10-5]와 같으며, 판매한 상품 38개의 매출원가는 4,350원, 기말상품재고액은 1,350원임을 알 수 있다.

예제 10-5 계속기록법의 후입선출법

재고관리대장: 후입선출법

일자	매 입			판 매			재 고		
	수량	단가	금액	수량	단가	금액	수량	단가	금액
9. 1	10	100	1,000				10	100	1,000
9. 5	15	110	1,650				15	110	1,650
9. 7				13	110	1,430	10	100	1,000
							2	110	220
9.15	20	120	2,400				20	120	2,400
9.17				20	120	2,400			
				2	110	220			
				3	100	300	7	100	700
9.25	5	130	650				7	100	700
							5	130	650
	50		5,700			4,350 (매출원가)			1,350 (기말재고)

후입선출법은 매출원가에 최근 가격이 적용되므로 수익과 비용의 대응이 균형있게 이루어지는 장점이 있다. 또한 가격이 상승하는 시기에는 높은 매출원가가 산출되어 당기순이익이 낮게 보고되므로 절세효과를 기대할 수 있다.

그러나 후입선출법은 재고자산의 실물흐름과는 맞지 않는 원가흐름을 가정한다는 점과 재무상태표상의 재고자산이 과거 가격으로 표시된다는 단점이 있다.

K-IFRS: 후입선출법

국제회계기준은 후입선출법의 적용을 허용하지 않고 있다. 그 이유는 후입선출법이 실제의 원가흐름을 반영하지 못하며, 재무상태표상 재고자산 금액이 과거의 취득단가로 낮게 표시된다는 문제점이 있기 때문이다.

(5) 상품단가 결정방법별 계산결과의 비교

앞에서 제시한 서울회사의 9월 중 상품의 매입 및 판매에 관한 자료를 보면 매입단가가 계속 상승하고 있었다. 이 자료에 기초하여 계속기록법 하에서 선입선출법, 후입선출법 및 이동평균법을 적용한 계산결과를 요약하면 [표 10-3]과 같다.

표 10-3 상품단가 결정방법별 계산결과의 요약

구 분	선입선출법	후입선출법	이동평균법
기말상품재고액	1,490	1,350	1,454
매출원가	4,210	4,350	4,246

[표 10-3]을 살펴보면 기말상품재고액은 선입선출법이 가장 높은 금액으로 계산되고, 후입선출법이 가장 낮은 금액으로 계산된다. 매출원가는 반대로 후입선출법이 가장 높게 나타났고, 선입선출법이 가장 낮게 나타났다. 이동평균법은 기말상품재고액과 매출원가 모두 중간에 해당됨을 알 수 있다. 이러한 관계를 정리하면 [표 10-4]와 같다.

표 10-4 상품단가 결정방법별 계산결과의 비교(물가상승 가정)

구 분	계산결과의 크기
기말상품재고액	선입선출법 > 평균법 > 후입선출법
매출원가	후입선출법 > 평균법 > 선입선출법

3절 재고자산의 저가평가와 감모손실

1 재고자산의 저가평가

앞에서 학습한 개별법, 평균법, 선입선출법 및 후입선출법 가운데 어느 방법을 적용하여 기말재고자산 금액을 산출하든지 모두 취득원가에 기초한 계산결과이다. 그런데 재고자산의 취득원가와 순실현가능가치를 비교하여 낮은 금액으로 재고자산을 평가하여야 하는데 이러한 방법을 저가기준 또는 저가법이라고 한다.

순실현가능가치는 상품을 팔 때 받을 수 있는 예상판매가격에서 판매할 때까지 발생하는 예상판매비용을 차감한 금액이다. 재고자산의 순실현가능가치가 취득원가보다 낮은 경우에는 그 차이만큼 재고자산금액을 감소시키고 재고자산평가손실이라는 비용을 기록해야 한다. 재고자산평가손실은 최종적으로 매출원가에 포함시킨다.

(차)	재고자산평가손실	×××	(대)	재고자산	×××

예제 10-6 재고자산의 저가평가

서울회사는 회계기말에 다음의 재고자산을 보유하고 있다. 저가기준에 의한 재고자산 평가를 위한 분개를 하시오.

상품	수량	단위당 취득원가	단위당 예상판매가	단위당 예상판매비
A	1,000	4,000	3,500	200
B	2,000	3,000	3,200	100

풀이	상품	수량	취득원가	순실현가능가치	저가*	장부가액	장부가액평가액
	A	1,000	4,000	3,300	3,300	4,000,000	3,300,000
	B	2,000	3,000	3,100	3,000	6,000,000	6,000,000
						10,000,000	9,300,000

(분개) (차) 재고자산평가손실 700,000 (대) 재고자산 700,000

* 상품 A는 순실현가능가치가 낮으므로 순실현가능가치가 저가이며, 상품 B는 취득원가가 낮으므로 취득원가가 저가가 됨.

2 재고자산감모손실

재고관리대장의 기말재고자산 수량보다 재고조사로 파악한 실제수량이 적은 경우에는 장부상의 수량과 금액을 수정하여야 하는데 재고자산 수량부족에 따른 손실을 재고자산감모손실로 회계처리한다.

재고자산감모손실 = (장부상 수량 − 실제수량) × 단위원가

재고자산감모손실은 정상적인 원인에 의해 발생할 수도 있고, 도난 등 비정상적인 원인에 의해 발생할 수도 있다. 정상적인 규모의 재고자산감모손실은 매출원가에 포함시키지만, 비정상적인 규모의 재고자산감모손실은 영업외비용으로 처리한다.

(차) 재고자산감모손실 ××× (대) 재고자산 ×××

K-IFRS: 재고자산감모손실

국제회계기준은 재고자산 감모손실의 회계처리에 대해 명확히 규정하고 있지 않다.

4절 재고자산 오류의 영향

1 기말재고자산의 오류

회계연도 말에 보유하고 있는 재고자산은 재고실사를 통하여 정확하게 파악하여야 한다. 재고실사과정에서 일부 수량을 누락하든가 타사의 상품을 재고자산으로 포함시키는 경우 재고자산의 회계처리에 오류가 발생하게 된다. 따라서 정확한 재고실사가 필요하며, 이를 위해서는 위탁판매상품의 식별, 상품매매의 인도조건에 따른 재고자산 포함 여부 등을 착오 없이 고려해야 한다.

기말재고자산의 오류가 있으면 매출원가에 영향을 미치고 궁극적으로 당기순이익에 영향을 미친다. [그림 10-3]의 예를 보기로 한다.

2 재고자산 오류가 손익에 미치는 영향

[그림 10-3]은 1기의 기말재고자산이 400,000원인데 430,000원으로 30,000원만큼 과대기록한 오류가 1기와 2기에 미치는 영향을 보여주고 있다.

1기에는 기말재고자산이 과대계상된 만큼 매출원가가 30,000원 과소계상되었고, 매출총이익 및 순이익이 30,000원 과대계상된 것을 알 수 있다.

또한 1기의 기말재고자산은 2기의 기초재고자산이 되므로 기초재고자산이 30,000원만큼 과대계상되면 판매가능상품원가가 과대계상되고, 2기의 기말재고자산은 정확하다고 가정하면 2기의 매출원가가 30,000원 과대계상되는 것을 알 수 있다. 결국 매출원가가 30,000원 과대계상되었기 때문에 2기의 매출총이익 및 당기순이익이 30,000원만큼 감소하게 된다.

그림 10-3 재고자산 오류

제1기의 기말재고자산을 30,000원 만큼 과대계상한 오류가 제1기와 제2기에 미치는 영향을 살펴본다.

(단위: 천원)

	재고오류 없음		재고오류 있음	
	1기	2기	1기	2기
매출액	1,000	1,000	1,000	1,000
매출원가				
기초재고	300	400	300	430
당기매입	800	900	800	900
기말재고	(400)	(500)	(430)	(500)
매출원가	700	800	670	830
매출총이익	300	200	330	170
과대(과소)			30	(30)
	〈2기간의 이익 500〉		〈2기간의 이익 500〉	

그런데 [그림 10-3]에서 1기와 2기의 매출총이익을 합하면 재고자산의 오류가 없는 경우와 재고자산의 오류가 있는 경우가 다 같이 500,000원인 것으로 알 수 있다.

결론적으로 1기에는 매출총이익 및 순이익이 30,000원 과대계상되고, 2기에는 매출총이익 및 순이익이 30,000원 과소계상되기 때문에 1기와 2기를 합해서 생각하면 재고자산의 오류가 상쇄되는 결과가 된다. [그림 10-4]는 [그림 10-3]에 나타나 있는 재고자산 오류의 영향을 요약해서 정리한 것이다.

그림 10-4 재고자산 오류의 영향

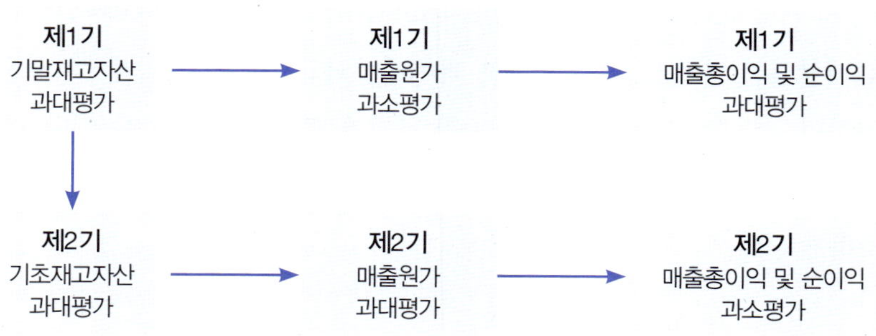

보론 실지재고조사법 하에서 상품단가의 결정

재고관리방식으로 실지재고조사법을 적용하는 경우 상품단가를 결정하는 방법인 개별법, 평균법, 선입선출법, 후입선출법이 구체적으로 어떻게 적용되는지 알아보기로 한다.

설명을 위한 예제는 제2절에서 계속기록법의 설명에 사용되었던 서울회사의 9월 중 상품의 매입 및 판매에 관한 원가자료를 동일하게 사용한다.

[원가자료]

서울회사의 9월 중 상품의 매입 및 판매에 관한 원가자료는 다음과 같다.

	수량	단가	금액
기초재고	10	100	1,000
당기매입			
9. 5.	15	110	1,650
9.15.	20	120	2,400
9.25.	5	130	650
판매가능상품	50		5,700
판매한 상품			
9. 7.	13		
9.17.	25		
기말재고	12		

(1) 개별법

개별법은 실물흐름을 개별적으로 추적하여 단가를 적용하므로 계속기록법을 적용하든 실지재고조사법을 적용하든 기말상품재고액과 매출원가의 계산결과는 동일하게 된다.

(2) 평균법

실지재고조사법 하에서 평균법을 적용하는 경우에는 총평균법(가중평균법)을 사용한다. 총평균법에서는 기말에 최종적으로 판매가능상품원가를 판매가능상품수량으로 나누어 평균단가를 계산하고, 이것을 다음과 같은 방법으로 기말상품재고액과 매출원가의 계산에 모두 적용한다.

(1) 평균단가 = 판매가능상품원가 / 판매가능상품수량
(2) 기말상품재고액 = 기말재고수량 × 평균단가
(3) 매출원가 = 판매수량 × 평균단가 = 판매가능상품원가 − 기말상품재고액

총평균법은 서로 다른 매입단가에 매입수량을 가중치로 적용하여 평균단가를 계산하므로 가중평균법이라고도 한다. [예제 10-7]에 총평균법의 적용사례가 제시되어 있다.

예제 10-7 실지재고조사법의 총평균법

(1) 평균단가 = 판매가능상품원가 / 판매가능상품수량 = 5,700 / 50 = 114

(2) 기말상품재고액 = 기말재고수량 × 평균단가 = 12 × 114 = 1,368

(3) 매출원가 계산:

판매가능상품원가	5,700
− 기말상품재고액	(1,368)
매출원가	4,332

[예제 10-3]과 [예제 10-7]에서 보는 바와 같이 평균법에 의할 경우 계속기록법을 사용하는 경우(이동평균법)와 실지재고조사법을 사용하는 경우(총평균법)의 기말상품재고액과 매출원가의 계산결과가 동일하지 않다.

(3) 선입선출법(FIFO: First-In, First-Out)

실지재고조사법 하에서 선입선출법을 적용하는 경우 판매시에는 매출원가를 기록하지 않고 기말에 기말재고자산 수량에 기말시점 기준의 최근 상품단가를 곱해서 산출한 기말상품재고액을 판매가능상품원가에서 차감하여 매출원가를 계산한다. 즉, [예제 10-8]과 같이 기말상품재고액을 먼저 계산한 후 매출원가를 계산하게 된다.

예제 10-8 실지재고조사법의 선입선출법

(1) 기말재고자산 단가결정: 기말재고수량 12개에 대해 가장 최근 매입단가를 적용함.

(2) 기말상품재고액 계산

수량		단가		금액
5	×	130*	=	650
7	×	120**	=	840
12				1,490

* 가장 최근(9.25) 매입단가임. ** 다음 최근(9.15) 매입단가임.

(3) 매출원가 계산

판매가능상품원가	5,700
− 기말상품재고액	(1,490)
매출원가	4,210

[예제 10-4]와 [예제 10-8]에서 보는 바와 같이 선입선출법은 그 개념의 특성상 계속기록법을 사용하든 실지재고조사법을 사용하든 기말상품재고액과 매출원가의 계산결과는 동일하게 된다.

(4) 후입선출법(LIFO: Last-In, First-Out)

실지재고조사법 하에서 후입선출법을 적용하는 경우 판매시에는 매출원가를 기록하지 않고 기말에 기말재고자산 수량에 오래된 상품단가를 먼저 적용하여 산출한 기말상품재고액을 판매가능상품원가에서 차감하여 매출원가를 계산한다. 즉, [예제 10-9]와 같이 기말상품재고액을 먼저 계산한 후 매출원가를 계산하게 된다.

예제 10-9 실지재고조사법의 후입선출법

(1) 기말재고자산 단가결정: 기말재고수량 12개에 대해 가장 오래된 매입단가를 적용함.

(2) 기말상품재고액 계산

수량		단가		금액
10	×	100*	=	1,000
2	×	110**	=	220
12				1,220

* 가장 오래된(9.1) 단가임. ** 그 다음 오래된(9.5) 단가임.

(3) 매출원가 계산:

판매가능상품원가	5,700
− 기말상품재고액	(1,220)
매출원가	4,480

[예제 10-5]와 [예제 10-9]에서 보는 바와 같이 후입선출법은 그 개념의 특성상 계속기록법을 사용하는 경우와 실지재고조사법을 사용하는 경우의 기말상품재고액과 매출원가의 계산결과가 동일하지 않다.

- **재고자산**: 기업이 판매를 목적으로 보유하는 자산으로 상품, 제품, 재공품, 반제품, 원재료, 저장품 등이 있음.
- **계속기록법**: 재고관리대장을 통하여 상품을 팔 때마다 매출원가를 기록하는 방식임.
- **상품의 취득원가**: 상품매입가격에 운임 등 부대비용을 합한 것임.
- **미착상품**: 현재 운송 중인 상품을 말함. 선적지인도조건이면 상품이 선적되는 시점부터 구매한 회사의 재고자산이 됨.
- **위탁상품**: 다른 회사에게 판매를 위탁한 상품으로 팔리기까지는 위탁한 회사의 재고자산에 포함됨.
- **시용품**: 소비자가 시험적으로 사용한 뒤 구입 여부를 결정하는 상품으로 구입의사를 표시하기 전까지는 회사의 재고자산에 포함시킴.
- **선입선출법**: 먼저 매입한 상품이 먼저 팔린다는 원가흐름의 가정임. 기말재고자산은 가장 최근에 매입한 단가로 계산됨.
- **후입선출법**: 최근 매입한 상품이 먼저 팔린다는 원가흐름의 가정임. 기말재고자산은 오래 전에 매입한 단가로 계산됨.
- **평균법**: 계속기록법은 이동평균법, 실지재고조사법은 가중평균법을 사용함. 가중평균법은 판매가능상품원가를 판매가능수량으로 나누어 평균단가를 계산한 뒤 이 평균단가를 매출원가와 기말재고자산에 적용하는 방식임.
- **저가법**: 기말재고자산을 취득원가와 순실현가능가치를 비교하여 낮은 가액으로 평가하는 것임. 평가손실은 재고자산평가손실계정의 차변과 상품(재고자산)계정 대변에 기록함.
- **재고자산감모손실**: 기말재고자산의 장부상 수량과 실제수량이 차이가 있는 경우 재고자산 수량부족에 따른 손실을 말함.
- **재고자산오류**: 기말재고자산을 과대 또는 과소계상하는 오류를 말함. 기말재고자산 오류는 바로 다음 연도의 순이익까지 영향을 미치지만 오류수정을 하지 않더라도 다음 연도 말의 이익잉여금은 오류가 없게 되는 자동조정오류임.

연습문제

01 다음 자료에 의하여 실지재고조사법을 사용하는 경우의 (1) 평균법과 (2) 선입선출법을 사용하여 기말재고자산 금액과 매출원가를 계산하시오.

	수 량	단 가	금 액
기초재고	7,000	120	840,000
매입(7/3)	10,000	130	1,300,000
매입(7/10)	8,000	135	1,080,000
매입(7/30)	6,500	140	910,000
판매가능상품	31,500		4,130,000
당기매출	(19,000)		
기말재고	12,500		

해답

(1) 평균법

평균단가 = 판매가능상품원가 4,130,000 / 판매가능수량 31,500 = 131.11

기말재고액 = 기말재고수량 12,500 × 평균단가 131.11 = 1,638,875

매출원가 = 판매가능원가 4,130,000 − 기말재고액 1,638,875 = 2,491,125

(2) 선입선출법

기말재고액:			
가장 최근 매입수량	6,500	× 140 =	910,000
두 번째 최근 매입수량	6,000	× 135 =	810,000
계	12,500		1,720,000

매출원가 = 판매가능원가 4,130,000 − 기말재고액 1,720,000 = 2,410,000

02 12월 31일의 실사결과 서울회사의 재고자산은 1,000,000원으로 파악되었는데 아래 사항이 고려되지 않았다. 서울회사의 기말재고자산 금액을 계산하시오.

① 위탁판매를 위해 거래처에 보낸 상품 200,000원이 기말재고실사에 누락되어 있다.

② 12월 24일에 선적지인도조건으로 구입한 상품 100,000원이 운송 중에 있다. 이 상품은 새해 1월 3일에 도착할 예정이다.

③ 12월 16일에 도착지인도조건으로 매입한 상품 300,000원이 운송 중에 있다. 이 상품은 새해 1월 5일에 도착할 예정이다.

해답

장부금액 1,000,000 + 적송품 200,000 + 선적지인도조건 100,000 = 1,300,000

03 서울회사가 다음 자료에 의하여 항목별로 저가법을 적용하는 경우 (1) 재고자산평가손실을 계산하고 (2) 재고자산평가에 대한 분개를 하시오.

상품	재고수량	단위당 취득원가	단위당 추정판매가	단위당 추정판매비	장부가액
A	1,000	2,500	2,400	50	2,500,000
B	1,500	3,000	3,100	60	4,500,000
C	2,000	2,800	2,600	100	5,600,000
				계	12,600,000

해답

상품	재고수량	단위당 취득원가	단위당 손실현가능가치	단위당 저가	평가액
A	1,000	2,500	2,350	2,350	2,350,000
B	1,500	3,000	3,040	3,000	4,500,000
C	2,000	2,800	2,500	2,500	5,000,000
				계	11,850,000

(1) 재고자산평가손실 = 취득가액 12,600,000 − 저가평가액 11,850,000 = 750,000

(2) (차) 재고자산평가손실 750,000 (대) 상품(재고자산) 750,000

객관식문제

01 다음 설명 중 옳지 않은 것은?

① 상품매입단가가 오르는 경우 선입선출법에 의하면 매출원가에 높은 단가가 적용된다.
② 상품매입단가가 오르는 경우 선입선출법에 의하면 기말재고자산에 높은 단가가 적용된다.
③ 평균법에 의하면 기말재고자산과 매출원가가 같은 단가를 적용하여 계산된다.
④ 순이익을 높이기 위해서는 회사가 선입선출법을 적용한다.

02 다음 자료에 위해 계산한 매출총이익은?

매출	30,000	매출환입과 에누리	1,500
매출할인	300	매출상품운임	100
매입액	19,000	매입환출과 에누리	700
매입할인	200	매입운임	250
기초상품재고액	3,500	기말상품재고액	4,000

① 10,350 ② 10,250 ③ 10,750 ④ 10,650

해설 순매출액: 매출 30,000 − 매출환입과 에누리 1,500 − 매출할인 300 = 28,200
순매입액: 매입 19,000 − 매입환출과 에누리 700 − 매입할인 200 + 매입운임 250 = 18,350
매출원가: 기초재고 3,500 + 순매입 18,350 − 기말재고 4,000 = 17,850
매출총이익: 순매출 28,200 − 매출원가 17,850 = 10,350

03 다음 자료에 의해 선입선출법을 적용하여 계산한 기말재고액은?

기초재고	1,000개	단가 200원	10/1 매입	1,200개	단가 210원
10/10 매입	2,000개	단가 220원	10/15 매출	1,900개	

① 506,000 ② 503,000 ③ 483,000 ④ 460,000

해설 기말재고수량 = 기초재고 1,000 + 매입 3,200 − 매출 1,900 = 2,300
기말재고액 = 2,000 × 220 + 300 × 210 = 503,000

정답 1. ① 2. ① 3. ②

04 3번의 자료에 의해 평균법을 적용하여 계산한 기말재고액은?

① 506,000　② 483,000　③ 488,474　④ 480,240

해설 판매가능원가:

판매가능원가:	1,000	×	200	=	200,000
	1,200	×	210	=	252,000
	2,000	×	220	=	440,000
계	4,200				892,000

평균단가: 판매가능원가 892,000 / 판매가능수량 4,200 = 212.38

기말재고액 = 기말재고수량 2,300 × 단가 212.38 = 488,474

05 다음 설명 중 옳지 않은 것은?

① 상품을 선적지인도조건으로 구입하는 경우 선적시점부터 구입한 회사의 재고자산에 포함시킨다.

② 상품을 도착지인도조건으로 구입하는 경우 화물운임이나 보험료를 구입한 회사가 부담한다.

③ 상품을 도착지인도조건으로 구입하는 경우 화물이 목적지에 도착할 때까지는 판매한 회사의 재고자산에 포함시킨다.

④ 위탁상품의 경우 수탁 받은 회사가 상품을 판매할 때까지 위탁회사의 재고자산에 포함시킨다.

06 (주)서울의 20×1년 5월의 상품거래에서 계속기록법을 적용한다면 선입선출법에 의한 20×1년 5월 31일의 상품재고액은 얼마인가?

일 자	적 요	수 량	단 가
5.1	기초재고	100개	1,000원
5.6	매입	200개	1,100원
5.8	매출	150개	–
5.12	매입	100개	1,200원
5.23	매출	200개	–
5.31	매입	150개	1,250원

① 210,000　② 228,200　③ 237,500　④ 247,500

정답 4. ③ 5. ② 6. ④

07 항목별로 저가법을 적용하는 경우 다음 자료에 의한 재고자산 평가액은 얼마인가?

상품	취득가액	순실현가능가치
A	600,000	580,000
B	700,000	710,000

① 1,300,000 ② 1,270,000
③ 1,280,000 ④ 1,310,000

해설 상품 A의 저가 580,000 + 상품 B의 저가 700,000 = 1,280,000

08 (주)서울은 실지재고조사법을 사용하는데 20×1년 12월 26일 상품을 외상으로 매입하고 이에 대한 기록을 누락하였지만 상품의 기말재고조사에는 포함하였다. 이러한 오류가 20×1년 말의 자산, 부채 및 당기순이익에 미치는 영향을 올바로 나타낸 것은?

	자 산	부 채	당기순이익
①	과소 계상	과대 계상	영향 없음
②	과대 계상	과대 계상	과소 계상
③	과소 계상	과소 계상	과대 계상
④	영향 없음	과소 계상	과대 계상

정답 7. ③ 8. ④

Chapter 11

유형자산과 무형자산

1절 유형자산의 회계

1 유형자산의 의의

유형자산이란 기업이 사업에 사용하기 위해 보유하고 있는 토지, 건물, 구축물, 차량, 기계장치, 비품, 건설중인자산 등으로 1년 이상 사용하는 자산을 말한다.

유형자산의 회계처리에는 (1) 취득 시의 원가범위를 결정하는 문제, (2) 취득 후의 유형자산을 위한 지출을 어떻게 처리하느냐(자본적 지출과 수익적 지출)하는 문제, (3) 감가상각비 회계, (4) 유형자산의 재평가문제, (5) 유형자산을 처분할 때 처분손익을 계산하는 문제가 있다.

2 유형자산의 취득원가

(1) 취득원가의 범위

유형자산의 취득원가는 자산을 취득하기 위해 지출한 금액, 즉 구입원가나 제조원가에 그 자산을 본래의 용도로 사용할 수 있기까지 발생한 모든 부대비용을 가산한다. 취득을 위한 부대비용으로는 매입수수료, 운송비, 하역비, 설치비, 시운전비, 취득세와 등록세 등이 있다.

(2) 토지의 취득원가

토지의 취득원가는 토지 구입가격뿐 아니라 취득관련 세금인 취득세와 등록세, 중개수수료 등을 포함한다. 건물을 짓기 위해 토지를 구입한 경우에는 정지작업비, 배수시설비도 토지의 취득원가에 포함한다. 새 건물을 짓기 위해 기존 건물이 있는 토지를 구입해서 기존 건물을 철거할 경우 건물철거비 역시 토지의 취득원가에 포함시킨다. 만일 건물철거과정에서 수거한 폐자재를 매각하게 되면 그 매각대금만큼 건물철거비에서 차감한다.

그러나 보유하고 있는 건물을 사용하다가 새 건물을 짓기 위해 기존 건물을 철거한다면 이때 발생하는 건물철거비는 토지의 원가나 새 건물의 취득원가가 아니라 당기비용으로 처리한다.

예제 11-1 토지의 취득원가

서울회사는 새 건물을 짓기 위해 기존 건물이 있는 토지를 50,000,000원에 구입하였다. 토지 취득을 위한 취득세와 등록세 2,000,000원, 중개수수료 1,000,000원, 건물철거비 4,000,000원, 폐자재매각대금 1,500,000원이 있다. 토지의 취득원가를 구하시오.

풀이

토지구입비	50,000,000
취득세와 등록세	2,000,000
중개수수료	1,000,000
건물철거비	4,000,000
폐자재매각대금	(1,500,000)
취득원가	55,500,000

(3) 건물의 취득원가

건물의 취득원가는 건물구입비, 세금(취득세와 등록세), 중개수수료와 함께 건물을 용도에 맞게 고치기 위한 리모델링비, 전기배선비 등을 포함한다. 건물을 신축하면서 은행 등에서 차입을 한 경우 건물 완공시까지의 이자비용 역시 건물취득원가로 처리한다.

3 유지보수를 위한 지출: 자본적 지출과 수익적 지출

유형자산을 취득한 이후 여러 형태로 유형자산에 대한 유지보수비용을 지출한다. 이러한 유지보수비용 중 어떤 지출을 자산의 취득원가에 가산하고 어떤 지출을 비용으로 처리할 것인지를 결정해야 한다. 유지보수비용 중 자산으로 기록하는 것을 자본적 지출이라고 하고, 비용으로 기록하는 것을 수익적 지출이라고 한다.

유지보수를 위한 지출
- 자본적 지출: 자산으로 기록
- 수익적 지출: 비용으로 기록

(1) 자본적 지출

자본적 지출이란 유형자산의 내용연수를 연장하거나 엘리베이터나 새 기계장치를 설치하는 것처럼 유형자산의 성능을 향상시키는 지출을 말하며, 자산의 취득원가에 가산한다. 자본적 지출에 해당하는 지출은 일반적으로 금액이 크며, 다음의 유형을 예로 들 수 있다.

① 새로운 공정의 채택 또는 생산능력의 증대

② 원가절감이나 품질향상

③ 내용연수 연장 및 잔존가치의 증가

(2) 수익적 지출

수익적 지출이란 유형자산으로부터 당초 예상되었던 성능수준을 회복시키거나 유지하기 위한 지출로서 페인트칠을 위한 비용이나 유리창 교체비용 같은 수선유지비가 대표적이다. 금액이 상대적으로 적을 경우 일반적으로 수익적 지출로 처리한다.

[예제 11-2]를 통해 자본적 지출과 수익적 지출의 회계처리를 알아본다.

예제 11-2 자본적 지출과 수익적 지출

서울회사의 유형자산에 대한 다음 지출에 대해 자본적 지출과 수익적 지출로 나누어 분개를 표시하시오.

1. 건물의 파손유리 대체	150,000원
2. 기계의 부속품 교체	400,000원
3. 건물의 중앙냉난방기 설치	2,000,000원
4. 건물 페인트비	600,000원
5. 창고건물 증축	5,000,000원

풀이 3번과 5번은 자본적 지출, 1번, 2번, 4번은 수익적 지출임

(1) 자본적 지출

(차) 건물	7,000,000	(대) 현금	7,000,000

(2) 수익적 지출

(차) 수선비	1,150,000	(대) 현금	1,150,000

2절 감가상각

1 감가상각의 의의

건물이나 기계장치와 같은 유형자산은 취득 후 일정 기간 동안 기업의 수익창출을 위해 사용된다. 따라서 수익 · 비용의 대응을 위하여 유형자산의 취득원가를 일정기간에 걸쳐서 배분하여 비용으로 인식하는 회계처리를 하며, 이를 감가상각이라고 한다. 감가상각에 의하여 유형자산의 장부금액은 점차 감소하게 된다.

유형자산에 대해 감가상각을 하는 이유로 다음의 2가지를 들 수 있다.

① **물리적 마모:** 사용하거나 시간이 지나면서 유형자산이 닳거나 훼손된다.

② **기능적 진부화:** 물리적으로는 사용할 수 있지만 새로운 기술의 등장으로 기능적으로 뒤쳐져서 유형자산의 경제적 효익이 감소한다.

감가상각의 회계처리는 차변에 감가상각비라는 비용을 기록하고, 대변에는 감가상각누계액이라는 해당 유형자산의 차감계정을 사용한다. 감가상각누계액은 해당 유형자산의 소멸된 원가의 누계액을 별도로 기록하는 계정으로 재무상태표에는 해당 유형자산에서 차감 표시한다. [예제 11-3]은 감가상각의 회계처리와 재무상태표의 표시를 보여준다.

예제 11-3 감가상각의 회계처리

서울회사의 건물 100,000,000원에 대해 당해 연도 감가상각비 10,000,000원을 계상할 경우 분개와 재무상태표의 표시는 다음과 같다.

(1) 분개

(차) 감가상각비 10,000,000 (대) 감가상각누계액-건물 10,000,000

(2) **재무상태표**

자산:		부채:
건물	100,000,000	
감가상각누계액	(10,000,000)	자본:
장부가액	90,000,000	

2 감가상각의 결정요소

감가상각을 위해서는 취득원가, 잔존가치 및 내용연수라는 3가지 요소가 필요하다. 취득원가는 이미 설명했으므로 잔존가치와 내용연수를 살펴본다.

(1) 잔존가치

잔존가치란 유형자산을 내용연수까지 다 쓰고 나서 처분할 때 예상되는 처분가액에서 처분을 위한 비용을 차감한 금액을 말한다. 유형자산의 취득원가에서 잔존가치를 뺀 금액이 내용연수 동안 감가상각할 전체 금액이며, 이를 감가상각대상액이라고 한다.

감가상각대상액 = 취득원가 − 잔존가치

(2) 내용연수

내용연수는 유형자산의 예상사용 기간을 말한다. 유형자산을 사용하는 기간 대신 해당 유형자산으로부터 획득할 수 있는 전체 생산량(사용량)을 사용하기도 한다.

3 감가상각 방법

유형자산의 감가상각 방법으로 정액법, 정률법, 연수합계법, 생산량비례법이 있다. 여기서 주의할 점은 정액법, 연수합계법 및 생산량비례법은 감가상각대상액에 대해 상각률을 적용하지만, 정률법은 장부가액에 상각률을 적용한다는 것이다.

(1) 정액법

매년 동일한 금액을 감가상각비로 계상하는 방법이다. 감가상각대상액(취득원가 – 잔존가치)을 내용연수로 나눈 금액이 매년의 감가상각액이다.

감가상각비 = 감가상각대상액* × 1/내용연수

* 취득원가 – 잔존가치

(2) 정률법

유형자산의 취득원가에서 감가상각누계액을 차감한 장부가액에 상각률을 곱하여 감가상각비를 구하는 방법이다. 매년 장부가액이 감소하기 때문에 감가상각액 역시 매년 감소한다.

감가상각비 = 장부가액* × 상각률**

* 취득원가 – 감가상각누계액　　** 상각률 $= 1 - \sqrt[n]{\frac{\text{잔존가액}}{\text{취득원가}}}$ (n = 내용연수)

(3) 연수합계법

연수합계법은 내용연수의 합계를 분모로 하고 잔여내용연수를 분자로 한 상각률을 감가상각대상액에 곱해서 감가상각비를 구하는 방법이다. 매년 상각률이 감소하기 때문에 감가상각비 역시 매년 감소한다.

감가상각비 = 감가상각대상액* × 잔여내용연수 / 내용연수합계

* 취득원가 – 잔존가치

(4) 생산량비례법

생산량비례법은 기계장치 또는 차량운반구와 같이 생산량 또는 사용량에 비례하여 가치가 감소하는 자산에 사용한다. 따라서 내용연수 대신 당해 유형자산을 통해 생산할 수 있는 추정 총생산량과 당기의 실제 생산량의 비율을 상각률로 사용한다.

감가상각비 = 감가상각대상액* × 당기실제생산량 / 추정 총생산량

* 취득원가 − 잔존가치

[예제 11−4]는 4가지 감가상각 방법에 따라 감가상각비를 계산한 결과를 보여준다.

예제 11-4 감가상각 방법의 적용

서울회사는 기계를 100,000,000원에 구입하였다. 이 기계의 내용연수는 4년으로 추정되며 잔존가치는 10,000,000원으로 예상한다. 이 자료를 이용하여 정액법, 정률법, 연수합계법 및 생산량비례법에 의한 감가상각을 하시오. 단, 4년의 정률은 0.438을 사용한다.

풀이 1. 정액법

(단위: 천원)

연도	감가상각비 계산	감가상각비	감가상각누계액	장부금액
				100,000
1	90,000 × 1/4	22,500	22,500	77,500
2	90,000 × 1/4	22,500	45,000	55,000
3	90,000 × 1/4	22,500	67,500	32,500
4	90,000 × 1/4	22,500	90,000	10,000

2. 정률법

(단위: 천원)

연도	감가상각비 계산	감가상각비	감가상각누계액	장부금액
				100,000
1	100,000 × 0.438	43,800	43,800	56,200
2	56,200 × 0.438	24,615.6	68,415.6	31,584.4
3	31,584.4 × 0.438	13,834	82,249.6	17,750.4
4	(17,750.4 − 10,000)	7,750.4*	90,000	10,000

* 마지막 연도는 장부금액이 잔존가치와 같아지도록 감가상각비를 조정함.

3. 연수합계법

(단위: 천원)

연도	감가상각비 계산	감가상각비	감가상각누계액	장부금액
				100,000
1	90,000 × 1/4	36,000	36,000	64,000
2	90,000 × 1/4	27,000	63,000	37,000
3	90,000 × 1/4	18,000	81,000	19,000
4	90,000 × 1/4	9,000	90,000	10,000

4. 생산량비례법

기계의 총 가동시간은 500,000시간이라고 가정한다. 당해 연도의 실제 가동시간은 80,000시간일 경우 감가상각비를 계산한다.

감가상각비 = 감가상각대상액 × 실제생산량 / 총생산량

= 90,000,000 × 80,000시간 / 500,000시간 = 14,400,000

(5) 정액법과 정률법의 비교

[그림 11-1]에서 보는 것처럼 정액법은 매년 감가상각비가 22,500천 원으로 같은 금액이지만 정률법은 1차 연도에는 43,800천 원으로 높고 2차 연도에는 24,615.6천 원으로 낮아지는 것을 알 수 있다. 정률법에 의할 경우 1차 연도에 감가상각비를 많이 계상하여 당기순이익이 줄어들어 1차 연도에 법인세를 덜 낸다는 효과가 있다. 그러나 3차 연도와 4차 연도가 되면 정액법보다 감가상각비가 더 적은 금액이 되어 1차 연도와 2차 연도와는 반대 현상을 보인다.

그림 11-1 정액법과 정률법의 비교

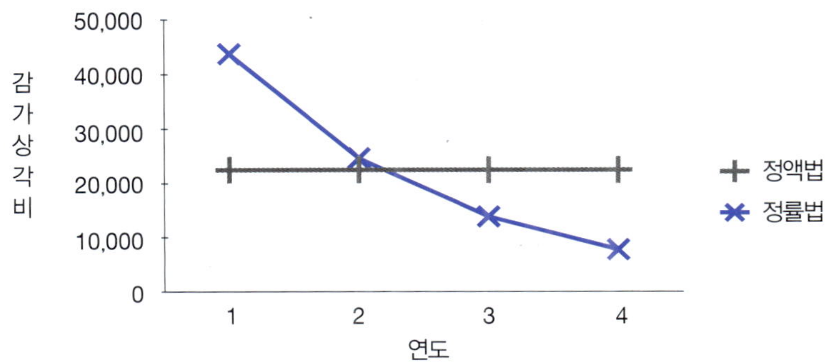

3절 유형자산의 평가와 처분

유형자산을 구입한 후 취득원가로 기록하고 감가상각하는 회계처리 방법을 원가모형이라고 한다. 국제회계기준은 기업이 원가모형 이외에 재평가모형을 선택하여 적용할 수 있도록 하고 있다. 재평가모형은 유형자산을 공정가치로 평가하는 방법으로서 자세한 내용은 〈보론〉에서 설명한다.

1 유형자산의 손상차손

유형자산에 대해 원가모형을 사용하는 경우에 유형자산의 공정가치가 크게 감소하여 빠른 기간 내에 회복할 가능성이 없는 경우가 있다. 이때는 유형자산에 손상이 발생한 것으로 보아 다음과 같은 방법으로 손상된 가치만큼 손상차손이라는 비용을 기록한다. 여기서 손상차손누계액계정은 유형자산의 차감계정이다.

(차) 손상차손	×××	(대) 손상차손누계액	×××

몇 년 후 손상되었던 유형자산의 공정가치가 회복되면 과거에 기록한 손상차손액까지는 손상차손환입이라는 수익을 인식하고 유형자산의 장부가액을 증가시킨다.

(차) 손상차손누계액	×××	(대) 손상차손환입	×××

예제 11-5 유형자산의 손상차손

(1) 서울회사가 보유하는 토지 20,000,000원의 공정가치가 15,000,000원으로 손상되었다. 이 손상이 단기간 회복될 가능성이 없기 때문에 손상차손을 기록한다.

(차) 토지손상차손	5,000,000	(대) 토지손상차손누계액	5,000,000

(2) 2년 후 토지 공정가치가 25,000,000원으로 회복되었다. 이 경우 과거에 인식한 손상차손액까지만 회복시키는 분개를 한다.

(차) 토지손상차손누계액	5,000,000	(대) 토지손상차손환입	5,000,000

* 회복 후 토지의 장부가액은 20,000,000원으로 표시된다.

2 유형자산의 처분

유형자산을 처분하면 처분가액과 장부가액과의 차이에 따라 발생하는 처분이익 또는 처분손실을 기록하여야 한다.

  유형자산처분금액
− 유형자산장부금액 (취득원가 − 감가상각누계액)
―――――――――――――――――――
  유형자산처분이익 (처분손실)

이때 유의할 점은 유형자산의 장부가액은 처분시점까지 감가상각을 한 후의 가액이라는 것이다. 따라서 유형자산의 처분을 위한 분개를 하기 전에 처분시점까지의 감가상각비를 기록하는 분개를 먼저 하여야 한다.

[예제 11-6]은 유형자산처분의 회계처리를 보여준다.

예제 11-6 유형자산처분의 회계처리

서울회사는 취득원가 30,000,000원, 감가상각누계액 10,800,000원인 트럭을 7월 1일에 15,000,000원에 팔았다. 트럭은 잔존가치 3,000,000원, 내용연수 5년으로 정액법으로 감가상각해오고 있다.

(1) 6개월의 감가상각비 기록

(30,000,000 − 3,000,000) × 1/5 × 6개월/12개월 = 2,700,000

(차)	감가상각비	2,700,000	(대) 감가상각누계액	2,700,000

(2) 처분손익계산

매각대금	15,000,000
장부가액	16,500,000*
처분손실	1,500,000

*	취득가액	30,000,000	
	− 감가상각누계액	13,500,000	(10,800,000 + 2,700,000)
	장부가액	16,500,000	

(3) 분개

(차)	현금	15,000,000	(대) 차량운반구	30,000,000
	감가상각누계액	13,500,000		
	유형자산처분손실	1,500,000		

[예제 11-6]의 분개과정을 설명하면 다음과 같다. ① 먼저 처분시점까지의 트럭의 감가상각비를 기록한다. ② 다음 트럭의 매각대금으로 들어온 현금 증가를 차변에 기록한다. ③ 트럭의 장부가액을 소멸시키기 위해 트럭의 취득원가를 표시하는 차량운반구계정을 대변에 기록하고 차감계정인 감가상각누계액은 반대쪽인 차변에 기록한다. ④ 마지막으로 처분손실은 비용이므로 차변에 기록한다.

4절 무형자산

1 무형자산의 의의

무형자산이란 물리적인 실체가 없지만 사업에 활용함으로써 기업에 경제적 효익을 주는 자산이다.

2 무형자산의 종류

(1) 특허권 등 산업재산권

특허권이란 기업이 일정 기간 동안 독립적 · 배타적으로 이용할 수 있는 특정 기술이나 방식에 대한 법적 권리를 말한다. 특허권을 얻기까지 지출한 금액을 특허권의 취득원가로 기록하며, 법률에 정한 특허기간을 내용연수로 하여 상각할 수 있지만 실제 경제적 내용연수가 더 짧으면 그 짧은 내용연수를 적용한다. 특허권을 포함하여 실용신안권, 상표권, 의장권 등을 산업재산권이라 한다.

예제 11-7 특허권의 회계처리

서울회사는 신기술개발에 성공하여 특허등록을 하였다. 특허등록비용 1,000,000원을 지출하였다.

(차) 특허권	1,00,000	(대) 현금	1,000,000

(2) 저작권

저작권은 문학이나 예술과 같은 지적재산권에 대해 부여하는 독점적 · 배타적 권리를 말한다. 따라서 책을 쓴 사람이나 컴퓨터 소프트웨어를 개발한 사람은 남이 자기의 저작물을 무단으로 베끼거나 사용하면 저작권 침해로 손해배상을 청구할 수 있다.

(3) 라이선스와 프랜차이즈

라이선스는 특정 기술이나 지식을 일정 기간 동안 사용할 수 있도록 해당 기술이나 지식을 보유한 기업으로부터 허가를 받은 권리를 말한다. 프랜차이즈는 본부와 가맹점 계약을 맺고 특정 사업을 일정 지역에서 할 수 있는 권리를 말한다.

(4) 소프트웨어 구입비

컴퓨터 소프트웨어를 외부에서 구입할 때 그 소프트웨어가 컴퓨터를 가동하는데 필수적이면 컴퓨터의 취득가액으로 보아 유형자산으로 기록한다. 소프트웨어가 컴퓨터의 가동과 관련 없는 응용프로그램인 경우는 무형자산으로 처리한다.

(5) 영업권

한 회사가 다른 회사의 지분을 인수하여 합병하면서 피합병회사의 순자산공정가치를 초과하는 대가를 지급하는 경우 그 초과금액을 영업권이라는 무형자산으로 기록한다. 영업권은 피합병회사의 초과수익력에 대한 대가로 볼 수 있다.

예제 11-8 영업권의 회계처리

서울회사는 종로회사를 합병하기로 하고 현금 14,500,000원을 지급하였다. 종로회사는 다음의 재무상태를 보이고 있다.

자산총액(공정가치)	50,000,000원	부채총액(공정가치)	40,000,000원
순자산(자본)	10,000,000원		

풀이 (1) 영업권 계산

취득가액	14,500,000
종로회사 순자산가치(공정가치)	10,000,000
영업권	4,500,000

(2) 분개

(차)	자산	50,000,000	(대)	부채	40,000,000
	영업권	4,500,000		현금	14,500,000

영업권은 내용연수를 한정하여 추정하기가 어렵기 때문에 매 회계기간에 상각을 하지 않는다. 그 대신 영업권의 가치가 손상되면 손상차손액을 비용으로 기록하고 영업권의 장부금액을 감소시킨다.

(6) 개발비

개발비는 새로운 기술이나 신제품을 개발하기 위한 활동과 관련된 지출이다. 개발비는 신제품이나 신기술과 관련하여 시제품이나 모형을 설계하거나 제작하는 등의 활동과 관련한 지출로서 개발부서 직원의 급여, 개발에 관련된 자재비, 기계장치의 감가상각비 등이 포함된다.

한편, 연구비는 새로운 지식을 얻기 위한 활동과 관련된 지출로서 아직 신제품이나 신기술의 사업으로 연결되지 않은 것이다. 회계에서 연구비는 앞으로의 실현가능성을 판단하기 어렵기 때문에 자산이 아니라 당해 연도 비용으로 처리하도록 하고 있다. 또한 개발비는 무형자산으로 처리하지만 경상개발비는 자산이 아니라 비용으로 처리한다.

[표 11-1]은 연구비 및 개발비의 회계처리 방법을 보여 주고 있다.

표 11-1 연구비 및 개발비의 회계처리 방법

구 분	회계처리 방법
연구비	당해 연도 비용
경상개발비	당해 연도 비용
개발비	무형자산

[예제 11-9]를 통해 연구비 및 개발비의 회계처리를 알아보도록 하자.

예제 11-9 연구비 및 개발비의 회계처리

서울회사는 신제품개발을 위한 개발비로 20,000,000원을 지출하였다. 이와 별도로 연구부서의 연구를 위한 재료비와 인건비로 4,600,000원을 지급하였다.

풀이 (1) 무형자산으로 기록할 개발비는 20,000,000원임. 연구비 4,600,000원은 당기의 비용으로 기록함.

(2) 분개 (차) 개발비(무형자산) 20,000,000 (대) 현금 24,600,000
연구비(비용) 4,600,000

3 무형자산의 상각

무형자산은 감가상각이라는 용어 대신 상각이라는 용어를 사용하며, 무형자산의 상각 방법에는 정액법, 정률법, 연수합계법 및 생산량비례법이 있는데 합리적인 상각 방법을 정할 수 없는 경우에는 정액법을 사용한다. 일반적으로 무형자산의 잔존가치는 없는 것으로 보며, 무형자산의 내용연수는 일반적으로 계약 또는 법령에서 정한 기간을 초과할 수 없지만, 경제적 내용연수가 더 짧으면 짧은 내용연수를 사용한다. 또한 유형자산의 경우 감가상각누계액이라는 차감계정을 사용하지만, 무형자산의 경우 차감계정을 사용하지 않고 무형자산을 직접 감소시키는 회계처리를 한다. [예제 11-10]을 살펴보자.

예제 11-10 특허권의 상각

서울회사는 신기술을 위한 용역을 위해 35,000,000원을 지급하였는데, 신기술이 개발되어 특허등록하였다. 특허등록비로 1,000,000원이 들었다. 이 특허의 기간은 20년이지만 경제적 효력은 10년간 지속될 것으로 예상하여 10년에 걸쳐 상각하기로 하였다. 특허와 관련된 회계처리는 다음과 같다.

풀이 (1) 특허권 취득원가
(차) 특허권 36,000,000 (대) 현금 36,000,000

(2) 특허권상각: 매년 같은 금액
(차) 특허권상각비 3,600,000 (대) 특허권 3,600,000

영업권과 같이 내용연수를 한정하여 추정하기 어려운 무형자산은 상각을 하지 않는다. 그 대신 매년 무형자산의 가치 손상 여부를 검토하여 손상차손을 기록한다.

보론 유형자산의 재평가모형

기업이 유형자산을 취득한 후 원가모형을 사용하다가 추후에 재평가모형을 선택할 수 있다. 그러나 일단 재평가모형을 선택하면 다시 원가모형으로 바꿀 수 없고 재평가모형을 계속해서 사용하여야 한다.

재평가모형이란 유형자산을 공정가치로 평가하는 방법으로서 공정가치가 장부금액보다 크면 자산재평가잉여금이 발생하고 반대로 공정가치가 장부금액보다 적으면 자산재평가손실이 발생한다. 자산재평가잉여금은 자본의 기타포괄손익누계액에 속하지만, 자산재평가손실은 당기손익에 포함된다.

[표 11-2]는 유형자산에 대한 재평가모형의 회계처리를 보여준다.

표 11-2 재평가모형의 회계처리

구 분	회계처리
공정가치 > 장부금액	(차) 유형자산 ×× (대) 자산재평가잉여금 ×× * 자산재평가잉여금은 기타포괄손익누계액에 포함
공정가치 < 장부금액	(차) 자산재평가손실 ×× (대) 유형자산 ×× * 자산재평가손실은 당기손익에 포함

예를 들어, 토지의 장부가액이 50,000,000원인데 공정가치가 70,000,000원일 때 재평가를 위한 분개는 다음과 같다.

(차) 토지	20,000,000	(대) 자산재평가잉여금	20,000,000

이 장에서 익히는 용어

- **유형자산**: 기업이 사업에 사용하기 위해 보유하는 토지, 건물, 기계장치, 비품 등으로 1년 이상 사용하는 자산임.
- **자본적 지출**: 유형자산에 대한 지출 중 자산의 가치를 증가시키는 지출로서 유형자산의 원가에 가산함.
- **수익적 지출**: 수선비와 같이 자산의 능률을 유지하기 위한 지출로서 비용으로 처리함.
- **감가상각**: 유형자산의 취득원가를 일정 기간에 걸쳐서 배분하여 비용을 인식하는 과정. 감가상각의 결과로 유형자산의 장부금액은 점차 감소하게 됨.
- **잔존가치**: 유형자산을 내용연수까지 다 쓰고 난 뒤 예상되는 처분가액임.
- **유형자산 재평가**: 회계기말에 유형자산을 공정가치로 평가하는 것. 공정가치가 장부가액보다 크면 자산재평가잉여금으로 자본에 포함되고 반대로 공정가치가 장부가액보다 작으면 자산재평가손실로 당기손익에 포함됨.
- **유형자산손상차손**: 유형자산의 공정가치가 크게 감소하여 빠른 기간 내에 회복할 가능성이 없는 경우 유형자산손상차손이라는 당기비용으로 처리함.
- **유형자산처분**: 유형자산을 처분하면 처분시점까지 감가상각을 한 후의 장부가액과 처분가액의 차액을 유형자산처분손익으로 계상함.
- **무형자산**: 물리적 실체가 없지만 기업에 경제적 효익을 주는 자산. 특허권, 저작권, 영업권, 개발비, 라이선스 등이 있음.
- **무형자산상각**: 무형자산 상각은 유형자산과 달리 감가상각누계액계정을 사용하지 않고 직접 무형자산계정을 감소시킴.

연습문제

01 다음 자료에 의해 토지의 취득원가를 계산하시오.

① 토지 현금가격	3,000,000	② 중개수수료	200,000
③ 취득이전 기간의 재산세 부담액	300,000	④ 토지배수로 정리비	500,000
⑤ 구건물 철거비	600,000		

해답

취득원가: ① 3,000,000 + ② 200,000 + ③ 300,000 + ④ 500,000 + ⑤ 600,000 = 4,600,000

* 위의 모든 항목이 토지사용을 위한 취득원가임.

02 다음 자료에 의해 기계의 취득원가를 계산하시오.

① 송장가격	2,000,000	② 취득세	200,000
③ 매입에누리	100,000	④ 운송비	150,000
⑤ 운송기간의 보험료	60,000	⑥ 설치비	800,000
⑦ 조업 시작 후 기계수선비	300,000	⑧ 기계 시험가동비	230,000

해답

취득원가: ① 2,000,000 + ② 200,000 − ③ 100,000* + ④ 150,000
+ ⑤ 60,000 + ⑥ 800,000 + ⑧ 230,000 = 3,340,000

* 매입에누리는 차감항목임.

** 조업 시작 후 기계수선비는 기계의 취득원가가 아니고 수선비로서 당기비용에 해당함.

연습문제

03 서울회사는 20×1년 1월 1일 취득원가 10,000,000원, 잔존가치 1,000,000원, 내용연수 4년의 트럭을 구입하였다. 20×1년과 20×2년의 감가상각비를 (1) 정액법, (2) 정률법(상각률 0.438)으로 계산하시오.

해답

(1) 정액법

① 20×1년 감가상각비: (10,000,000 − 1,000,000) / 내용연수 4 = 2,250,000

② 20×2년 감가상각비: 2,250,000 (20×1년과 동일함)

(2) 정률법

① 20×1년 감가상각비: 장부가액 × 상각률 = 10,000,000 × 0.438 = 4,380,000

② 20×2년 감가상각비: 장부가액(취득원가 − 감가상각누계액) × 상각률
= (10,000,000 − 4,380,000) × 0.438 = 2,461,560

04 3번의 트럭을 서울회사는 20×3년 7월 1일 4,000,000원에 매각하였다. 정액법으로 감가상각한 경우 이 트럭의 매각에 따른 분개를 하시오.

해답

① 20×3 1/1~6/30 감가상각비: 1년 감가상각비 2,250,000 × 6/12 = 1,125,000

② 장부가액: 취득가액 − 감가상각누계액 = 10,000,000 − (2,250,000 + 2,250,000 + 1,125,000)
= 4,375,000

③ 처분손익: 처분가액 − 장부가액 = 4,000,000 − 4,375,000 = 처분손실 375,000

④ 분개

(차)	감가상각비	1,125,000	(대)	감가상각누계액	1,125,000
(차)	현금	4,000,000	(대)	차량운반구	10,000,000
	감가상각누계액	5,625,000			
	유형자산처분손실	375,000			

01 다음 중 유형자산에 대한 설명으로 옳지 않은 것은?

① 유형자산의 내용연수를 연장시키는 지출은 자본적 지출이다.
② 유형자산의 성능을 유지하기 위한 지출은 수익적 지출이다.
③ 자본적 지출은 취득원가에 포함시킨다.
④ 수익적 지출은 취득원가에 포함시킨다.

02 다음 중 감가상각에 대한 설명으로 옳지 않은 것은?

① 자산의 원가를 내용연수에 걸쳐 체계적이고 합리적인 방법으로 배분하는 과정이다.
② 기술진보와 경제성 저하로 인한 진부화 등은 기능적 감가의 원인이다.
③ 발생된 수익에 비용을 대응시키기 위한 것으로 비용배분과 관련이 있다.
④ 자산가치의 감소를 반영하기 위한 평가과정이다.

03 다음 중 영업용 건물의 취득세와 등록세에 대한 올바른 회계처리는?

① 건물계정에 기록
② 세금과공과금계정에 기록
③ 취득세와 등록세계정에 기록
④ 감가상각누계액계정에 기록

04 다음 자료에서 기계의 취득원가에 포함될 금액은?

취득관련 세금	150,000	기계운송비	270,000
기계에 대한 화재보험료	60,000	시운전비	40,000

① 520,000
② 460,000
③ 480,000
④ 370,000

해설 화재보험료는 당기비용임.

정답 1. ④ 2. ④ 3. ① 4. ②

객관식문제

05 다음 중 자본적 지출로 회계처리해야 하는 것은?

① 내용연수를 연장시키는 지출
② 능률유지를 위한 지출
③ 원상을 회복시키는 지출
④ 지출의 효과가 당해 회계기간 내에 소멸하는 지출

06 다음 중 수익적 지출을 자본적 지출로 회계처리한 경우에 대한 올바른 설명은?

① 수익이 과소계상된다.
② 자산이 과소계상된다.
③ 자본이 과소계상된다.
④ 비용이 과소계상된다.

07 다음 자료에서 자본적 지출로 회계처리할 금액은?

건물페인트비용	600,000	파손유리창교체비	200,000
에어컨설치비용	700,000	창고건축비	1,100,000

① 1,800,000
② 2,000,000
③ 2,400,000
④ 2,600,000

08 다음 자료를 이용하여 정액법에 의한 20×2년 12월 31일의 감가상각누계액을 계산하면?

차량취득원가	20,000,000	잔존가치	2,000,000
내용연수	4년	취득일	20×1. 1. 1.
정률	0.44		

① 10,000,000
② 9,000,000
③ 5,000,000
④ 4,500,000

해설 매년 감가상각비: (20,000,000 − 2,000,000) / 4 = 4,500,000
20×2년 감가상각누계액: 4,500,000 + 4,500,000 = 9,000,000

정답 5. ① 6. ④ 7. ① 8. ②

09 8번 자료를 이용하여 정률법에 의한 20×2년 12월 31일의 감가상각누계액을 계산하면?

① 8,800,000　　② 4,928,000
③ 13,728,000　　④ 12,355,000

해설 20×1년 감가상각비: 20,000,000 × 0.44 = 8,800,000
20×2년 감가상각비: (20,000,000 − 8,800,000) × 0.44 = 4,928,000
20×2년 감가상각누계액: 8,800,000 + 4,928,000 = 13,728,000

10 8번의 차량을 정액법으로 상각하다가 20×3년 7월 1일 9,500,000원에 매각한다면 처분손익은?

① 처분손실 1,500,000
② 처분이익 3,000,000
③ 처분손실 750,000
④ 처분이익 750,000

해설 6개월의 감가상각비: 4,500,000 × 1/2 = 2,250,000
장부가액: 취득원가 20,000,000 − 감가상각누계액(9,000,000 + 2,250,000) = 8,750,000
처분이익: 9,500,000 − 8,750,000 = 750,000

11 (주)서울이 영업에 사용하기 위하여 20×1년 초에 취득한 차량의 취득원가는 20,000,000원이고, 잔존가치는 2,000,000원이며, 총주행가능거리는 300,000㎞로 추정하고 있다. 이 차량이 20×1년에 실제 주행한 거리가 25,000㎞라면 생산량비례법을 적용하는 경우 감가상각비는 얼마가 되는가?

① 1,200,000　　② 1,500,000
③ 1,666,667　　④ 3,000,000

정답 9. ③　10. ④　11. ②

12 무형자산에 관한 다음의 설명 중 옳은 것은?

① 무형자산은 진부화되거나 시장가치가 급격히 하락해도 손상차손을 인식할 수 없다.
② 연구비와 개발비는 전액 비용으로 처리한다.
③ 내부창출된 영업권은 무형자산으로 계상할 수 없다.
④ 무형자산은 5년 이내의 기간 내에 정액법으로 상각해야 한다.

13 다음의 무형자산이 아닌 것은?

① 산업재산권　② 임차보증금
③ 프랜차이즈　④ 저작권

14 (주)서울의 제5기 결산 전 개발비잔액은 48,000원이다. (주)서울은 개발비를 제3기부터 상각하였는데 정액법으로 5년간 상각한다면 제5기에 상각하여야 하는 금액은?

① 12,000　② 16,000
③ 19,600　④ 24,000

정답 12. ③ 13. ② 14. ②

Chapter

12

유가증권과 투자자산

1절 유가증권

1 유가증권의 의의와 분류

이 장에서는 증권형 금융자산[1]인 유가증권의 회계처리에 대하여 알아본다. 기업은 보유하고 있는 여유자금으로 다른 회사의 주식을 구입하거나 국채, 공채, 회사채와 같은 채권을 취득하여 이자 및 투자수익을 높인다. 주식과 국 · 공채 등을 유가증권이라고 하며, 유가증권은 기업의 소유권에 대한 지분을 나타내는 지분증권과 채권을 발행한 기관이 이자와 원금을 갚아야 하는 채무증권으로 구분한다.

유가증권 ─ 지분형: 주식, 신주인수권
유가증권 ─ 채무형: 국채, 공채, 회사채

회계기준은 유가증권을 보유목적에 따라 단기매매증권, 만기보유증권, 매도가능증권으로 구분한다. [표 12-1]은 유가증권의 분류를 보여주고 있다.

표 12-1 보유목적에 따른 유가증권의 분류 (일반기업회계기준)

구 분	보유목적	분 류
주식	단기보유	단기매매증권
	장기보유	매도가능증권
국 · 공채, 회사채	단기보유(만기이전 매각)	단기매매증권
	장기보유(만기이전 매각)	매도가능증권
	만기까지 보유	만기보유증권

1 증권형 금융자산은 선물 · 옵션과 같은 파생금융상품까지 포함하는 넓은 개념이지만 본서는 전통적인 주식과 채권을 중심으로 살펴본다.

(1) 단기매매증권

단기간 내의 매매를 목적으로 보유하는 유가증권을 말한다. 회계기말에 공정가치로 평가하여 평가손익을 당기손익에 반영한다.

(2) 만기보유증권

국 · 공채 및 회사채와 같이 만기가 있고 지급금액이 확정되어 있으며 기업이 만기까지 보유하려는 목적이 있는 채권을 말한다. 회계기말에 장부가액과 만기금액의 차이를 상각하여 상각후원가로 평가한다. 주식은 만기가 없으므로 만기보유증권이 될 수 없다.

(3) 매도가능증권

단기매매증권이나 만기보유증권 이외의 유가증권을 말한다. 회계기말에 공정가치로 평가하지만 평가손익은 당기손익이 아니라 기타포괄손익누계액에 포함된다.

유가증권의 평가방법을 요약하면 [표 12-2]와 같다.

표 12-2 유가증권의 평가

구 분	평가방법	평가손익의 회계처리
단기매매증권	공정가치	단기매매증권평가손익(당기손익)
매도가능증권	공정가치	매도가능증권평가손익(기타포괄손익누계액)
만기보유증권	상각후원가	이자수익의 증가 또는 감소(당기손익)

K-IFRS: 증권형 금융자산

국제회계기준은 유가증권을 금융자산이라는 큰 범위에 포함시킨 후 금융자산을 재무제표상 분류목적으로 공정가치측정금융자산과 상각후원가측정금융자산으로 나눈다. 공정가치측정금융자산은 공정가치로 평가할 때 발생하는 평가손익을 당기순손익에 포함시킬 것인지 아니면 기타포괄손익에 포함시킬지에 따라 당기손익인식금융자산과 기타포괄손익인식금융자산으로 나눈다.

[표 12-3]은 증권형 금융자산의 분류를 보여준다.

표 12-3 증권형 금융자산의 분류

구분		분류
공정가치측정 금융자산	당기손익인식 금융자산	단기매매금융자산 및 당기손익인식지정 금융자산이 여기에 해당됨.
	기타포괄손익인식 금융자산	단기보유목적이 아닌 금융자산으로, 평가손익을 기타포괄손익누계액에 포함하는 매도가능금융자산이 여기에 해당됨.
상각후원가측정금융자산		상각후원가란 금융자산의 장부금액에 유효이자율을 적용하여 조정한 금액을 말함. 만기보유금융자산이 여기에 해당됨.

2 단기매매증권의 회계

(1) 단기매매증권의 취득

단기매매증권은 취득시점에 공정가치로 측정하여 인식한다. 일반적으로 취득시점에 지급한 대가가 공정가치이다. 유가증권을 취득할 때 지급한 수수료, 등록세 등의 부대비용은 취득원가에 가산하지 않고 당기비용인 지급수수료로 처리한다.

예제 12-1 단기매매증권의 취득

서울회사는 주당 액면 5,000원인 종로회사 주식 100주를 600,000원에 취득하였다. 취득시 부대비용으로 30,000원을 지급하였다. 이의 분개는 다음과 같다.

(차)	단기매매증권	600,000	(대) 현금	630,000
	지급수수료	30,000		

(2) 이자 및 배당금수익

단기매매증권을 보유하는 중에 사채에 대한 이자나 주식에 대한 배당을 받으면 이를 이자수익이나 배당금수익으로 기록한다.

예제 12-2 배당금수익

보유하고 있는 주식에 대해 배당금 300,000원을 받다.

풀이 (차) 현금 30,000 (대) 배당금수익 300,000

(3) 단기매매증권의 기말평가

단기매매증권은 공정가치로 평가한다. 공정가치는 평가일의 시장가치를 말한다.

단기매매증권의 공정가치평가액이 장부금액보다 크면 그 차이는 단기매매증권평가이익으로 계상하고 단기매매증권의 장부금액을 증가시킨다. 공정가치가 장부금액보다 작은 경우에는 단기매매증권평가손실로 계상하고 단기매매증권의 장부금액을 감소시킨다. 단기매매증권평가손익은 미실현손익이지만 손익계산서상 당기손익에 반영한다.

표 12-4 단기매매증권의 평가에 따른 회계처리

구 분	회계처리	
장부금액 < 공정가치평가액	(차) 단기매매증권	(대) 단기매매증권평가이익
장부금액 > 공정가치평가액	(차) 단기매매증권평가손실	(대) 단기매매증권

예제 12-3 단기매매증권의 평가

서울회사가 보유한 종로회사 주식은 단기매매증권으로 회계처리하고 있다. 회계기말의 장부가액과 공정가액이 다음과 같을 때 수정분개를 하시오.

	장부가액	공정가치
종로회사주식	2,500,000	2,800,000

풀이 (차) 단기매매증권 300,000 (대) 단기매매증권평가이익 300,000

(4) 단기매매증권의 처분

단기매매증권을 처분하면 처분가액과 장부가액의 차이를 단기매매증권처분손익으로 처리한다. 단기매매증권처분손익은 손익계산서의 당기손익에 포함된다.

표 12-5 단기매매증권의 처분에 따른 회계처리

구 분	회계처리	
처분금액 > 장부금액	(차) 현금	(대) 단기매매증권 단기매매증권처분이익
처분금액 < 장부금액	(차) 현금 단기매매증권처분손실	(대) 단기매매증권

예제 12-4 단기매매증권의 처분

서울회사는 단기매매증권으로 구분한 종로회사 주식 2,000,000원을 2,700,000원에 매각하다.

풀이	(차) 현금	2,700,000	(대) 단기매매증권	2,000,000
			단기매매증권처분이익	700,000

3 매도가능증권의 회계

(1) 매도가능증권의 취득

매도가능증권의 취득원가는 취득당시의 공정가치로 측정한다. 매도가능증권을 취득하기 위한 부대비용은 취득원가에 가산한다.

매도가능증권의 취득원가 = 유가증권취득 대가 + 부대비용

예제 12-5　매도가능증권의 취득

서울회사는 주당액면 5,000원인 종로회사 주식 100주를 주당 6,000원에 장기투자목적으로 현금으로 매입하였다. 수수료 및 등록세 30,000원을 현금지급하였다.

풀이　(차) 매도가능증권　630,000　(대) 현금　630,000

(2) 매도가능증권의 평가

매도가능증권 역시 공정가치로 평가한다. 공정가치와 장부가액의 차액은 매도가능증권평가손익으로 처리하면서 매도가능증권의 장부가액을 증가 또는 감소시킨다. 매도가능증권평가손익은 손익계산서상 당기손익에 반영하지 않고 기타포괄손익으로 분류하며, 누계액은 재무상태표상 기타포괄손익누계액으로 보고한다는 점이 단기매매증권과 다르다.

예제 12-6　매도가능증권의 평가

서울회사는 종로회사 주식을 매도가능증권으로 회계처리하고 있다. 회계기말의 장부가액과 공정가치가 다음과 같을 때 수정분개를 하시오.

	장부가액	공정가치
종로회사주식	3,000,000	2,500,000

풀이　(차) 매도가능증권평가손실　500,000　(대) 매도가능증권　500,000
(기타포괄손익누계액)

(3) 매도가능증권의 이자 및 배당금수익과 처분

매도가능증권을 보유하는 중에 이자나 배당금을 받으면 단기매매증권의 경우와 같이 이자수익이나 배당금수익으로 회계처리한다. 이자수익 및 배당금수익은 당기순손익에 포함된다.

매도가능증권을 처분하면 매도가능증권계정뿐 아니라 기타포괄손익누계액에 있는 매도가능증권평가손익도 모두 제거한다. 이때 매도가능증권의 처분가액과 취득원가와의 차이를 매도가능증권처분손익으로 회계처리한다. 매도가능증권처분손익은 당기순손익에 포함된다.

기타포괄손익누계액에 매도가능증권평가손익이 없는 경우 매도가능증권의 취득원가는 매도가능증권의 장부가액과 같다. 만일 매도가능증권평가손익이 있는 경우 매도가능증권의 취득원가는 장부가액에서 매도가능증권평가이익은 차감하고, 매도가능증권평가손실은 가산하여 계산한다. 매도가능증권평가이익이 발생하면 매도가능증권의 장부가액이 평가이익만큼 증가된다. 따라서 장부가액에서 평가이익을 차감하면 본래의 취득원가가 되는 것이다.

매도가능증권처분손익 = 매도가능증권 처분가액* − 매도가능증권의 취득원가

* 매도가능증권의 취득원가 = 장부가액 − 평가이익
(장부가액 + 평가손실)

예제 12-7 매도가능증권의 처분

서울회사는 매도가능증권을 3,000,000원에 처분하였다. 매도가능증권의 장부가액은 2,900,000원이고 기타포괄손익누계액에 매도가능증권평가이익이 600,000원 있다.

풀이

(차)		(대)	
현금	3,000,000	매도가능증권	2,900,000
매도가능증권평가이익	600,000	매도가능증권처분이익	700,000*

* 매도가능증권처분이익 = 처분가액 3,000,000 − 취득가액 2,300,000 = 700,000
매도가능증권취득가액 = 장부가액 2,900,000 − 평가이익 600,000 = 2,300,000

4 만기보유증권의 회계

(1) 만기보유증권의 취득

회사채나 국채와 같은 채권을 취득하면 취득을 위해 지출한 금액을 만기보유증권의 취득원가로 회계처리한다. 취득과 관련된 부대비용은 취득원가에 가산한다. 이는 매도가능증권의 취득원가 계산방법과 동일하다.

만기보유증권의 취득원가 = 유가증권 취득대가 + 부대비용

(2) 만기보유증권의 평가

회사채나 국채와 같은 채권을 만기까지 보유하는 경우 만기보유증권으로 회계처리한다. 만기보유증권의 취득원가가 만기에 상환받을 액면가액과 차이가 있으면 그 차액을 매 결산마다 상각하면서 만기보유증권의 장부가액을 증가 또는 감소시켜야 한다.

만일 액면가액보다 낮은 금액으로 취득한 경우에는 차액의 상각액만큼 만기보유증권의 장부가액을 증가시키면서 이자수익으로 계상한다. 취득원가가 액면가액보다 높으면 차액의 상각액만큼 이자수익을 감소시키면서 만기보유증권의 장부가액을 감소시킨다.

표 12-6 액면가액과 장부가액의 차액에 대한 상각

구 분	회계처리	
장부금액 < 액면금액	(차) 만기보유증권	(대) 이자수익
장부금액 > 액면금액	(차) 이자수익	(대) 만기보유증권

예제 12-8 만기보유증권의 평가

서울회사는 종로회사가 발행한 사채 액면 2,000,000원을 1,900,000원에 취득하였다. 이 사채는 매년 말 연 10%로 이자를 지급하는 10년 만기 사채이다. 사채의 취득시점과 기말에 필요한 회계처리를 하시오.

풀이 1. 취득시점:

(차) 만기보유증권	1,900,000	(대) 현금	1,900,000

2. 결산시점:

(차) 현금	200,000	(대) 이자수익	200,000 *
(차) 만기보유증권	10,000	이자수익	10,000 **

* 현금으로 받은 이자: 2,000,000 × 10% = 200,000

** 상각액(정액법): (2,000,000 − 1,900,000) / 10년 = 10,000

*** 만기보유증권의 이자수익은 유효이자율법에 의해 계산하여야 하지만 여기에서는 단순한 정액법을 사용하였다. 유효이자율법은 제13장의 〈보론〉을 참조할 것.

2절 투자자산과 기타비유동자산

1 지분법적용투자주식

한 회사가 다른 회사의 주식을 20% 이상 보유하면 투자한 회사의 경영에 중요한 영향력을 갖는다. 만일 한 회사가 다른 회사 주식을 50% 이상 보유하면 투자회사는 지배회사, 피투자회사는 종속회사가 되어 연결재무제표를 작성한다. 연결재무제표는 고급회계에서 취급한다.

이처럼 한 회사가 의결권 있는 주식의 20% 이상을 투자하고 있는 피투자기업을 관계기업이라고 하며, 관계기업의 주식에 대해서는 지분법이라는 특별한 방법으로 회계처리한다.

지분법이 적용되는 관계기업주식에 대해서는 지분법적용투자주식계정을 사용하는데 관계기업의 순자산(자산 − 부채)에 변동이 있으면 그 변동액에 투자회사의 지분율을 곱한 금액만큼 지분법적용투자주식을 변동시키는 회계처리를 한다. 즉, 관계기업이 순이익을 실현하면 투자기업은 순이익에 지분율을 곱한 금액만큼 지분법적용투자주식을 증가시키면서 지분법이익을 인식하는 회계처리를 한다. 만일 관계기업에 순손실이 발생하면 지분법적용투자주식을 감소시키면서 지분법손실을 인식하는 회계처리를 한다.

관계기업이 현금배당을 하면 관계기업의 순자산이 감소할 것이므로 지분법적용투자주식을 그만큼 감소시킨다. 지분법손익은 손익계산서의 당기손익에 포함된다.

[표 12−7]은 지분법과 단기매매증권의 회계처리를 비교해서 보여준다.

표 12-7 지분법과 단기매매증권 회계처리방법의 비교

구 분	단기매매증권	지분법
취득	(차) 단기매매증권 (대) 현금	(차) 지분법적용투자주식 (대) 현금
관계기업의 순이익실현	분개 없음	(차) 지분법적용투자주식 (대) 지분법이익
배당금의 수령	(차) 현금 (대) 배당금수익	(차) 현금 (대) 지분법적용투자주식

예제 12-9 지분법적용투자주식

서울회사는 종로회사 발행주식의 20%를 5,000,000원에 취득하였다. 연말에 종로회사는 순이익 1,000,000원을 보고하고 총배당금 600,000원을 지급하였다. 서울회사의 분개를 하시오.

풀이

1. 취득시점:

(차) 지분법적용투자주식 5,000,000 (대) 현금 5,000,000

2. 순이익보고:

(차) 지분법적용투자주식 200,000 (대) 지분법이익 200,000

(1,000,000 × 20% = 200,000)

3. 배당금수령:

(차) 현금 120,000 (대) 지분법적용투자주식 120,000

(600,000 × 20% = 120,000)

[예제 12-9]에서 보듯이 지분법에서는 배당금을 받을 때 배당금수익으로 처리하는 것이 아니라 지분법적용투자주식의 감소로 처리하는 것을 주의하여야 한다.

지분법적용투자주식을 처분하면 장부금액과 처분금액의 차이를 지분법적용투자주식처분손익으로 처리한다. 지분법적용투자주식처분손익은 손익계산서의 당기손익에 포함된다. 지분법적용투자주식을 일부 매각하여 지분율이 20% 미만이 되어 중요한 영향력을 상실하면 지분법적용을 중단한다. 해당 주식은 단기매매증권이나 매도가능증권으로 다시 분류하고 공정가치로 평가한다.

2 기타의 투자자산

기타의 투자자산으로는 장기금융상품, 장기대여금, 투자부동산 등이 있다. 장기금융상품은 정기예금이나 정기적금 등 만기가 1년 이후인 금융상품을 말하며, 장기대여금은 다른 사람에게 자금을 빌려준 대여금 중 만기가 1년 후인 경우이다. 투자부동산은 영업활동과 관련없이 투자목적으로 보유하고 있는 토지나 건물을 말한다.

3 기타비유동자산

기타비유동자산이란 비유동자산 중 투자자산, 유형자산 및 무형자산에 속하지 않는 자산을 말한다. 여기에는 이연법인세자산, 장기매출채권, 임차보증금, 장기미수금 등이 있다.

이연법인세자산은 기업회계와 법인세법의 차이로 인해 발생하는데 미래의 어느 시점에 납부할 법인세를 감소시키는 효과를 자산으로 인식한 것이다.

이 장에서 익히는 용어

- **유가증권**: 주식, 국채, 공채, 회사채 등을 말하며 증권형 금융자산으로 분류함. 주식이나 신주인수권을 지분형 증권이라 하고, 국채, 공채, 회사채를 채무형 증권이라 함.
- **유가증권의 회계상 분류**: 단기매매증권, 만기보유증권 및 매도가능증권으로 분류함.
- **단기매매증권**: 단기간 내에 매매를 목적으로 하는 유가증권이며 회계기말에 공정가치로 평가하여 평가손익을 당기손익에 반영.
- **만기보유증권**: 국 · 공채나 사채와 같은 채권을 만기까지 보유할 때 회계상 분류하는 방식. 장부금액과 만기금액의 차이를 매 결산기마다 상각하여 상각후원가로 평가함.
- **매도가능증권**: 단기매매증권이나 만기보유증권 이외의 유가증권임. 회계기말에 공정가치로 평가하지만 평가손익은 기타포괄손익에 포함됨.
- **지분법적용투자주식**: 다른 회사 주식을 20% 이상 보유하는 경우 지분법적용투자주식으로 분류하며 지분법을 적용함.

연습문제

01 서울회사가 종로회사 주식을 단기매매증권으로 분류한 경우 다음 거래에 대해 분개를 하시오.

① 서울회사는 종로회사 주식 1,000주를 5,000,000원에 취득하였다.

② 종로회사로부터 배당금 300,000원을 받았다.

③ 회계기말 현재 종로회사 주식의 시가는 5,600,000원이다.

④ 서울회사는 종로회사 주식 500주를 2,700,000원에 처분하였다.

해답

①	(차)	단기매매증권	5,000,000	(대)	현금	5,000,000
②	(차)	현금	300,000	(대)	배당금수익	300,000
③	(차)	단기매매증권	600,000	(대)	단기매매증권평가이익	600,000
④	(차)	현금	2,700,000	(대)	단기매매증권	2,800,000*
		단기매매증권처분손실	100,000			

* 장부가 5,600,000 × 500주/1,000주 = 2,800,000

02 서울회사는 보유하고 있는 종로회사 주식을 매도가능증권으로 분류하고 있다. 회계기말의 장부가액과 공정가치 자료를 이용하여 종로회사 주식의 평가에 따른 분개를 하시오.

장부가액	4,500,000	공정가치	4,800,000

해답

(차)	매도가능증권	300,000	(대)	매도가능증권평가이익 (기타포괄손익누계액)	300,000

03 서울회사는 종로회사 발행주식의 20%를 10,000,000원에 취득하였다. 종로회사는 연말에 순이익 3,000,000원을 보고하고, 배당금 2,000,000원을 지급하였다. 서울회사가 종로회사 주식에 대해 (1) 지분법을 적용한 경우와 (2) 단기매매증권으로 분류한 경우에 종로회사 주식의 취득시, 종로회사가 순이익 보고시 및 배당금 수령시의 분개를 하시오.

해답

(단위: 천원)

구분	지분법 적용시	단기매매증권으로 분류시
취득시	(차) 지분법적용투자주식 10,000 (대) 현금 10,000	(차) 단기매매증권 10,000 (대) 현금 10,000
순이익 보고시	(차) 지분법적용투자주식 600 (대) 지분법이익 600	분개 없음
배당금 수령시	(차) 현금 400 (대) 지분법적용투자주식 400	(차) 현금 400 (대) 배당금수익 400

객관식문제

01 다음의 경우 단기매매증권의 취득원가는 얼마인가?

> • 단기보유목적으로 시장성있는 주식을 주당 6,000원에 50주를 구입하였다.
> • 수수료로 증권회사에 5,000원을 지급하였다.

① 250,000　② 255,000
③ 300,000　④ 305,000

해설 단기매매증권을 취득할 때 지급한 수수료는 비용으로 처리함.

02 다음 자료에 대한 올바른 분개는?

> 결산기말에 단기매매목적으로 보유한 종로회사 주식 1,000주는 1주당 액면가액 5,000원, 1주당 장부가액 8,000원, 1주당 시가 6,000원이다.

	(차)		(대)	
①	단기매매증권평가손실	2,000,000	단기매매증권	2,000,000
②	단기매매증권평가손실	3,000,000	단기매매증권	3,000,000
③	단기매매증권	2,000,000	단기매매증권평가이익	2,000,000
④	단기매매증권	3,000,000	단기매매증권평가이익	3,000,000

해설 장부가액: 1,000주 × 장부가액 8,000 = 8,000,000
공정가치: 1,000주 × 시가 6,000 = 6,000,000
평가손실: 장부가액 8,000,000 − 공정가치 6,000,000 = 2,000,000

정답 1. ③　2. ①

03 다음 자료에 의하여 계산한 단기매매증권의 처분손익은?

- 종로회사 주식 1,000주(액면 5,000원)를 1주당 8,000원에 매입하고 수수료 400,000원을 지급하다.
- 500주를 1주당 9,000원에 매각하다.

① 처분이익 500,000 ② 처분이익 2,000,000
③ 처분이익 100,000 ④ 처분이익 300,000

해설 1주당 장부가액: 8,000 (수수료는 장부가액에 포함되지 않음)
주식처분이익: (1주당 매각가액 9,000 − 1주당 장부가액 8,000) × 500주 = 500,000

04 서울회사가 단기매매목적으로 보유한 종로회사 주식에 관한 자료가 다음과 같을 경우 올바르게 설명하고 있는 것은?

20×1년 취득원가 10,000,000	20×1년 결산시 시가 10,500,000
20×2년 결산시 시가 10,800,000	20×3년 처분가액 10,700,000

① 20×3년 처분시 매매가액과 취득원가의 차액인 700,000원을 단기매매증권처분이익으로 기록한다.
② 20×2년 결산시 단기매매증권평가이익으로 800,000원을 기록한다.
③ 20×3년 처분시 단기매매증권처분손실로 100,000원을 기록한다.
④ 20×3년 처분시 처분가액과 20×2년 결산시 시가와의 차액 100,000원에 대해 20×2년의 평가이익을 감소시킨다.

해설 20×2년 결산시: 20×2년 시가와 20×1년 시가와의 차액 300,000원의 평가이익을 기록함.
20×3년 매각시: 20×3년 처분가액과 20×2년 시가와의 차액인 100,000원이 처분손실이 됨.

정답 3. ① 4. ③

객관식문제

05 다음의 만기보유증권에 관한 설명 중 옳지 않은 것은?

① 사채 액면가액이 사채의 취득가액보다 낮으면 매 결산기마다 그 차액을 상각하여 사채 장부가액을 높인다.

② 사채 액면가액이 사채의 취득가액보다 낮을 경우 매 결산기의 이자수익은 현금으로 받은 이자금액보다 작다.

③ 사채 취득가액이 사채 액면가액보다 낮으면 매 결산기마다 그 차액을 상각해서 사채 장부가액을 높인다.

④ 사채 취득가액이 사채 액면가액보다 낮으면 매 결산기의 이자수익은 현금으로 받는 이자금액보다 크다.

해설
- 취득가액 < 액면가액: 차액의 상각액만큼 이자수익이 증가하며 매년 사채 장부가액이 증가
- 취득가액 > 액면가액: 차액의 상각액만큼 이자수익이 감소하며 매년 사채 장부가액이 감소

06 (주)서울은 20×1년 1월 1일에 액면 3,000,000원의 사채(표시이자율 5%, 만기 3년)를 2,800,000원에 발행하였다. 이 사채와 관련하여 (주)서울이 3년간 인식해야 할 이자비용의 총금액은 얼마인가?

① 250,000
② 420,000
③ 450,000
④ 650,000

07 유가증권과 관련하여 발생한 다음의 항목 중 손익계산서에 손익항목으로 반영할 수 없는 것은?

① 단기매매증권의 평가손익
② 회수가능액을 추정하여 발생한 손상차손
③ 만기보유증권 취득시 발생한 매입수수료
④ 매도가능증권의 처분손익

정답 5. ① 6. ④ 7. ③

08 다음 자료에 의해 지분법을 적용하여 계산한 서울회사의 지분법적용투자주식 장부금액은?

- 종로회사 발행주식의 30%를 10,000,000원에 취득하다.
- 종로회사는 순이익 5,000,000원을 보고하다.
- 종로회사는 배당금 2,000,000원을 지급하다.

① 10,000,000　　② 11,500,000
③ 10,600,000　　④ 10,900,000

해설

취득가액	10,000,000	
순이익	1,500,000	(5,000,000 × 30%)
배당금	(600,000)	(2,000,000 × 30%)
장부금액	10,900,000	

정답 8. ④

Chapter

13

비유동부채

1절 비유동부채의 종류

비유동부채는 자금을 장기로 차입한 장기차입채무, 충당부채 및 기타비유동부채로 나눈다.

장기차입채무에는 장기차입금과 사채 등이 있다. 장기차입금 중 결산일 현재 1년 이내에 만기가 도래하는 부분은 유동성장기부채로 재분류하여 유동부채에 포함시켜야 한다.

충당부채에는 퇴직급여충당부채, 제품보증충당부채 등이 있으며, 기타비유동부채에는 이연법인세부채와 장기매입채무 등이 있다. 이연법인세부채는 기업회계와 법인세법의 차이로 인해 발생하는데 현재는 납부의무가 없으나 미래의 어느 시점에 납부할 법인세를 증가시키는 효과를 부채로 인식한 것이다.

사채와 충당부채에 대해서는 제2절과 제3절에서 구체적으로 설명한다. [표 13-1]은 비유동부채의 종류를 보여준다.

표 13-1 비유동부채의 종류

구분	종류
장기차입채무	사채, 장기차입금
충당부채	퇴직급여충당부채, 제품보증충당부채, 공사보증충당부채
기타비유동부채	이연법인세부채, 장기매입채무

2절 사채

1 사채의 의의

기업은 사채권을 발행하는 방식으로 자금을 차입할 수 있다. 사채권은 유가증권으로서 상법에 의한 요건과 발행절차를 거쳐서 발행되며, 사채권면에는 액면금액, 이자율, 이자지급일, 만기일 등이 표시된다.

2 사채의 발행

사채를 발행하는 금액은 사채의 액면이자율과 시장이자율의 차이에 따라 달라진다. 사채의 액면이자율이 시장이자율보다 낮은 경우 사채를 액면금액으로 발행한다면 투자자들이 사채를 구입하지 않을 것이기 때문에 사채의 액면금액보다 낮은 가격으로 할인발행을 한다. 반대로 사채의 액면이자율이 시장이자율보다 높으면 액면금액보다 높은 가격으로 할증발행을 한다. 사채의 액면이자율과 시장이자율이 같은 경우 사채의 액면금액대로 발행한다.

시장이자율은 사채를 발행하는 회사가 사채 발행시점에 실질적으로 부담하는 이자율이므로 유효이자율이라고 한다. [표 13-2]는 사채발행가액의 결정원리를 보여주고 있으며, 구체적인 사채발행가액의 계산 방법은 〈보론〉에서 설명하고 있다.

표 13-2 사채발행가액의 결정원리

구 분	액면이자율과 시장이자율 관계
액면발행	액면이자율 = 시장이자율
할인발행	액면이자율 < 시장이자율
할증발행	액면이자율 > 시장이자율

3 사채발행의 회계처리

사채발행가액과 사채액면가액의 차이는 사채할인발행차금 또는 사채할증발행차금으로 기록한다.

사채발행과 관련된 수수료나 사채권 인쇄비 등의 사채발행비는 비용으로 처리하지 않고 사채의 발행가액에서 차감한다. 따라서 사채를 액면으로 발행한다 하더라도 사채발행비만큼 발행가액이 액면금액보다 작아지기 때문에 차액을 사채할인발행차금으로 기록하게 된다.

표 13-3 사채할인(할증) 발행차금의 계산

구 분	회계처리
발행가액 < 액면금액 (사채발행비 차감 후)	차액을 사채할인발행차금으로 기록
발행가액 > 액면금액 (사채발행비 차감 후)	차액을 사채할증발행차금으로 기록

사채발행의 회계처리는 [표 13–4]와 같다.

표 13-4 사채발행의 회계처리

구 분	회계처리	
액면발행	(차) 현금	(대) 사채
할인발행	(차) 현금 사채할인발행차금	(대) 사채
할증발행	(차) 현금	(대) 사채 사채할증발행차금

[표 13–4]의 회계처리에서 보는 것처럼 사채계정은 항상 액면금액으로 기록하기 때문에 액면금액과 발행금액의 차이가 발생하게 되면 이를 사채할인발행차금(차변)이나 사채할증발행차금(대변)으로 기록하게 된다.

예제 13-1 사채발행의 회계

서울회사는 사채 액면 10,000원, 만기 3년, 이자율 5%를 9,800원에 할인발행하였다. 사채발행비 100원을 별도로 지급하였다. 사채발행시의 분개를 하시오.

풀이 (1) 사채발행비 차감 후 사채발행가액(현금증가액)
= 할인발행가액 9,800원 − 사채발행비 100원 = 9,700원

(2) 사채할인발행차금 = 액면 10,000원 − 발행가액 9,700원 = 300원

(3)

(차)	현금	9,700	(대) 이자수익	10,000
	사채할인발행차금	300		

재무상태표에서 사채는 [그림 13-1]과 같이 사채액면금액에 사채할인(할증)발행차금을 차감(또는 가산)하여 표시한다.

그림 13-1 사채의 표시

재무상태표

자산:	부채:		
	사채	10,000	
	사채할인발행차금	(300)	9,700
	자본:		

4 사채이자와 사채할인(할증)발행차금의 상각

사채의 발행회사는 이자지급일에 사채액면금액에 액면이자율을 곱한 금액을 이자로 현금지급한다. 이자지급액은 이자비용으로 당기의 손익으로 처리한다. 사채할인(할증)발행차금이 있는 경우에는 사채할인(할증)발행차금을 상각하여야 한다. 이렇게 매년 상각을 하여 사채의 만기일에는 사채할인(할증)발행차금 잔액이 영(0)이 된다.

사채할인발행차금 상각액은 이자비용에 가산하고, 사채할증발행차금 상각액은 이자비용에서 차감한다. 즉, 할인발행의 경우 이자비용은 이자현금지급액에 사채할인발행

차금 상각액을 합한 금액이 된다. 할증발행의 경우에는 이자현금지급액에서 사채할증발행차금 상각액을 차감한 금액이 이자비용이 된다.

표 13-5 사채이자비용의 계산

구 분	이자비용의 계산
사채할인발행차금의 상각	이자 현금지급액 + 사채할인발행차금 상각액
사채할증발행차금의 상각	이자 현금지급액 − 사채할증발행차금 상각액

예제 13-2 사채할인발행차금의 상각

서울회사는 1월 1일 사채 액면 10,000원, 만기 5년, 이자율 10%를 적용한 이자를 매년 말 지급하는 조건으로 9,700원에 발행하여 사채할인발행차금 300원이 있다. 이자지급일의 분개를 하시오. 사채할인발행차금 상각액은 정액법을 적용하여 60원이라고 가정한다.

풀이

1. 이자현금지급액: 액면금액 × 이자율 = 10,000 × 10% = 1,000
2. 이자비용: 이자현금지급액 + 사채할인발행차금 상각액 = 1,000 + 60 = 1,060
3. (차) 이자비용 1,060 (대) 현금 1,000
   사채할인발행차금 60

(차)		(대)	
이자비용	1,060	현금	1,000
		사채할인발행차금	60

4. 사채할인발행차금

1/1 발행시	300	12/31 상각액	60
상각후잔액	240		

5. 사채 장부가액의 변동(정액법에 의한 사채할인발행차금의 상각을 가정)

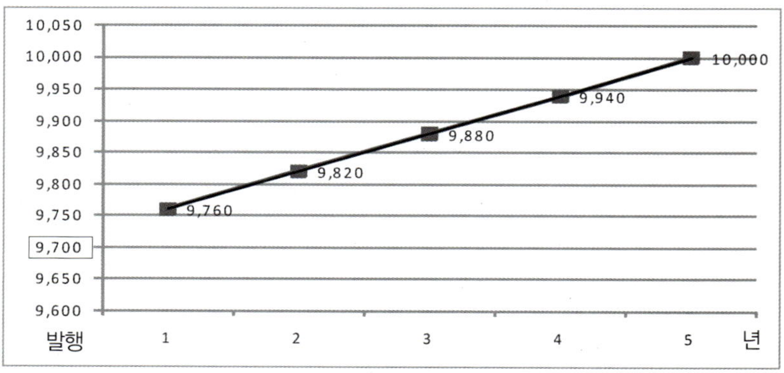

* 사채할인발행차금이 매년 감소하는 금액만큼 사채 장부금액이 증가함.

해설 여기서 사채할인발행차금 300원을 사채의 만기까지 기간인 5년으로 나누어 상각액을 계산하는 정액법을 사용하였다. 회계기준은 정액법이 아니라 유효이자율로 사채발행차금 상각액을 계산하도록 되어 있다. 유효이자율법은 〈보론〉에서 설명하고 있다.

5 사채의 상환

사채를 만기일에 상환하는 경우에는 차변에 사채, 대변에 현금을 기록하는 분개를 한다.

사채를 만기일 이전에 조기상환하는 경우에는 사채의 상환금액과 사채의 장부금액과의 차이를 사채상환손익으로 계상한다. 사채의 장부금액은 사채의 액면금액에 사채할인(할증)발행차금을 차감(가산)한 금액이다.

[표 13-6]은 사채상환의 회계처리를 보여준다.

표 13-6 사채 조기상환의 회계처리 (사채할인발행차금이 있는 경우)

구 분	회계처리	
장부금액 < 상환금액	(차) 사채 사채상환손실	(대) 현금 사채할인발행차금
장부금액 > 상환금액	(차) 사채	(대) 현금 사채할인발행차금 사채상환이익

사채를 조기상환할 때는 상환시점까지의 이자비용과 사채할인(할증)발행차금을 상각하는 분개를 먼저 하여야 한다.

예제 13-3 사채의 상환

서울회사의 20×2년 1월 1일 현재 사채계정은 10,000원, 사채할인발행차금은 240원을 보이고 있다. 회사는 1월 1일에 사채를 9,900원에 조기상환하였다.

풀이 1. 사채장부가액: 사채액면금액 − 사채할인발행차금 = 1,000 − 240 = 9,760

2. 사채상환손실: 상환금액 − 장부가액 = 9,900 − 9,760 = 140

3. (차) 사채 10,000 (대) 현금 9,900

사채상환손실 140 사채할인발행차금 240

3절 충당부채와 퇴직급여제도

1 충당부채

충당부채는 금액이나 지급시기 또는 지급대상이 확정되지 않았지만 앞으로 지급할 것이 확실한 부채를 말한다. 충당부채는 금액을 합리적으로 추정하여 차변에 비용을 기록하고 대변에 충당부채를 기록하는 회계처리를 한다.

만일 지급할 의무가 불확실하고 금액을 신뢰성 있게 추정하기 어려운 경우에는 충당부채를 계상하지 않는다. 이 경우는 미래의 발생가능성에 어느 정도 불확실성이 존재하는 우발부채로서 주석으로 기재한다. 예를 들어, 현재 재판에 계류 중인 손해배상청구소송이 이에 해당된다.

충당부채의 예로 제품보증충당부채를 들 수 있다. 제품을 판매한 회사가 일정 기간 그 제품에 대한 애프터서비스를 보증한 경우, 실제 비용은 나중에 발생하지만 제품을 판매한 시점에 앞으로 발생할 보증비용을 제품보증충당부채로 기록한다. [표 13-7]은 제품보증충당부채의 회계처리를 보여준다.

표 13-7 제품보증충당부채의 회계처리

구 분	회계처리	
회계기말 충당부채 기록	(차) 제품보증비	(대) 제품보증충당부채
실제 보증비 발생시	(차) 제품보증충당부채	(대) 현금 또는 재고자산

2 퇴직급여제도

퇴직급여제도는 종업원이 퇴직할 때 일시금으로 지급하는 형태와 퇴직한 후 연금방식으로 매기 일정액을 지급하는 형태로 구분된다.

(1) 퇴직일시금제도

퇴직일시금제도는 종업원이 퇴직할 때 회사가 퇴직금을 일시금으로 지급하는 제도이다. 이 경우 퇴직금을 지급하는 시점에 한꺼번에 비용을 기록하는 것이 아니라 종업원이 근무하는 기간 동안 매년 말 현재 전 종업원의 퇴직시 지급할 퇴직금을 추정하고 그 증가분을 퇴직급여라는 비용과 함께 퇴직급여충당부채의 증가로 기록한다. 따라서 퇴직급여충당부채는 매년 말 현재 전 종업원이 일시에 퇴직할 경우 지급해야 하는 퇴직금에 상당하는 금액이 된다. 실제 퇴직금을 지급할 때는 퇴직급여충당부채의 감소와 현금의 감소를 기록한다.

[표 13-8]은 퇴직일시금제도의 회계처리를 보여준다.

표 13-8 퇴직일시금제도의 회계처리

구 분	회계처리	
매년 말 퇴직급여충당부채 기록	(차) 퇴직급여	(대) 퇴직급여충당부채
퇴직금 지급시	(차) 퇴직급여충당부채	(대) 현금

예제 13-4 퇴직일시금

서울회사는 퇴직일시금제도를 채택하고 있으며 연말에 퇴직급여충당부채 1,000,000원을 추가로 계상하였다. 다음 해에 퇴직금 600,000원을 지급하였다.

풀이

1. 연말:	(차) 퇴직급여	1,000,000	(대) 퇴직급여충당부채	1,000,000
2. 지급:	(차) 퇴직급여충당부채	600,000	(대) 현금	600,000

(2) 퇴직연금제도

퇴직연금제도는 종업원이 퇴직한 후 퇴직금을 연금방식으로 지급하는 제도이다.

퇴직연금제도에는 확정기여형과 확정급여형이 있는데 노사협의에 의해 사전에 한 가지 방법을 선택하게 된다. 일반적으로 퇴직연금제도의 경우 퇴직금 지급에 필요한 자금을 회사 외부의 기금에 적립하여 운영하고, 외부의 기금은 회사가 적립한 자금(이를 기여금이라고 함)과 그것의 운영성과를 재원으로 하여 종업원이 퇴직하게 되면 종업원에게 직접 퇴직연금을 지급한다.

확정기여형 퇴직연금제도는 회사가 외부의 기금에 협약에 의해 미리 정해진 기여금을 납부하면 모든 의무가 끝나는 제도이다. 이 경우 종업원이 퇴직 후 수령하게 되는 연금의 크기는 기금의 운영성과에 따라 변동된다. 확정기여형의 회계처리는 일반적인 비용의 회계처리방식과 동일하기 때문에 단순하다. 즉, 다음과 같이 차변에 퇴직급여라는 비용을 기록하고 대변에 현금 또는 미지급퇴직급여라는 부채계정을 기록한다.

(차)	퇴직급여	×××	(대)	현금	×××
				미지급퇴직급여	×××

확정급여형 퇴직연금제도는 회사가 확정된 퇴직연금 지급액에 대한 책임을 끝까지 부담하는 제도이다. 만일 회사가 외부의 기금에 적립한 자금으로 퇴직연금으로 지급해야 하는 금액을 모두 충당할 수 없는 경우에는 회사가 그 부족액을 부담해야 한다.

확정급여형의 회계처리는 다음의 3가지로 이루어진다. 첫째, 매년 말에 전체 종업원에 대한 퇴직급여충당부채의 총액을 추정하여 그 증가액을 퇴직급여라는 비용과 퇴직급여충당부채라는 부채로 기록한다. 둘째, 회사가 외부의 기금에 납부하는 기여금을 퇴직연금운용자산으로 기록한다. 셋째, 외부기금이 퇴직종업원에게 지급하는 퇴직연금은 퇴직연금운용자산에서 지급되는 것으로 보아 퇴직연금운용자산과 퇴직급여충당부채를 각각 감소시킨다. [표 13-9]는 확정급여형 퇴직연금제도의 회계처리를 보여준다.

표 13-9 확정급여형 퇴직연금제도의 회계처리

구 분	회계처리	
매년 말 추정 퇴직급여충당부채 기록	(차) 퇴직급여	(대) 퇴직급여충당부채
기여금 납부시	(차) 퇴직연금운용자산	(대) 현금
외부기금이 퇴직연금 지급시	(차) 퇴직급여충당부채	(대) 퇴직연금운용자산

회사는 [표 13-10]에서 보는 바와 같이 재무상태표에 퇴직급여충당부채에서 퇴직연금운용자산을 차감하는 방식으로 표시한다.

표 13-10 퇴직급여충당부채와 퇴직연금운용자산의 표시

재무상태표

자산:	부채:		
	퇴직급여충당부채	458,000	
	퇴직연금운용자산	(392,000)	66,000
	자본:		

* 퇴직급여충당부채에서 퇴직연금운용자산을 차감한 순부채를 표시함.

보론 사채발행가액 계산 및 유효이자율법

1 사채의 발행가액 결정

사채의 발행가액은 다음 두 가지 금액을 시장이자율을 적용하여 사채발행일 현재의 가치로 환산한 금액이다.

사채의 발행가액 = 액면금액의 현재가치 + 만기까지 이자지급액의 현재가치

사채의 만기일에 사채발행회사가 투자자에 갚을 사채의 액면금액과 만기까지 이자지급일에 지급하는 이자현금지급액의 현재가치를 구하기 위해 이자가 복리로 계산되는 과정을 살펴보자. 예를 들어, 연 이자율이 10%로 매년 복리로 이자가 붙는 경우 1,000,000원을 오늘 예금하면 2년 후의 원금과 이자의 합계가 얼마인지를 본다.

1년 후의 이자는 1,000,000원에 10%의 이자율을 곱해서 100,000원이 된다. 따라서 1년 후의 원리금은 1,100,000원이다. 다시 1년 후의 이자는 그 당시의 원리금인 1,100,000원에 10% 이자율을 곱해서 110,000원이 되므로 원리금은 1,210,000원이 되며, 이를 산식으로 표시하면 다음과 같다.

$$원리금 = 원금 \times (1 + 이자율)^2 = 1{,}000{,}000 \times (1 + 0.1)^2$$
$$= 1{,}000{,}000 \times 1.21 = 1{,}210{,}000$$

여기에서 원리금은 만기에 받을 금액(미래가치)이고, 원금은 현재가치에 해당된다. 반대로 2년 후 1,210,000원을 받기 위해 오늘 예금하여야 하는 금액(현재가치)은 $1{,}210{,}000 / (1 + 0.1)^2$로 계산하여 1,000,000원이 된다.

따라서 현재가치를 계산하는 공식을 다음과 같이 나타낼 수 있다.

현재가치 = 미래가치 × 1 / $(1 + r)^n$
(r = 이자율, n = 기간)

위 산식 중 미래가치가 1원일 경우 여러 가지 이자율과 기간에 대해 계산된 단일금액의 현재가치표가 [부록 Ⅲ]에 제시되어 있다.

마찬가지로 만기까지 이자지급액에 대해서도 현재가치를 계산한다. 이자는 이자지급일마다 여러 번 반복적으로 지급하기 때문에 정상연금의 현재가치를 적용한다. 정상연금의 현재가치표도 [부록 Ⅲ]에 제시되어 있다.

만기까지 이자지급액의 현재가치 = 연간 이자지급액 × 정상연금의 현재가치

[예제 13-5]를 이용하여 사채의 발행가액을 계산해 보자.

예제 13-5 사채발행가액의 계산

서울회사는 20×1년 1월 1일 3년 만기, 액면 1,000,000원, 연 이자율 10%의 사채를 발행하였다. 이 당시 시장이자율은 12%일 때 사채의 발행가액을 계산하시오.

풀이 1. 액면금액의 현재가치: 액면금액 × 단일금액의 현재가치
(r = 12%, n = 3)
= 1,000,000 × 0.7118* = 711,800

* [부록 Ⅲ]에 있는 단일금액의 현재가치표 중 12%와 3년에 해당하는 계수임.

2. 만기까지 이자지급액의 현재가치: 연간 이자지급액 × 정상연금의 현재가치
(r = 12%, n = 3)
= 100,000 × 2.4018* = 240,180

* [부록 Ⅲ]의 정상연금의 현재가치표 중 12%와 3년에 해당하는 계수임.

3. 사채발행가액: 액면금액의 현재가치 + 만기까지 이자지급액의 현재가치
= 711,800 + 240,180 = 951,980

4.
(차)		(대)	
현금	951,980	사채	1,000,000
사채할인발행차금	48,020		

2 유효이자율을 적용한 사채할인(할증)발행차금의 상각

사채발행 당시의 시장이자율을 사채의 유효이자율이라고 한다. 유효이자율을 적용 사채할인(할증)발행차금의 상각을 다음의 순서로 수행한다.

1. 이자비용의 계산: 사채장부가액 × 유효이자율

   * 사채장부가액 = 사채액면금액 − 사채할인발행차금 (할인발행의 경우)
   = 사채액면금액 + 사채할증발행차금 (할증발행의 경우)

2. 이자현금지급액: 사채액면금액 × 액면이자율

3. 사채할인(할증)발행차금의 상각액: 이자비용 − 이자현금지급액

4. 할인발행의 경우 분개:

(차)	이자비용	×××	(대) 현금	×××
			사채할인발행차금	×××

   할증발행의 경우 분개:

(차)	이자비용	×××	(대) 현금	×××
	사채할증발행차금	×××		

예제 13-6 사채할인발행차금의 상각

서울회사의 사채발행에 관한 [예제 13–5]의 경우 12월 31일 이자지급일의 회계처리를 살펴보자.

풀이

1. 이자비용의 계산: 사채장부가액 × 유효이자율
   = 951,980 × 12% = 114,237 (원 미만 절사)
2. 이자현금지급액: 사채액면금액 × 액면이자율 = 1,000,000 × 10% = 100,000
3. 사채할인발행차금의 상각액: 이자비용 − 이자현금지급액 = 114,237 − 100,000 = 14,237
4.

(차)	이자비용	114,237	(대) 현금	100,000
			사채할인발행차금	14,237

* 이 분개 후 사채할인발행차금 잔액은 사채할인발행차금 잔액에서 당기 상각액을 차감한 금액, 즉 48,020 − 14,237 = 33,783이 된다. 다음 연도의 장부가액은 금년 말 장부가액에 사채할인발행차금상각액을 합한 금액이다. 즉, 951,980 + 14,237 = 966,217이 된다.

이 장에서 익히는 용어

- **장기차입채무**: 장기로 자금을 차입한 채무로서 장기차입금, 사채 등이 있음.
- **사채**: 기업이 회사채를 발행하여 장기로 자금을 차입하는 채무. 사채의 액면이자율과 시장이자율의 차이에 따라 액면발행, 할인발행, 할증발행을 함.
- **사채할인(할증)발행차금**: 사채의 발행가액이 사채액면금액보다 낮거나 높으면 사채할인발행차금 또는 할증발행차금으로 계상하고 이 금액은 매년 상각하여 사채이자비용에 가산하거나 차감함.
- **충당부채**: 지급할 금액이나 지급시기 또는 지급대상이 확정되지 않았지만 장래 지급할 것이 확실하고 금액을 합리적으로 추정할 수 있을 때 차변에 비용을 기록하고 대변에 충당부채를 기록함. 제품보증충당부채와 퇴직급여충당부채가 대표적임.
- **유효이자율법**: 사채나 만기보유증권의 발행가액이나 취득가액이 액면가액과 차이가 있을 때 장부가액에 발행시점이나 취득시점의 시장이자율을 적용하여 이자비용이나 이자수익을 계산하여 이자현금지급액이나 수취액과의 차액을 상각하는 방식임.

01 다음의 사채발행에 대한 분개를 하시오.

① 20×1년 1월 1일 사채 액면 10,000원, 만기 5년, 액면이자율 10%, 시장이자율 11%인 사채를 9,700원에 발행하였다. 사채발행비 50원은 별도로 지급하였다.

② 20×1년 12월 31일 사채이자를 현금으로 지급하였다. 동시에 사채할인발행차금을 정액법으로 상각하였다.

③ 위 ②번과 무관하게 20×1년 12월 31일 사채이자를 현금으로 지급하고 사채할인발행차금을 유효이자율법으로 상각하였다.

해답

①	(차) 현금	9,650	(대) 사채	10,000
	사채할인발행차금	350		
②	(차) 이자비용	1,070	(대) 현금	1,000*
			사채할인발행차금	70**

* 이자현금지급액: 10,000 × 10% = 1,000
** 사채할인발행차금상각액: 350 / 5년 = 70

③	(차) 이자비용	1,061*	(대) 현금	1,000
			사채할인발행차금	61**

* 이자비용: 사채장부가액 9,650 × 시장이자율 11% = 1,061
** 사채할인발행차금상각액: 이자비용 1,061 − 이자현금지급액 1,000 = 61

02 1월 1일 현재 서울회사의 장부에는 사채 20,000원, 사채할증발행차금 1,000원이 기록되어 있다. 서울회사가 1월 1일에 사채를 18,000원에 조기상환하였을 경우 분개를 하시오.

해답

* 사채상환이익: 장부가액 21,000** − 상환금액 18,000 = 3,000
** 사채장부가액: 사채액면금액 20,000 + 사채할증발행차금 1,000 = 21,000

(차) 사채	20,000	(대) 현금	18,000
사채할인발행차금	1,000	사채상환이익	3,000

03 다음과 같은 퇴직일시금제도의 거래를 분개하시오.

① 20×1년 12월 31일 퇴직급여충당부채 1,500,000원을 추가로 계상하다.
② 20×2년 2월 6일 퇴직금 700,000원을 지급하다.

해답

①	(차)	퇴직급여	1,500,000	(대) 퇴직급여충당부채	1,500,000
②	(차)	퇴직급여충당부채	700,000	(대) 현금	700,000

04 서울회사는 상품매출액의 3%에 해당하는 제품보증비가 발생할 것으로 예상하여 제품보증충당부채를 설정하고 있다. 다음의 제품보증거래를 분개하시오.

① 20×1년 12월 31일의 제품보증충당부채잔액은 10,000원이며, 신규로 당기 매출액 10,000,000원에 대해 제품보증충당부채를 설정하다.
② 20×2년 3월에 제품보증비 160,000원을 현금지급하다.

해답

①	(차)	제품보증비	300,000*	(대) 제품보증충당부채	300,000
②	(차)	제품보증충당부채	160,000**	(대) 현금	160,000

* 제품보증비: 매출액 10,000,000 × 제품보증비예상률 3% = 300,000
** 매출액의 일정 비율을 제품보증충당부채로 설정하는 경우에는 연말의 제품보증충당부채잔액이 신규 제품보증충당금 설정에 영향을 미치지 않음.

01 다음 설명 중 옳지 않은 것은?

① 사채의 액면이자율이 시장이자율보다 높으면 할증발행을 한다.
② 사채의 시장이자율이 액면이자율보다 높으면 할인발행을 한다.
③ 사채를 발행하기 위한 수수료나 인쇄비는 사채발행비로 처리하여 당기손익에 포함한다.
④ 사채발행시의 시장이자율을 유효이자율이라 한다.

02 다음 설명 중 옳지 않은 것은?

① 사채를 할인발행하는 경우 이자비용금액은 현금으로 이자를 지급하는 금액보다 적다.
② 사채를 액면발행하는 경우 이자비용금액은 현금으로 이자를 지급하는 금액과 같다.
③ 사채를 할증발행하는 경우 이자비용금액은 현금으로 이자를 지급하는 금액보다 적다.
④ 사채를 할인발행하는 경우 매 결산기마다 사채할인발행차금이 감소하여 사채 장부가액이 커진다.

해설 사채할인발행시의 이자비용 = 현금이자지급액 + 사채할인차금상각액
사채할증발행시의 이자비용 = 현금이자지급액 − 사채할증차금상각액

03 서울회사는 액면 20,000원, 액면이자율 10%, 시장이자율 11%, 만기 3년의 사채를 19,000원에 발행하였다. 사채발행비 500원은 현금으로 지급하였다. 다음 중 사채발행시의 올바른 분개는?

① (차)	현금	18,500	(대)	사채	20,000
	사채할인발행차금	1,000			
	사채발행비	500			
② (차)	현금	18,500	(대)	사채	20,000
	사채할인발행차금	1,500			
③ (차)	현금	18,500	(대)	사채	18,500
④ (차)	현금	18,500	(대)	사채	19,000
	사채할인발행차금	500			

해설 사채발행비는 사채발행금액에서 차감함.

정답 1. ③ 2. ① 3. ②

04 서울회사는 20×1년 초에 액면 10,000원, 액면이자율 10%, 시장이자율 12%, 만기 3년의 사채를 할인발행하였다. 20×1년 말 유효이자율에 의한 이 사채의 이자비용이 1,080원일 경우 올바른 분개는?

	(차)		(대)	
①	이자비용	1,080	현금	1,080
②	이자비용	1,080	현금	1,000
			사채할증발행차금	80
③	이자비용	1,080	현금	1,000
			사채할인발행차금	80
④	이자비용	1,000	현금	1,000

05 서울회사는 액면 10,000원, 사채할인발행차금 500원의 사채를 8,000원에 조기상환하였다. 다음 중 올바른 분개는?

	(차)		(대)	
①	사채	9,500	현금	8,000
			사채상환이익	1,500
②	사채	10,000	현금	8,000
			사채상환이익	2,000
③	사채	10,000	현금	8,000
			사채할인발행차금	2,000
④	사채	10,000	현금	8,000
			사채할인발행차금	500
			사채상환이익	1,500

06 다음 중 사채의 발행시점에 유효이자율법을 적용하여 사채의 발행가액을 계산하는 방법으로 옳은 것은?

① 액면금액의 현재가치 + 이자지급액의 현재가치
② 액면금액 + 이자지급액의 현재가치
③ 액면금액의 현재가치 + 이자지급액
④ 액면금액 + 이자지급액

정답 4. ③ 5. ④ 6. ①

07 다음 설명 중 옳지 않은 것은?

① 충당부채는 장래 지급할 의무가 거의 확실하지만 금액을 신뢰성 있게 추정할 수 있을 때 부채로 기록하는 것이다.
② 충당부채에는 제품보증충당부채와 퇴직급여채무 등이 있다.
③ 현재 소송 중인 사건으로 앞으로 지급할 금액을 추정할 수 있으면 충당부채로 계상하여야 한다.
④ 장래 지급할 것이 거의 확실하지만 금액의 추정이 어려우면 충당부채로 계상하지 않고 우발부채로 주석에 표시한다.

해설 소송 중인 사건은 지급할 의무가 불명확하고 금액을 신뢰성 있게 추정하기 어려우므로 충당부채로 계상하지 않고 우발부채로 주석표시함.

08 다음 중 부채성충당금의 설정 요건이 아닌 것은?

① 당기의 수익에 대응하는 비용이어야 한다.
② 당해 지출의 원인이 전기 이전에 발생하여야 한다.
③ 장래에 지출될 것이 확실하여야 한다.
④ 당해 지출금액을 합리적으로 추정할 수 있어야 한다.

09 퇴직일시금제도 하에서 회사가 퇴직직원에게 퇴직금 60,000원을 지급하였다. 회사의 퇴직급여충당부채계정 잔액은 100,000원이 있었다. 이 거래의 분개로 올바른 것은?

①	(차) 퇴직급여	60,000	(대) 퇴직급여충당부채	60,000
②	(차) 퇴직급여	60,000	(대) 현금	60,000
③	(차) 퇴직급여충당부채	60,000	(대) 현금	60,000
④	(차) 퇴직급여충당부채	100,000	(대) 퇴직급여	100,000

정답 7. ③ 8. ② 9. ③

Chapter 14

자 본

1절 자본의 의의와 분류

자본은 자산에서 부채를 차감한 잔액으로 회사 주인의 몫(지분)을 나타낸다.

자본 = 자산 – 부채

개인기업의 경우에 자본을 별도로 구분하지 않고 자본금이라는 하나의 계정에서 주인이 출자한 금액이나 인출한 금액, 영업을 통해 벌어들인 돈을 모두 회계처리한다.

그러나 법인기업, 특히 주식회사의 경우에는 투자자와 채권자를 보호하기 위하여 관련 법규에서 납입자본 및 이익잉여금의 처분이나 배당과 관련하여 여러 가지 제한을 두고 있기 때문에 자본을 몇 가지 항목으로 구분하여 회계처리한다.

자본은 회계기준에서 [표 14–1]과 같이 5가지로 구분하고 있다.

표 14-1 주식회사의 자본의 분류

구분	내용
자본금	발행주식수에 1주당 액면금액을 곱한 금액
자본잉여금	손익거래가 아닌 자본거래에서 발생한 잉여금
자본조정	자본거래에서 발생했으나 다른 자본항목에 속하지 않는 항목
기타포괄손익누계액	당기손익에 포함되지 않고 기타포괄손익에 포함되는 평가손익 등
이익잉여금	사업활동에서 발생한 순이익에서 배당을 차감하고 남은 누적금액

2절 자본금과 자본잉여금

1 자본금

자본금은 상법에서 정하는 법정자본금의 의미를 가지는데 회사가 발행한 주식 수에 주식의 액면금액을 곱한 금액이다.

자본금 = 발행주식 수 × 액면금액

자본금은 회사가 발행한 주식의 종류에 따라 보통주자본금과 우선주자본금으로 구분된다. 보통주란 다른 특수한 주식과 구별하기 위한 것으로 주주총회 의결권 보유 등 회사의 표준이 되는 기본적인 주식을 말한다. 일반적으로 우선주 등을 발행하지 않으면 보통주만으로 자본금이 이루어진다.

우선주란 보통주에 비해 배당을 지급받을 권리가 우선적으로 보장되는 주식이다. 그러나 우선주는 주주총회 의결권이 없으며, 사채와 주식의 중간적 성격을 갖는다고 할 수 있다.

2 자본잉여금

자본잉여금은 자본을 증가하거나 감자할 때와 기타의 자본거래에서 발생하는 잉여금을 말한다. 자본잉여금은 주식발행초과금과 기타자본잉여금으로 구분되는데 기타자본잉여금에는 감자차익이 있다. [표 14-2]는 자본잉여금의 종류를 보여준다.

표 14-2 자본잉여금의 종류

구 분	종 류
주식발행초과금	보통주 주식발행초과금, 우선주 주식발행초과금
기타자본잉여금	감자차익, 자기주식처분이익

주식발행초과금은 증자를 위해 주식을 발행할 때 주식의 발행금액이 액면금액을 초과하는 경우 그 차액을 말한다. 감자차익은 회사가 자기주식을 취득해서 소각함으로써 감자를 할 때 주주에게 환급한 금액(자기주식을 구입하기 위해 지급한 금액)이 액면금액보다 적을 경우 그 차액을 말한다. [표 14-3]은 이 관계를 보여준다.

표 14-3 주식발행초과금과 감자차익

구 분	내 용
주식발행초과금	주식발행금액 > 주식액면금액일 때 그 차액
감자차익	주식액면금액 > 주주에 대한 환급액일 때 그 차액

자기주식을 소각할 때 만일 주주에게 환급한 금액이 액면금액보다 크면 그 차액을 감자차손이라고 하며, 제4절에서 설명하는 자본조정항목으로 구분한다.

3 주식의 발행: 증자

주식을 발행할 때 주식의 발행금액이 액면금액을 초과하면 그 차액을 주식발행초과금으로 기록한다. 반대로 발행금액이 액면금액보다 적으면 그 차액을 주식할인발행차금이라는 계정에 기록한다. 주식할인발행차금은 제4절에서 설명하는 자본조정항목에 속한다. 주식을 발행하기 위한 수수료나 인쇄비 등의 주식발행비는 주식의 발행금액에서 차감한다. [표 14-4]는 주식발행의 회계처리를 보여준다.

표 14-4 주식발행(증자)의 회계처리

구 분	회계처리	
발행금액* > 액면금액	(차) 현금	(대) 자본금 주식발행초과금
발행금액* < 액면금액	(차) 현금 주식할인발행차금	(대) 자본금

* 발행금액은 주식발행비를 차감한 금액임

예제 14-1 주식발행

서울회사는 액면금액 5,000원인 주식 1,000주를 8,000원에 발행하였다. 주식발행비로 500,000원이 지출되었다.

풀이 1. 주식의 발행금액: 1,000주 × 8,000 = 8,000,000
주식발행비 차감: 8,000,000 − 500,000 = 7,500,000
2. 주식발행초과금: 발행금액 − 액면금액 = 7,500,000 − 5,000,000 = 2,500,000
3. (차) 현금 7,500,000 (대) 자본금 5,000,000
주식발행초과금 2,500,000

증자의 유형에는 현금 등을 납입받고 주식을 발행하는 유상증자 외에 자본잉여금이나 법정적립금을 자본금으로 대체하면서 주식을 발행하는 무상증자가 있다. 무상증자의 경우에는 자본잉여금이나 법정적립금을 감소시키고 자본금을 증가시키는 다음의 회계처리를 한다.

(차) 주식발행초과금 (또는 이익준비금)	×××	(대) 자본금	×××

4 주식의 소각: 감자

주식을 소각함으로써 감자를 하는 경우 소각대상이 되는 자기주식의 취득가액이 액면금액보다 적으면 그 차액을 감자차익으로 기록하고, 반대로 자기주식의 취득가액이 액면금액을 초과하면 그 차액을 감자차손으로 회계처리한다. [표 14-5]는 주식소각의 회계처리를 보여준다.

표 14-5 주식소각(감자)의 회계처리

구 분	회계처리	
주식취득가액 < 액면금액	(차) 자본금	(대) 자기주식 감자차익
주식취득가액 > 액면금액	(차) 자본금 감자차손	(대) 자기주식

예제 14-2 주식소각

서울회사는 액면금액 5,000원인 자기주식 100주를 소각하기로 하였다. 주식취득가액이 4,000원인 경우와 7,000원인 경우의 분개를 하시오.

풀이 1. 주식취득가액 4,000원인 경우

(차) 자본금	500,000	(대) 자기주식	400,000
		감자차익	100,000

2. 주식취득가액 7,000원인 경우

(차) 자본금	500,000	(대) 자기주식	700,000
감자차손	200,000		

3절 이익잉여금

1 이익잉여금의 개념

이익잉여금은 사업활동의 성과인 순이익에서 배당금으로 지급하거나 자본금으로 대체하지 않고 기업 내부에 유보하고 있는 부분을 말한다. 당기순이익은 이익잉여금을 증가시키고 배당금과 같은 이익잉여금처분액은 이익잉여금을 감소시킨다.

기초이익잉여금 + 당기순이익 − 배당금 등 이익잉여금처분액 = 기말이익잉여금

2 이익잉여금의 구분

이익잉여금은 크게 이익준비금과 같은 법정적립금, 사업확장적립금과 같은 임의적립금, 그리고 미처분이익잉여금으로 구분한다. [표 14-6]은 이익잉여금의 구분을 보여준다.

표 14-6 이익잉여금의 구분

구 분	종 류
법정적립금	이익준비금, 재무구조개선적립금
임의적립금	사업확장적립금, 감채적립금
미처분이익잉여금	이익잉여금을 처분하고 남아 있는 이익잉여금으로 당기순이익과 배당금 등을 이 계정에서 처리함.

이익준비금은 상법규정에 의해 의무적으로 적립하는 적립금으로 자본금의 50%에 달할 때까지 매해 이익배당의 10% 이상을 적립하도록 되어 있다.

임의적립금은 기업이 사업확장이나 채무상환 등을 위해 배당을 하지 않고 자금을 회사 내에 유보시키기 위해 설정한 적립금을 말한다. 그리고 임의적립금의 목적이 달성되면 임의적립금을 감소시키고 미처분이익잉여금을 증가시키는 회계처리를 한다.

미처분이익잉여금은 법정적립금과 임의적립금을 제외한 이익잉여금으로 회사가 배당 등으로 처분할 수 있는 이익잉여금이다. 당기순이익은 미처분이익잉여금을 증가시키고 배당은 미처분이익잉여금을 감소시킨다.

3 이익잉여금의 처분

회사가 결산을 한 후에 주주총회를 열어 이익잉여금을 처분하는 의결을 한다. 이익잉여금의 처분은 법정적립금의 적립, 임의적립금의 적립 및 배당으로 이루어진다.

예제 14-3 이익잉여금의 처분

서울회사는 주주총회에서 다음과 같이 이익잉여금을 처분하기로 의결하였다.

① 현금배당	2,000,000	② 주식배당	1,000,000
③ 이익준비금 적립	500,000	④ 공장신축적립금 적립	1,500,000

풀이 1. 주주총회일 회계처리

(차)	미처분이익잉여금	5,000,000	(대) 미지급배당금	2,000,000
			자본금*	1,000,000
			이익준비금	500,000
			공장신축적립금	1,500,000

2. 현금배당금 지급일

(차)	미지급배당금	2,000,000	(대) 현금	2,000,000

* 주식배당의 경우 현금지급 대신 주식을 발행하기 때문에 자본금이 증가함

4절 자본조정과 기타포괄손익누계액

1 자본조정과 기타포괄손익누계액의 종류

자본조정은 자본거래에서 발생했으나 다른 자본항목에 속하지 않는 항목이 포함되며, 기타포괄손익누계액은 당기손익에 포함되지 않는 기타포괄손익의 누적액을 포함하는 항목이다.

[표 14-7]은 자본조정과 기타포괄손익누계액에 속하는 항목을 보여준다.

표 14-7 자본조정과 기타포괄손익누계액

구분	종류
자본조정	자기주식, 감자차손, 주식할인발행차금, 자기주식처분손실
기타포괄손익누계액	매도가능증권평가손익, 해외사업환산손익, 파생금융상품평가손익

2 자기주식의 회계

자기주식은 회사가 발행한 자기회사의 주식을 다시 취득하는 것을 말한다. 자기주식은 자산이 아니고 자본의 차감항목으로서 자본조정으로 분류한다.

자기주식을 취득할 때는 취득원가로 기록하고, 소각하지 않고 재매각할 때는 재매각가격과 취득원가의 차액을 자기주식처분손익으로 기록한다. 자기주식처분이익은 기타자본잉여금으로, 자기주식처분손실은 자본조정으로 분류한다.

[표 14-8]은 자기주식의 회계처리를 보여준다.

표 14-8 자기주식의 회계처리

구 분	회계처리	
자기주식의 취득	(차) 자기주식	(대) 현금
재매각가액 > 취득가액	(차) 현금	(대) 자기주식 자기주식처분이익
재매각가액 < 취득가액	(차) 현금 자기주식처분손실	(대) 자기주식
자기주식의 소각	감자에 따른 회계처리	

예제 14-4 자기주식

서울회사는 액면 5,000원의 자기주식 1,000주를 1주당 8,000원에 취득하였다. 이 중 500주는 한 달 후에 1주당 10,000원에 재매각하고, 나머지 500주는 6개월 후에 1주당 5,000원에 재매각하였다.

풀이

1. 취득

(차) 자기주식	8,000,000	(대) 현금	8,000,000

2. 1개월 후 재매각

(차) 현금	5,000,000	(대) 자기주식	4,000,000*
		자기주식처분이익	1,000,000

* 자기주식 취득원가: 500 × 8,000 = 4,000,000

3. 6개월 후 재매각

(차) 현금	2,500,000	(대) 자기주식	4,000,000
자기주식처분이익	1,000,000		
자기주식처분손실	500,000**		

** 자기주식처분손실은 취득가액 4,000,000원에서 재매각가액 2,500,000원을 차감한 1,500,000원이지만 이미 자기주식처분이익이 1,000,000원 있으므로 이를 먼저 감소시키고 나머지를 자기주식처분손실로 처리한다.

5절 자본변동표

자본변동표는 재무제표의 하나로서 한 해 동안 자본의 변동을 나타내는 재무제표이다. 자본변동표는 자본의 구성항목인 자본금, 자본잉여금, 자본조정, 기타포괄손익누계액 및 이익잉여금의 변동내용을 표시한다.

[그림 14-1]은 자본변동표를 보여주고 있다.

그림 14-1 자본변동표의 예시

자본변동표

서울회사 20××. 1. 1. ~ 20××. 12. 31. (단위: 원)

구 분	자본금	자본잉여금	자본조정	기타포괄 손익누계액	이익잉여금	총 계
20×1. 1. 1.(보고금액)	5,000,000	1,000,000	(200,000)	500,000	4,300,000	10,600,000
배당액					(500,000)	(500,000)
유상증자	2,000,000	400,000				2,400,000
당기순이익					1,500,000	1,500,000
자기주식취득			(100,000)			(100,000)
매도가능증권평가이익				200,000		2,000,000
20×1. 12. 31.	7,000,000	1,400,000	(300,000)	700,000	5,300,000	14,100,000

이 장에서 익히는 용어

- **자본금**: 상법에서 정한 법정자본금으로서 발행주식 수에 액면금액을 곱한 금액.
- **보통주**: 주주총회의 의결권이 있는 회사의 표준이 되는 기본적인 주식.
- **우선주**: 보통주보다 배당의 우선권이 있는 주식. 그러나 주주총회 의결권이 없음.
- **자본잉여금**: 주주와의 자본거래에서 발생한 잉여금. 주식발행초과금, 감자차익 등이 있음.
- **무상증자**: 자본잉여금이나 법정적립금을 자본금으로 대체하여 주식을 발행하는 것.
- **이익잉여금**: 기업이 사업으로 벌어들인 순이익에서 배당금으로 주주에게 지급한 금액을 차감하고 남은 이익잉여금.
- **자기주식**: 회사가 발행한 자기회사의 주식을 다시 취득하는 것. 자본의 차감항목임.
- **자본변동표**: 한 해 동안 자본의 변동내용을 보여주는 재무제표.

01 서울회사는 액면 5,000원의 보통주 10,000주를 발행하여 주주들이 보유하고 있다. 20×1년 3월 31일 주주총회에서 1주당 10%의 배당을 결의하고 4월 10일 배당금을 지급하였다. 이 거래를 분개하시오.

해답

(1) 주총결의일(3.31)

(차) 이익잉여금 5,000,000 (대) 미지급배당금 5,000,000*

* 5,000원 × 10,000주 × 10% = 5,000,000

(2) 배당금지급일(4.10)

(차) 미지급배당금 5,000,000 (대) 현금 5,000,000

02 서울회사가 액면 5,000원의 보통주 1,000주를 주당 7,000원에 발행한 경우의 분개를 하시오.

해답

(차) 현금 7,000,000 (대) 자본금 5,000,000

주식발행초과금 2,000,000

03 서울회사의 이익잉여금 기초잔액은 1,500,000원이었고, 당회계기간의 순이익이 890,000원, 배당금은 370,000원인 경우 (1) 이익잉여금계정의 변동과 관련된 분개를 하고 (2) 이익잉여금 기말잔액을 계산하시오.

해답

(1) 분개 (차) 집합손익 890,000 (대) 이익잉여금 890,000

(차) 이익잉여금 370,000 (대) 미지급배당금 370,000

(2) 이익잉여금 기말잔액

이익잉여금

차변		대변	
② 배당	370,000	기초	1,500,000
		① 순이익	890,000
		기말잔액	2,020,000

객관식문제

01 다음 중 자본잉여금을 증가시키는 거래가 아닌 것은?

① 액면 5,000원의 주식을 8,000원에 발행하였다.
② 자기주식 취득가액 10,000원을 13,000원에 처분하였다.
③ 액면 5,000원의 주식을 6,000원에 현금매입하여 감자로 소각하였다.
④ 액면 5,000원의 주식을 4,000원에 현금매입하여 감자로 소각하였다.

해설 ①은 주식발행초과금, ②는 자기주식처분이익, ④는 감자차익임.
③의 경우 감자차손으로 자본조정항목임.

02 다음 자료에 의하여 기말이익잉여금 잔액을 계산하면?

기초이익잉여금	300,000	당기순이익	85,000
현금배당	25,000	주식배당	15,000

① 345,000 ② 360,000
③ 370,000 ④ 385,000

해설 기초이익잉여금잔액 + 순이익 − 배당(현금 + 주식) = 기말이익잉여금잔액

03 다음 중 자본잉여금항목이 아닌 것은?

① 주식발행초과금 ② 감자차익
③ 자기주식처분이익 ④ 해외사업환산이익

04 다음 중 주식배당이 재무제표에 미치는 영향을 올바로 나타낸 것은?

① 운전자본의 감소 ② 순자산금액의 불변
③ 주당순이익의 증가 ④ 자본금의 감소

정답 1. ③ 2. ① 3. ④ 4. ②

05 서울회사가 이익준비금 3,000원으로 무상증자한 경우 올바른 분개는?

	차변	금액	대변	금액
①	(차) 자본금	3,000	(대) 이익준비금	3,000
②	(차) 이익준비금	3,000	(대) 주식발행초과금	3,000
③	(차) 이익준비금	3,000	(대) 자본금	3,000
④	(차) 자본금	3,000	(대) 주식발행초과금	3,000

06 서울회사는 액면 5,000원의 주식을 6,000원에 현금으로 취득하였다. 이 주식을 8,000원에 매각한 경우 올바른 분개는?

	차변	금액	대변	금액
①	(차) 현금	8,000	(대) 자기주식	8,000
②	(차) 현금	8,000	(대) 자기주식	5,000
			자기주식처분이익	3,000
③	(차) 현금	8,000	(대) 자기주식	5,000
			주식발행초과금	3,000
④	(차) 현금	8,000	(대) 자기주식	6,000
			자기주식처분이익	2,000

정답 5. ③ 6. ④

Chapter

15

수익과 비용

1절 수익

1 수익의 의의

수익은 상품을 판매하거나 용역을 제공하는 등의 사업활동에서 발행한 경제적 효익의 증가를 말한다. 수익은 기업의 주된 사업을 통해 벌어들인 매출액과 영업외수익으로 나눈다.

표 15-1 수익의 분류

구 분	내 용
매출액	상품의 판매 또는 용역의 제공에 대한 대가
영업외수익	배당금수익, 이자수익, 임대료수익 등

2 수익의 인식기준

수익은 일반적으로 상품을 판매하거나 용역을 제공하는 시점에 수익으로 기록한다. 수익을 장부에 기록하는 것을 수익을 인식한다고 하며, 수익을 판매시점에 인식하는 것은 일반적으로 판매시점에 다음의 두 가지 요건을 갖추기 때문이다.

① 수익금액을 신뢰성 있게 측정할 수 있어야 한다.

② 수익금액을 회수할 가능성이 높아야 한다.

이와 같은 요건에 따라 수익을 인식하는 방식을 실현주의라고 한다.[1]

1 일반적인 상품의 경우 상품을 인도하는 시점을 판매시점으로 하여 수익을 인식한다. 상품권을 판매한 경우 상품권 판매시점에는 선수금(부채)으로 기록하고 후일 상품권을 회수하고 재화 등을 인도한 때에 매출로 기록한다.

3 건설형 공사계약의 수익인식

건설에 장기간이 소요되는 공사계약의 경우 건설이 완공될 때 수익을 인식할 것인지, 아니면 건설이 진행되는 기간이라도 각 회계기간별로 공사가 진행되는 비율에 따라 수익을 인식할 것인지의 문제가 있다.

회계기준은 건설형 공사계약의 경우 각 회계기간별로 공사진행률에 따라 수익을 인식하도록 하고 있다. 이를 진행기준이라고 한다. 진행기준에 의해 각 회계기간별로 수익으로 인식할 금액은 총건설계약금액에 공사진행률을 적용해서 계산한다.

당기 공사수익 = 총계약금액 × 공사진행률 − 전기까지 인식한 공사수익의 누적액

이 산식에서 계약금액에 당기 공사진행률이 아니라 전체 공사진행률을 곱한 다음 전기까지 인식한 공사수익의 누적액을 차감하도록 한 것은 총계약금액이 변경될 수도 있기 때문에 이를 보완하기 위한 것이다. 진행기준을 적용학 위한 공사진행률은 다음과 같이 계산한다.

공사진행률 = 당기말까지 발생한 공사원가누적액 / 당기말 현재 총공사예정원가

진행기준과 완성기준에 의한 공사수익 및 공사원가의 인식방법을 [예제 15-1]에서 비교해 본다.

예제 15-1 건설형 공사계약의 수익인식

서울회사는 종로회사의 건물을 건설하기로 하였으며, 관련 자료는 다음과 같다.

(1) 총건설계약금액 60,000,000원
(2) 건설기간: 20×1년과 20×2년
(3) 총건설원가 40,000,000원
(4) 20×1년 공사원가 발생액 15,000,000원
(5) 20×2년 공사원가 발생액 25,000,000원

위 자료에 의해 공사진행률에 의한 공사수익과 공사원가를 각 회계기간별로 표시하고, 완성기준에 의한 공사수익과 공사원가도 표시하시오.

풀이 1. 진행기준:

① 20×1년 공사진행률: 15,000,000 / 40,000,000 = 37.5%

② 20×1년 공사수익: 계약금액 60,000,000 × 공사진행률 37.5% = 22,500,000

③ 20×2년 공사진행률: 40,000,000 / 40,000,000 = 100%

④ 20×2년 공사수익: 60,000,000 × 100% − 20×1년 공사수익 22,500,000
= 37,500,000

⑤

	20×1	20×2	합계
공사수익	22,500,000	37,500,000	60,000,000
공사원가	15,000,000	25,000,000	40,000,000
공사이익	7,500,000	12,500,000	20,000,000

2. 완성기준:

① 20×1년: 공사가 완성되지 않았기 때문에 공사수익과 공사원가를 인식하지 않음.

② 20×2년: 공사가 완성되었으므로 공사수익 60,000,000원과 공사원가 40,000,000원을 인식함.

③

	20×1	20×2
공사수익	0	60,000,000
공사원가	0	40,000,000
공사이익	0	20,000,000

④ 완성기준의 20×2년 공사수익, 공사원가, 공사이익은 진행기준의 20×1년, 20×2년의 합계와 같다.

* 완성기준은 완성되는 해에 공사수익과 공사원가 전체를 장부에 기록하는 방법이다.

4 할부판매

상품이나 제품을 판매한 후 판매대금을 분할하여 갚도록 하는 것이 할부판매이다. 할부판매의 경우 판매대금을 나누어서 받기 때문에 판매시점에 수익을 인식할 것인지 아니면 대금회수시점에 수익을 인식할 것인지의 문제가 있다.

특히 장기연불조건의 경우에 소유권의 이전과 관련해서 수익인식의 시점에 대한 문제가 제기될 수 있다. 예를 들어, 기계장치를 팔고 그 대금을 5년의 기간에 나누어 갚도록 하는 경우 기계장치의 소유권은 판매회사가 갖고 있다가 대금을 완납할 때 소유권을 구매회사에 넘기게 된다. 이처럼 기계장치의 소유권이 대금완납시까지는 판매회사에 있기 때문에 대금회수액만큼만 수익으로 인식하여야 한다고 주장할 수도 있다.

회계기준은 소유권의 이전 여부와 관계없이 할부판매의 경우 판매시점에 매출로 기록하도록 하고 있다. 이 경우 회계처리는 일반판매의 경우와 같다.

(차)	장기외상매출금	×××	(대)	매출	×××

5 영업외수익

영업외수익은 이자수익이나 임대료수익처럼 주된 영업활동이 아닌 부수적인 활동으로 벌어들인 수익을 말한다. 영업외수익의 예는 [표 15-2]와 같다.

표 15-2 영업외수익의 예

구 분	내 용
이자수익	은행예금이나 대여금의 이자를 받은 것
배당금수익	주식을 출자하여 받은 수익
임대료수익	건물 등 부동산을 임대해주고 받은 수익
단기매매증권처분이익	유가증권의 처분가액이 취득원가를 초과하는 금액
단기매매증권평가이익	기말의 유가증권시가가 장부가액을 초과한 금액
외환차익	외화자산 또는 외화부채가 상환될 때 환율의 차이에서 발생한 이익
투자자산처분이익	투자부동산 등 투자자산의 처분이익
유형자산처분이익	유형자산의 처분이익
사채상환이익	사채상환으로 발생한 이익
보험차익	보험금이 장부금액보다 높을 때 발생한 이익
잡수익	기타의 수익

2절 비용

1 비용의 의의

비용은 판매 및 관리 등의 사업활동에서 발생한 경제적 효익의 감소를 말한다. 비용은 매출원가, 판매비와 관리비, 영업외비용 등으로 나눌 수 있다.

비용의 인식문제는 어느 회계연도에 비용을 기록하느냐 하는 것이다. 원칙적으로 비용은 발생주의회계를 적용하여 인식하는데, 특히 비용을 통해 발생하는 수익이 인식되는 연도에 인식하여야 한다. 이를 수익 · 비용대응의 원칙이라고 한다. 예를 들어, 매출이 일어나면 매출원가를 매출에 대응시켜 매출총이익을 계산하는 방식이다.

2 판매비와 관리비

판매비와 관리비는 상품이나 용역의 판매활동과 기업의 유지관리를 위한 비용을 말한다. 기업활동을 하는 데 필요한 직원의 급여나 사무실 임차를 위한 임차료 등 대부분의 비용이 판매비와 관리비에 속한다. 판매비와 관리비의 주요내용을 살펴보기로 한다.

(1) 급여

급여는 직원이나 임원에게 근로제공의 대가로 지급하는 것이다. 급여에는 본봉, 상여금 및 각종 수당이 포함된다. 급여를 지급할 때는 직원이 부담하는 소득세와 지방소득세뿐 아니라 국민연금, 건강보험료 등을 회사가 원천징수한 후 나머지 금액만을 직원에게 지급한다. 원천징수한 금액은 해당 예수금계정에 기록한 후 관련 기관에 납부하게 되면 예수금계정에서 차감한다.

(1) 급여의 지급

(차)	급여	×××	(대) 현금	×××
			소득세예수금	×××
			지방소득세예수금	×××
			국민연금예수금	×××
			건강보험료예수금	×××

(2) 원천징수금액을 관련 기관에 납부

(차)	소득세예수금	×××	(대) 현금	×××
	지방소득세예수금	×××		
	국민연금예수금	×××		
	건강보험료예수금	×××		

(2) 퇴직급여

종업원의 퇴직시 지급하는 퇴직금은 실제 지급할 때 퇴직급여로 처리하는 것이 아니라 매 결산기마다 향후 지급할 퇴직금을 추정하고 해당 연도에 발생한 퇴직금의 금액만큼을 퇴직급여로 회계처리한다(제13장 제3절 참조).

(3) 복리후생비

복리후생비는 종업원의 복지를 위해 지출하는 비용을 말한다. 급여의 지급 외에 기업은 종업원을 위한 국민연금 및 건강보험, 고용보험, 산재보험 등의 보험료를 별도로 부담하는데 이는 복리후생비로 처리한다. 직원 회식비, 직원 경조사비, 야유회 경비 등도 복리후생비에 해당한다.

(4) 임차료

사무실, 기계장치 등을 임차해서 사용할 경우 임대인에게 지급하는 비용이 임차료이다.

(5) 접대비

접대비는 업무와 관련하여 거래처 등의 접대를 목적으로 지출하는 비용을 말한다. 거래처에 대한 경조사비 및 선물대, 거래처와의 식사대 등이 접대비에 해당된다.

회사가 불특정한 다수에게 광고를 할 목적으로 물품 등을 나누어 주는 경우는 접대비가 아니라 광고선전비로 처리한다.

(6) 광고선전비

광고선전비는 상품의 판매촉진이나 회사의 홍보를 위해 신문, 잡지, TV, 인터넷 등에 광고를 하거나, 광고물의 인쇄 및 견본품 생산 등에 소요된 비용을 말한다.

(7) 세금과공과

세금과공과는 회사가 국가나 지방자치단체에 납부하는 각종 세금과 각종 협회비 등의 공과금을 말한다. 그러나 회사가 납부하는 모든 종류의 세금을 세금과공과로 회계처리하는 것은 아니다. [표 15-3]은 회사가 납부하는 각종 세금에 대한 회계처리 방법을 보여주고 있다.

표 15-3 각종 세금의 회계처리

세금의 종류	회계처리
법인세	법인세비용으로 처리
인지세, 재산세, 자동차세, 면허세, 상공회의소회비 등	세금과공과로 비용처리
취득세, 등록세	자산의 취득원가에 가산

(8) 기타의 판매비와 관리비

판매비와 관리비는 그 종류가 매우 많다. 기타의 판매비와 관리비는 [표 15-4]와 같다.

표 15-4 기타의 판매비와 관리비의 예

구 분	내 용
여비교통비	임직원 출장에 따르는 여비와 교통비 등
수도광열비	수도요금, 가스요금, 전기요금, 연료비 등
차량유지비	회사차량운행을 위한 휘발유대, 주차요금, 부품교체비 등
보험료	건물이나 비품, 상품 등의 화재보험료, 손해보험료 등
도서인쇄비	신문 · 잡지구독료, 복사료 등
운반비	상품이나 비품 등의 운반에 드는 운임, 택배비 등
통신비	전화요금, 우편요금, 인터넷사용료 등
소모품비	각종 사무용품이나 소모품 구입대금
지급수수료	신용카드 수수료, 법률이나 회계자문 수수료 등

3 영업외비용

영업외비용은 기업의 주된 영업활동 이외의 부수적인 활동에서 발생하는 비용을 말한다. 영업외비용에는 이자비용, 단기매매증권처분손실, 단기매매증권평가손실, 재고자산감모손실(비정상적인 경우), 외환차손, 외화환산손실, 기부금, 투자자산처분손실, 유형자산처분손실, 사채상환손실 등이 있다.

4 법인세비용

법인은 일정 기간 동안에 얻은 소득에 대하여 법인세법 등 관련 법령에 따른 세금을 납부하여야 한다. 회계상 손익계산서에 보고하는 법인세비용과 기업이 당해 회계연도의 소득에 대해서 실제로 납부하여야 하는 법인세의 금액이 반드시 일치하는 것은 아닌데 이는 회계에서의 순이익과 법인세법상의 과세소득의 개념 및 구조가 상이하기 때문에 발생하는 현상이다. 손익계산서에 보고되는 법인세비용은 당기 법인세부담액에 이연법인세자산과 이연법인세부채의 당기 변동효과를 반영하여 결정된다.[2]

2 법인세비용의 계산은 복잡한 과정을 거쳐야 하며, 구체적인 계산 방법은 중급회계에서 다룬다.

수입이자에 대한 원천징수 등으로 선납한 법인세는 선급법인세계정으로 보고하고, 당기의 소득에 대해서 납부하여야 할 법인세 중 미납액은 당기법인세부채계정으로 보고한다.

예제 15-2 원천납부한 법인세

서울회사는 정기예금에 대한 이자 3,500,000원에 대하여 14% 원천징수세액인 490,000원을 차감하고 3,010,000원을 현금으로 수령하였다.

풀이					
(차)	현금	3,010,000	(대)	이자수익	3,500,000
	선급법인세	490,000			

이 장에서 익히는 용어

- **수익**: 용역을 제공하거나 상품을 판매하는 등의 사업활동에서 발생한 경제적 효익의 증가를 말함. 수익은 매출액과 영업외수익으로 구분됨.
- **수익의 인식기준**: 수익금액을 신뢰성 있게 측정할 수 있고, 수익금액을 회수할 가능성이 높아야 한다는 요건을 갖추어야 수익을 인식함. 보통 판매시점에 수익을 인식함.
- **진행기준**: 건설형 공사계약에 있어 공사진행률을 총계약금액에 적용해서 매 회계연도의 수익을 인식하는 방식임.
- **완성기준**: 건설형 공사계약에 있어 공사가 완공되는 연도에 수익을 한꺼번에 기록하는 방식임.
- **할부판매**: 판매대금을 분할해서 받는 할부판매의 수익은 판매시점에 인식함.
- **영업외수익**: 이자수익이나 임대료수익처럼 주된 영업활동이 아닌 부수활동으로 벌어들인 수익.
- **비용**: 판매 및 관리 등의 사업활동에서 발생한 경제적 효익의 감소를 말함. 매출원가, 판매비와 관리비, 영업외비용 등으로 구분됨.
- **판매비와 관리비**: 상품이나 용역의 판매활동과 기업의 유지관리를 위한 비용. 급여, 임차료, 접대비, 광고선전비 등 다양한 항목이 있음.

연습문제

01 다음 자료에 의해 20×1년의 공사수익을 (1) 진행기준과 (2) 완성기준에 의해 계산하시오.

총 건설계약금액	90,000,000	총 예정공사원가	60,000,000
20×1년 발생원가	20,000,000		

해답

(1) 진행기준:

① 공사진행률: 20,000,000 / 60,000,000 = 1/3

② 20×1년 공사수익: 90,000,000 × 1/3 = 30,000,000

(2) 완성기준: 공사가 완성되지 않았으므로 20×1년에는 공사수익을 인식하지 않음.

02 서울회사는 기계장치를 판매하고 있다. 서울회사가 기계장치를 3년 분할납부조건으로 60,000,000원에 팔았을 경우 분개를 하시오.

해답

(차)	장기외상매출금	60,000,000	(대)	매출	60,000,000

03 서울회사는 급여 50,000,000원을 다음과 같이 원천징수한 후 종업원들에게 지급하였다. 급여지급에 대한 분개를 하시오.

소득세	5,000,000	지방소득세	500,000
국민연금	2,250,000	건강보험료	1,270,000
고용보험료	225,000		

해답

(차)	급여	50,000,000	(대)	소득세예수금	5,000,000
				지방소득세예수금	500,000
				국민연금예수금	2,250,000
				건강보험료예수금	1,270,000
				고용보험료예수금	225,000
				현금	40,755,000

04 3번의 예수금을 납부하였다. 동시에 사용자부담분 국민연금 2,250,000원, 건강보험료 1,270,000원, 고용보험료 350,000원, 산재보험료 500,000원을 납부하였다. (1) 예수금 납부 및 (2) 4대 보험료의 사용자 부담분 납부에 대한 분개를 하시오.

해답

(1)	(차)	소득세예수금	5,000,000	(대)	현금	9,245,000
		지방소득세예수금	500,000			
		국민연금예수금	2,250,000			
		건강보험료예수금	1,270,000			
		고용보험료예수금	225,000			
(2)	(차)	복리후생비	4,370,000*	(대)	현금	4,370,000

* 4대 보험료의 사용자부담분은 복리후생비로 처리함.

05 서울회사는 65,000,000원의 부보가액으로 화재보험에 가입되어 있는 건물이 화재로 소실됨에 따라 보험금지급을 청구하였는데 보험회사는 부보가액 전액을 지급하기로 하였다. 건물의 취득원가는 63,000,000원이며, 화재가 발생한 시점의 감가상각누계액은 21,500,000원이다. 건물화재 및 보험금지급 청구에 대한 분개를 하시오.

해답

(차)	감가상각누계액	21,500,000	(대)	건물	63,000,000
	미수금	65,000,000		보험차익	23,500,000

객관식문제

01 거래유형별 수익인식에 대한 다음 설명 중 옳지 않은 것은?

① 건설형공사계약은 진행기준에 따라 수익을 인식한다.
② 일반적으로 장기할부매출은 할부금을 회수하기로 한 날에 수익으로 인식한다.
③ 배당금수익은 배당금을 받을 권리와 금액이 확정되는 시점에 인식한다.
④ 상품권판매의 수익은 물품이나 용역을 제공한 시점에 인식되며 상품권을 판매한 경우에는 선수금계정으로 처리한다.

02 (주)서울은 용역을 제공하는 회사로서 진행기준에 의해 수익을 인식하고 있다. 다음의 자료를 이용하여 20×1년 손익계산서에 계상될 공사손익을 계산하면 얼마인가?

공사기간: 20×1. 1. 1. ~ 20×2. 12. 31.		계약금액	27,000,000원
총공사예정원가	24,000,000원	당기발생원가	6,000,000원

① 750,000 ② 3,000,000 ③ 6,750,000 ④ 7,500,000

03 다음 중 판매비와 관리비가 아닌 것은?

① 광고선전비 ② 임차료
③ 유형자산감가상각비 ④ 재고자산평가손실

해설 재고자산평가손실은 매출원가에 가산함.

04 다음 거래에 대한 분개에서 사용되는 차변 계정과목이 올바르게 짝지어진 것은?

(가) 신제품 홍보를 위하여 불특정 다수에게 증정할 기념품을 제작하고 그 대금으로 300,000원을 당좌수표를 발행하여 지급하다.
(나) 불우이웃돕기 성금으로 현금 500,000원을 신문사에 기탁하다.

	(가)	(나)
①	광고선전비	복리후생비
②	접대비	기부금
③	광고선전비	기부금
④	기부금	복리후생비

정답 1. ② 2. ① 3. ④ 4. ③

Part

Ⅲ

회계정보의 활용

Chapter

16

현금흐름표

1절 현금흐름표의 의의와 구조

1 현금흐름표의 의의

현금흐름표는 한 회계연도에 기업의 현금이 어디에서 들어오고 어디로 나갔는지를 보여주는 재무제표이다. 손익계산서는 한 회계연도의 수익과 비용을 보여준다. 그러나 손익계산서는 발생주의에 의해 회계처리한 결과이므로 현금의 유입이 없는 수익과 현금의 지출이 없는 비용이 각각 수익과 비용에 포함되어 있다.

현금흐름표는 현금의 유입이 없거나 유출이 없는 거래는 제외하고 현금의 변동을 수반하는 거래의 결과를 보여주기 때문에 미래현금흐름을 예측하거나 기업의 지급능력을 평가하는 데 유용한 정보를 제공한다.

2 현금흐름표의 구조

현금흐름표상에서 현금흐름을 영업활동 현금흐름, 투자활동 현금흐름, 재무활동 현금흐름의 3가지로 구분한다. 3가지 활동유형에 따른 종합적인 현금흐름의 결과로 현금의 증가나 현금의 감소가 표시되고, 기초의 현금에 현금의 증감액을 가감하면 기말의 현금이 계산된다.

현금흐름표상 기말의 현금은 재무상태표상 현금및현금성자산의 금액과 일치한다. [그림 16-1]은 현금흐름표의 양식을 보여주고 있다.

그림 16-1 현금흐름표의 양식(직접법)

현금흐름표

서울회사	20×1. 1. 1. ~ 12. 31.	(단위: 원)
Ⅰ. 영업활동으로 인한 현금흐름		200,000
1. 매출로 인한 유입액	1,200,000	
2. 매입으로 인한 유출액	(900,000)	
3. 영업비용 지급액	(100,000)	
Ⅱ. 투자활동으로 인한 현금흐름		(40,000)
1. 비품의 처분	50,000	
2. 비품의 취득	(90,000)	
Ⅲ. 재무활동으로 인한 현금흐름		120,000
1. 사채의 발행	180,000	
2. 배당금 지급	(60,000)	
Ⅳ. 현금의 증가		280,000
Ⅴ. 기초의 현금		170,000
Ⅵ. 기말의 현금		450,000

2절 활동별 현금흐름

1 영업활동으로 인한 현금흐름

영업활동 현금흐름은 상품의 매입과 판매 및 용역의 제공과 관련되는 활동으로 인한 현금의 흐름을 말한다. 매출에 의한 현금유입액과 매입으로 인한 현금유출액 등이 영업활동 현금흐름의 중요한 항목이며, 많은 손익계산서항목이 영업활동 현금흐름과 관련되어 있다.

현금흐름표를 작성할 때 영업활동 현금흐름은 직접법과 간접법 두 가지 방식으로 작성할 수 있다. [표 16-1]은 직접법과 간접법에 의한 영업활동 현금흐름의 계산구조를 보여주고 있다.

표 16-1 직접법과 간접법 계산구조의 비교

직접법	간접법
1. 매출로 인한 현금유입액	1. 당기순이익
2. 매입에 의한 현금유출액	2. 현금의 지출이 없는 비용 등 가산
3. 영업비용 유출액	3. 현금의 유입이 없는 수익 등 차감
4. 이자수익 유입액	4. 영업활동으로 인한 자산, 부채의 변동 가감
5. 이자비용 유출액	
6. 법인세의 지급	

(1) 직접법

직접법은 [그림 16-1]에서 보는 것처럼 총현금유입과 총현금유출을 주요 거래유형별로 구분하여 영업활동 현금흐름을 계산하는 방식이다. 주요 거래유형별 현금흐름의 계산방법을 알아보자.

① 매출로 인한 현금유입액

손익계산서의 매출액에는 현금유입이 없이 외상으로 판매한 금액도 포함되어 있다. 또한 매출채권의 회수액도 매출로 인한 현금유입액에 포함되어야 한다. 따라서 매출액에서 매출채권이 증가한 만큼을 차감하면 매출로 인한 현금유입액이 계산된다.

매출로 인한 현금유입액 = 매출액 − 매출채권의 증가 (기말잔액 − 기초잔액)

예제 16-1 매출로 인한 현금유입액

서울회사의 당기매출액은 1,000,000원이다. 매출채권의 기초잔액은 200,000원, 기말잔액은 250,000원일 때 매출로 인한 현금유입액을 계산하시오.

풀이 현금유입액: 매출액 − 매출채권의 증가 = 1,000,000 − 50,000 = 950,000

② 매입으로 인한 현금유출액

손익계산서상 재고자산의 당기매입액에는 현금유출이 없이 외상으로 매입한 금액도 포함되어 있다. 또한 매입채무의 지급액도 매입으로 인한 현금유출액에 포함되어야 한다. 따라서 재고자산의 당기매입액에 매입채무가 증가한 만큼을 가산하면 매입으로 인한 현금유출액이 계산된다.

> 매입으로 인한 현금유출액 = 당기매입액 + 매입채무의 증가 (기말잔액 − 기초잔액)

[예제 16−2]에서 보듯이 현금흐름의 계산에 있어서 자산의 증가는 현금유출로 계산하고, 부채의 증가는 현금유입으로 계산한다.

예제 16-2 매입으로 인한 현금유출액

서울회사의 매출원가는 500,000원이다. 재고자산의 기초잔액은 50,000원, 기말잔액은 60,000원이다. 매입채무는 기초잔액 70,000원, 기말잔액 90,000원이다. 매입으로 인한 현금유출액을 계산하시오.

풀이 당기매입액 = 매출원가 − 기초재고 + 기말재고
= 500,000 − 50,000 + 60,000 = 510,000
매입으로 인한 현금유출액 = 당기매입액 + 매입채무의 증가
= 510,000 + (90,000 − 70,000)
= 530,000

③ 기타의 수익과 비용에 의한 현금의 유입과 유출

매출 또는 매입활동 외에 이자수익, 이자비용, 배당금수익, 배당금지급 등으로 인해 현금이 유입되거나 유출될 수 있다. 이러한 현금유출입도 복식부기의 원리를 이용하여 위와 동일한 방법으로 계산한다.

(2) 간접법

간접법은 [그림 16-2]와 같이 손익계산서상의 당기순이익에 필요한 조정사항을 가감하여 영업활동 현금흐름을 계산하는 방식이다. 당기순이익에는 현금의 유입이 없는 수익이나 현금의 유출이 없는 비용 및 영업활동이 아닌 투자와 재무활동으로 인한 수익과 비용 등이 포함되어 있기 때문에 이러한 항목을 제거하여야 한다. 또한 영업활동으로 인한 자산과 부채의 변동에 따른 현금유출입을 반영하여야 한다.

① 현금의 유입과 유출이 없는 수익과 비용의 제거

감가상각비는 현금흐름이 없는 비용이고, 사채할증발행차금상각액은 현금흐름이 없는 수익이므로 각각 당기순이익에 가감하여 제거한다.

② 투자와 재무활동으로 인한 수익과 비용의 제거

유형자산처분손익이나 사채상환손익은 영업활동이 아니고 투자활동이나 재무활동과 관련되어 있기 때문에 당기순이익에서 제거한다.

그림 16-2 간접법에 의한 영업활동 현금흐름의 표시

Ⅰ. 영업활동으로 인한 현금흐름	
1. 당기순이익	2,000,000
2. 현금의 유출이 없는 비용 등의 가산	
감가상각비	500,000
비품처분손실	150,000
계	650,000
3. 현금의 유입이 없는 수익 등의 차감	
사채상환이익	(230,000)
4. 영업활동으로 인한 자산, 부채의 변동	
매출채권의 증가	(60,000)
재고자산의 증가	(80,000)
매입채무의 증가	40,000
계	(100,000)
영업활동 현금흐름	2,320,000

③ 영업활동으로 인한 자산과 부채의 변동

매출채권, 재고자산, 매입채무와 같이 영업활동과 관련된 자산, 부채의 변동액도 영업활동 현금흐름에 영향을 준다. 따라서 이러한 자산, 부채의 변동에 대하여 자산의 증가는 현금유출로, 부채의 증가는 현금유입으로 반영한다.

[그림 16-2]에서 보는 것처럼 현금의 유출입이 없거나 영업활동이 아닌 항목을 당기순이익에서 제거하기 위해서는 비용은 당기순이익에 가산하고, 수익은 당기순이익에서 차감해야 한다.

예제 16-3 영업활동 현금흐름의 계산(간접법)

다음 자료를 이용하여 간접법에 의한 영업활동 현금흐름을 계산하시오.

	기초잔액	기말잔액
매출채권	100,000	150,000
재고자산	210,000	180,000
매입채무	80,000	90,000

당기순이익은 980,000원이며, 감가상각비 17,000원이 반영되어 있음.

풀이

1. 당기순이익	980,000
2. 현금의 유출이 없는 비용 가산	
감가상각비	17,000
3. 영업활동으로 인한 자산, 부채의 변동	
매출채권의 증가	(50,000)
재고자산의 감소	30,000
매입채무의 증가	10,000
계	(10,000)
영업활동 현금흐름	987,000

❷ 투자활동으로 인한 현금흐름

투자활동 현금흐름은 현금의 대여와 회수, 유가증권의 취득과 처분, 유형자산의 취득과 처분 등의 활동으로 인한 현금의 유입과 유출액을 말한다. 자산의 취득은 현금의 유출이 되며 자산의 처분은 현금의 유입이 된다.

[표 16-2]는 투자활동 현금흐름의 예를 보여준다.

표 16-2 투자활동 현금흐름의 예

투자활동 현금흐름	
현금유입액	현금유출액
대여금, 금융자산 감소	대여금, 금융자산 증가
투자자산 감소	투자자산 증가
유형 · 무형자산 감소	유형 · 무형자산 증가

❸ 재무활동으로 인한 현금흐름

재무활동 현금흐름은 유상증자, 배당금의 지급, 장기차입금의 차입과 상환, 사채의 발행과 상환 등의 활동으로 인한 현금의 유입과 유출액을 말한다.

[표 16-3]은 재무활동 현금흐름의 예를 보여준다.

표 16-3 재무활동 현금흐름의 예

재무활동 현금흐름	
현금유입액	현금유출액
단기차입금 증가	단기차입금 상환
사채 · 장기차입금 증가	사채 · 장기차입금 상환
유상증자	배당금 지급

- **현금흐름표**: 현금의 유입액과 유출액을 영업활동, 투자활동 및 재무활동으로 나누어 보여주는 표.
- **영업활동 현금흐름**: 영업을 통한 현금의 유입액과 유출액을 나타냄.
- **직접법**: 총현금유입과 총현금유출을 주요 거래유형별로 구분하여 영업활동 현금흐름을 계산하는 방법.
- **간접법**: 당기순이익만큼 현금유입이 있는 것으로 시작하여 현금유출 없는 비용 등을 가산하고 현금유입 없는 수익 등 차감한 후 영업활동 자산과 부채 변동을 가감하여 영업활동 현금흐름을 계산하는 방식.
- **투자활동 현금흐름**: 현금의 대여나 유형자산 취득 · 처분 같은 투자활동에 따른 현금흐름을 나타냄.
- **재무활동 현금흐름**: 자금을 차입하거나 상환하고, 증자나 배당 등의 재무활동에 따른 현금흐름을 나타냄.

연습문제

01 다음의 거래가 현금흐름표에 어떻게 표시되는지를 (1)부터 (6)의 유형별로 구분하시오.

① 기계장치 취득	② 유상증자	③ 매출채권 증가
④ 사채상환	⑤ 건물처분	⑥ 배당금 지급
⑦ 매입채무 증가	⑧ 감가상각비	⑨ 재고자산 감소
⑩ 차입금 차입		

(1) 영업활동: 순이익에 가산　　(2) 영업활동: 순이익에서 차감
(3) 투자활동: 현금유입　　(4) 투자활동: 현금유출
(5) 재무활동: 현금유입　　(6) 재무활동: 현금유출

해답

(1) ⑦, ⑧, ⑨　(2) ③　(3) ⑤　(4) ①　(5) ②, ⑩　(6) ④, ⑥

02 다음 자료를 이용하여 현금유입액을 계산하시오.

매출액	1,000,000	매출채권 기초잔액	200,000
매출채권 기말잔액	150,000		

해답

매출액 1,000,000 + 매출채권 감소 50,000* = 현금유입액 1,050,000

* 자산감소는 현금의 증가로 처리함. 매출채권이 감소한 것은 그만큼 현금 회수가 더 일어났음을 의미함.

03 매출원가가 870,000원일 경우 다음 자료를 이용하여 현금유출액을 계산하시오.

	기초잔액	기말잔액
재고자산	100,000	130,000
매입채무	60,000	50,000

해답

매출원가	(870,000)
재고자산 증가	(30,000)
매입채무 감소	(10,000)
현금유출액	(910,000)

04 서울회사의 당기순이익은 116,000원이고, 감가상각비는 27,000원일 경우 다음 자료를 이용하여 영업활동 현금흐름(간접법)을 계산하시오.

	기초잔액	기말잔액
매출채권	90,000	110,000
재고자산	30,000	45,000
매입채무	23,000	34,000
선수금	12,000	18,000

해답

1. 당기순이익	116,000
2. 현금유출 없는 비용 가산	
감가상각비	27,000
3. 영업활동 관련 자산, 부채의 변동	
매출채권 증가	(20,000)
재고자산 증가	(15,000)
매입채무 증가	11,000
선수금 증가	6,000
계	(18,000)
영업활동 현금흐름	125,000

객관식문제

01 현금흐름표를 작성할 때 영업활동 현금흐름(간접법)을 계산하는 과정에서 감가상각비를 당기순이익에 가산하는 이유는?

① 감가상각비는 노후자산을 다시 구입하기 위한 자금이기 때문이다.
② 현금의 지출이 없는 비용이기 때문이다.
③ 당기순이익을 감소시키고 현금을 감소시키기 때문이다.
④ 당기순이익을 감소시키고 현금을 증가시키기 때문이다.

02 다음 자료에 의하여 급여로 지급된 현금유출액을 계산하면?

급여	150,000	미지급급여 기초잔액	20,000
미지급급여 기말잔액	25,000		

① 145,000　② 150,000　③ 155,000　④ 130,000

해설 급여 (150,000) + 미지급급여(부채) 증가 5,000 = (145,000)

03 다음 자료에 의하여 매출로 인한 현금유입액을 계산하면?

매출	980,000	매출채권(기초)	210,000
매출채권(기말)	230,000		

① 1,000,000　② 980,000　③ 960,000　④ 770,000

해설 매출 980,000 − 매출채권(자산) 증가 20,000 = 960,000

04 다음 중 현금흐름표에서 투자활동으로 분류되지 않는 거래는 어느 것인가?

① 대여금의 회수　② 비품의 처분
③ 현금의 대여　④ 차입금의 상환

정답 1. ② 2. ① 3. ③ 4. ④

05 다음 자료에 의하여 매입으로 인한 현금유출액을 계산하면?

매출원가	830,000	재고자산(기초)	110,000
재고자산(기말)	125,000	매입채무(기초)	76,000
매입채무(기말)	94,000		

① 830,000　② 845,000　③ 812,000　④ 827,000

해설 매출원가 (830,000) − 재고자산(자산) 증가 15,000 + 매입채무(부채) 증가 18,000 = (827,000)

06 다음 설명 중 옳지 않은 것은?

① 건물의 처분은 투자활동 현금유입액으로 보고된다.
② 차입금의 상환은 재무활동 현금유출액으로 보고된다.
③ 재고자산증가는 영업활동 중 당기순이익에 가산항목으로 보고된다.
④ 매입채무증가는 영업활동 중 당기순이익에 가산항목으로 보고된다.

07 다음 중 현금의 유입과 유출이 없는 거래가 아닌 것은?

① 현물출자로 인한 유형자산 취득　② 유상증자
③ 무상증자　④ 전환사채의 전환

해설 현물출자, 무상증자, 전환사채의 전환, 유형자산의 연불구입 등은 현금의 유입이나 유출이 없는 거래임.

08 다음 중 현금흐름표 작성의 기준이 되는 현금의 범위에 포함되지 않는 것은?

① 취득당시의 만기가 3개월 이내에 도래하는 채권
② 3개월 이내의 상환조건인 환매채
③ 취득당시 만기가 3개월 이내에 도래하는 무이자부어음
④ 당좌예금, 보통예금 등과 같은 요구불예금

해설 현금흐름표에서 현금은 현금 및 현금성자산을 의미함.

정답 5. ④　6. ③　7. ②　8. ③

Chapter 17

재무비율분석

1절 재무비율분석의 의의

1 기업활동과 재무제표의 분석

기업활동은 재무제표에 잘 요약되어 있는데 재무제표상의 정보를 이용하여 기업활동을 분석하는 것을 재무제표분석이라고 한다. 재무제표로부터 의미 있는 정보를 얻기 위해서는 재무제표 항목들간의 상관관계나 변화를 살펴보는 것이 좋은 방법이다.

재무비율분석이란 재무제표분석 방법의 하나로써 재무제표 항목 간에 중요한 상관관계가 있는 두 개 이상의 항목들의 비율을 이용하여 재무제표에 포함된 의미 있는 정보를 분석하는 기법이다. 그러나 재무비율은 재무제표의 분석과 해석에 이용될 수 있는 보조도구라고 할 수 있으며, 효과적인 재무제표분석을 위해서는 다양한 재무정보를 폭넓게 활용할 필요가 있다.

그 밖의 재무제표분석의 기법으로는 추세분석과 요소구성비율분석이 있다. 추세분석은 기준연도 이후 몇 년간 재무제표 항목 변동의 크기와 방향을 파악하는 분석기법이다. 추세분석을 위해서는 먼저 기준연도를 설정한 후에 기준연도의 해당 재무제표 항목을 100%로 보고 비교연도의 해당 재무제표 항목을 기준연도의 그 항목에 대한 비율로 표시한다.

요소구성비율분석은 공통형 분석 또는 수직적 분석이라고도 하는데 재무제표를 구성하고 있는 각 재무제표 항목의 상대적인 크기를 나타내는 분석기법이다. 요소구성비율분석에서는 재무상태표의 각 항목을 총자산에 대한 비율로 나타내는 공통형 재무상태표와 손익계산서의 각 항목을 매출액에 대한 비율로 나타내는 공통형 손익계산서가 사용된다.

2 재무비율의 구분

재무비율분석에서 많이 활용되는 재무비율을 제2절에서 [그림 17-1]과 같은 서울(주)의 비교재무제표 자료를 이용하여 설명하기로 한다. 제2절에서 계산하여 제시하고 있는 재무비율은 20×2년의 재무비율이다.

그림 17-1 비교재무제표 자료

비교재무상태표

서울(주)	12월 31일 현재	(단위: 원)
	20×1년	20×2년
〈자산〉		
유동자산:		
현금 및 현금성자산	80,000	85,000
매출채권	130,000	160,000
선급비용	52,000	40,000
재고자산	126,000	150,000
비유동자산:		
기계장치	272,000	260,000
토지	480,000	480,000
기타비유동자산	240,000	245,000
자산총계	1,380,000	1,420,000
〈부채〉		
유동부채:		
매입채무	190,000	160,000
미지급비용	70,000	50,000
비유동부채:		
사채	342,000	280,000
부채총계	602,000	490,000
〈자본〉		
보통주자본금 (액면 5,000원)*	300,000	420,000
우선주자본금 (액면 5,000원)*	200,000	200,000
자본잉여금	36,000	48,000
이익잉여금	242,000	262,000
자본총계	778,000	930,000
부채 및 자본총계	1,380,000	1,420,000

비교손익계산서

서울(주)	1월 1일 부터 12월 31일까지	(단위: 원)
	20×1년	20×2년
매출액**	1,100,000	1,250,000
매출원가	650,000	730,000
매출총이익	450,000	520,000
판매비와 관리비		
판매비	180,000	240,000
관리비	141,000	185,000
영업이익	129,000	135,000
이자비용	56,000	53,000
법인세비용차감전 순이익	73,000	82,000
법인세비용	22,000	24,000
당기순이익	51,000	58,000

* 20×2년의 배당은 보통주 배당금 23,000원, 우선주 배당금 15,000원이었음. 또한 20×2. 3. 1에 보통주 24주를 추가로 발행하였음.

** 모든 매출은 외상으로 이루어졌음.

기업활동을 영업활동, 투자활동, 재무활동으로 구분할 수 있는데 재무비율을 사용하여 기업을 평가할 때에 영업활동은 수익성비율, 투자활동은 자산효율성비율(활동성비율), 그리고 재무활동은 재무안정성비율을 이용하여 평가할 수 있다.

수익성비율은 일정기간 동안 기업의 경영성과를 나타내는 재무비율로서 이 경우에 기업의 경영성과는 투자한 자산 또는 자본을 이용하여 얼마만큼의 수익을 창출했는가를 나타낸다. 자산효율성비율은 기업이 보유하고 있는 자산을 얼마나 효율적으로 활용하고 있는가를 평가하는 재무비율이다. 재무안정성비율은 기업이 단기채무를 변제할 능력이 있는지, 그리고 장기적으로 채무의 원금과 이자를 지급할 능력이 있는지를 나타내는 재무비율을 말한다.

2절 재무비율의 계산

1 수익성비율

(1) 매출액이익률

매출액이익률은 매출총이익, 영업이익, 당기순이익 등을 매출액으로 나눈 비율이다. 따라서 이 비율은 매출로부터 얼마만큼의 이익을 얻었는지를 나타내는 재무비율이다.

$$\text{매출총이익률} = \frac{\text{매출총이익}}{\text{매출액}} = \frac{520{,}000}{1{,}250{,}000} = 0.416\ (41.6\%)$$

$$\text{매출액영업이익률} = \frac{\text{영업이익}}{\text{매출액}} = \frac{135{,}000}{1{,}250{,}000} = 0.108\ (10.8\%)$$

$$\text{매출액순이익률} = \frac{\text{당기순이익}}{\text{매출액}} = \frac{58{,}000}{1{,}250{,}000} = 0.046\ (4.6\%)$$

(2) 자본이익률

자본이익률 중 가장 널리 사용되는 두 개의 비율은 총자산이익률과 자기자본이익률이다. 총자산이익률은 경영자가 수익을 창출하기 위하여 조달된 총자본을 얼마나 효율적으로 이용하고 있는지를 나타내는 재무비율이다. 한편 자기자본이익률은 보통주소유자들에 의하여 출자된 자본이 얼마나 효율적으로 이용되고 있는지를 나타내는 재무비율이다. 당기순이익은 일정기간 동안 기업의 경영성과를 나타내므로 총자산과 자기자본도 일정기간의 평균값(기초금액과 기말금액의 평균값)으로 측정하는 것이 합리적이다.

$$총자산이익률 = \frac{당기순이익}{평균총자산} = \frac{58,000}{(1,380,000+1,420,000)/2} = 0.041\ (4.1\%)$$

$$자기자본이익률 = \frac{당기순이익}{평균자기자본} = \frac{58,000}{(778,000+930,000)/2} = 0.068\ (6.8\%)$$

(3) 주당순이익

주당순이익(EPS: earnings per share)은 보통주 1주에 해당하는 당기순이익을 나타낸다. 따라서 분자는 당기순이익에서 우선주배당금을 제외한 금액을 사용한다.

$$주당순이익 = \frac{당기순이익 - 우선주배당금}{가중평균유통보통주식수} = \frac{58,000 - 15,000}{(60주 \times 2/12 + 84주 \times 10/12)} = 537원$$

(4) 주가수익비율

주가수익비율(PER: price-earnings ratio)은 보통주 1주의 시가 대 주당순이익의 비율이다. 이 비율은 주식의 액면금액이나 유통주식수의 차이에 따라 달라지는 것이 아니기 때문에 기업간의 비교가능성이 매우 높아 널리 이용되는 재무비율이다.

[그림 17-1]의 자료에서 20×2년 말 현재 서울(주)의 보통주 주가가 4,200원이라면 주가수익비율은 다음과 같이 계산된다.

$$주가수익비율 = \frac{주가}{주당순이익} = \frac{4,200}{537} = 7.82\ (782\%)$$

2 자산효율성비율

(1) 매출채권회전율 및 매출채권 평균회수기간

매출채권회전율은 매출채권이 현금화되는 속도 또는 매출채권에 대한 투자효율성을 나타낸다. 365일을 매출채권회전율로 나누면 매출채권 평균회수기간이 산출된다.

$$\text{매출채권회전율} = \frac{\text{매출액}}{\text{평균매출채권}} = \frac{1{,}250{,}000}{(130{,}000+160{,}000)/2} = 8.6\text{회}$$

$$\text{매출채권 평균회수기간} = \frac{365\text{일}}{\text{매출채권회전율}} = \frac{365\text{일}}{8.6\text{회}} = 42\text{일}$$

(2) 재고자산회전율 및 재고자산 평균보유기간

재고자산회전율은 매출원가를 평균재고자산으로 나누어 측정한다. 이 비율의 분모인 재고자산이 취득원가로 평가되어 있으므로 분자도 매출액에 대응하는 매출원가를 이용하는 것이 합리적이다. 365일을 재고자산회전율로 나누면 재고자산 평균보유기간이 산출된다.

$$\text{재고자산회전율} = \frac{\text{매출원가}}{\text{평균재고자산}} = \frac{730{,}000}{(126{,}000+150{,}000)/2} = 5.3\text{회}$$

$$\text{재고자산 평균보유기간} = \frac{365\text{일}}{\text{재고자산회전율}} = \frac{365\text{일}}{5.3\text{회}} = 69\text{일}$$

(3) 총자산회전율 및 자기자본회전율

총자산회전율은 매출액을 평균총자산으로 나눈 값이며, 자기자본회전율은 매출액을 평균자기자본으로 나눈 값이다. 매출액은 일정기간 동안의 수익을 나타내므로 총자산과 자기자본도 일정기간의 평균값(기초금액과 기말금액의 평균값)으로 측정하는 것이 합리적이다.

$$\text{총자산회전율} = \frac{\text{매출액}}{\text{평균총자산}} = \frac{1{,}250{,}000}{(1{,}380{,}000+1{,}420{,}000)/2} = 0.89\text{회}$$

$$\text{자기자본회전율} = \frac{\text{매출액}}{\text{평균자기자본}} = \frac{1{,}250{,}000}{(778{,}000+930{,}000)/2} = 1.46\text{회}$$

3 재무안정성비율

(1) 유동비율

유동비율은 기업의 유동성을 평가하는 데 가장 보편적으로 이용되는 재무비율이다. 일반적으로 유동비율은 2:1(200%) 이상이면 양호한 수준으로 평가된다.

$$\text{유동비율} = \frac{\text{유동자산}}{\text{유동부채}} = \frac{435{,}000}{210{,}000} = 2.07\ (207\%)$$

(2) 당좌비율

당좌비율은 당좌자산을 유동부채로 나눈 비율이다. 일반적으로 당좌비율은 1:1(100%) 이상이면 양호한 수준으로 평가된다.

$$\text{당좌비율} = \frac{\text{당좌자산 (= 현금 + 단기금융자산 + 매출채권)}}{\text{유동부채}} = \frac{245{,}000}{210{,}000} = 1.17\ (117\%)$$

(3) 부채비율

부채비율은 채권자의 위험을 평가하는 데 이용되며 부채비율이 클수록 채권자에 대한 위험이 증가한다고 할 수 있다. 또한 부채비율은 채권자뿐만 아니라 보통주소유자에게도 위험을 나타내주는 지표로 사용될 수 있다.

$$\text{부채비율} = \frac{\text{총부채}}{\text{자기자본}} = \frac{490{,}000}{930{,}000} = 0.527\ (52.7\%)$$

(4) 이자보상비율

이자보상비율은 채권자에게 지급해야 할 고정비용인 이자비용의 안전도를 나타내는데, 이 비율이 높을수록 안전도가 높다고 할 수 있다.

$$\text{이자보상비율} = \frac{\text{영업이익}}{\text{이자비용}} = \frac{135{,}000}{53{,}000} = 2.55\text{배}$$

3절 재무비율의 활용

1 재무비율분석의 비교기준

재무비율을 이용하여 특정 기간이나 기업의 경영성과 및 재무상태를 분석할 때 비교기준을 활용하면 매우 효과적이다. 재무비율분석에서 일반적으로 사용되는 비교기준은 두 가지가 있다. 첫째, 해당 기업의 과거수치를 비교기준으로 사용하게 되면 변화의 추세를 통해 기업의 상태가 개선되고 있는지 악화되고 있는지를 판단할 수 있다. 둘째, 동종산업내 경쟁기업의 수치 또는 동종산업의 평균수치(산업평균)를 비교기준으로 사용하게 되면 타 기업과의 상대적인 비교가 가능해진다.

2 재무비율분석의 한계점

재무비율은 기본적으로 재무제표상의 수치를 이용하여 계산되므로 재무비율분석을 실제로 유용하게 이용하려면 다음과 같은 한계점이 있음을 고려하여야 한다.

첫째, 원가모형으로 자산을 평가하는 경우 자산의 공정가치가 재무제표에 반영되지 않는다는 점, 또는 회계처리방법이 다양하여 기업간 회계자료의 비교가능성이 낮을 수 있다는 점 등 재무제표가 가지는 한계점이 고스란히 재무비율에도 영향을 미친다.

둘째, 재무비율들은 상호 밀접한 관련이 있기 때문에 어떤 재무비율을 이용하여 분석하는 것이 효과적인지 상황에 따라 적절히 판단하여 선택해야 한다.

셋째, 한 기업의 재무비율을 기간별로 비교할 때 비교되는 기간 사이의 경제상황, 영업여건 등의 차이를 고려하지 않고 단순 비교하는 것은 적절하지 않다.

넷째, 두 기업이 서로 다른 회계처리방법을 이용하고 있다든지, 자본조달방법이나 영업방법 등에 현격한 차이가 있을 경우 이러한 차이를 고려하지 않고 단순 비교하는 것은 적절하지 않다.

이 장에서 익히는 용어

- **재무비율**: 재무제표 항목 간에 중요한 상관관계가 있는 두 개 이상의 항목들의 비율.
- **재무제표분석**: 재무제표로부터 의미 있는 정보를 얻기 위해서 재무제표 항목 간의 상관관계나 변화를 살펴보는 것.
- **수익성비율**: 일정 기간동안 기업의 경영성과를 나타내는 재무비율.
- **자산효율성비율**: 기업이 보유하고 있는 자산을 얼마나 효율적으로 활용하고 있는가를 평가하는 재무비율.
- **재무안정성비율**: 기업의 재무적 안정성을 나타내는 재무비율.
- **추세분석**: 기준연도 이후 몇 년간 재무제표 항목 변동의 크기와 방향을 파악하는 분석기법.
- **요소구성비율분석**: 재무제표를 구성하고 있는 각 재무제표 항목의 상대적인 크기를 나타내는 분석기법. 공통형 분석이라고도 함.

연습문제

01 다음은 종로회사의 20×1년 12월 31일로 종료되는 회계연도의 자료이다. 20×1년의 이자보상비율은 얼마인가?

영업이익	11,000,000
이자비용	2,000,000
법인세비용차감전순이익	9,000,000
법인세비용	2,500,000
당기순이익	6,500,000

해답

$$\text{이자보상비율} = \frac{\text{영업이익}}{\text{이자비용}} = \frac{1,100,000}{200,000} = 5.5\text{배}$$

02 다음은 서울회사의 회계자료이다. 20×2년의 매출총이익은 얼마인가?

20×1년 12월 31일의 매출채권(순액)	400,000원
20×2년 12월 31일의 매출채권(순액)	600,000원
20×2년 매출채권회전율	6회
20×1년 12월 31일의 매출채권(순액)	300,000원
20×2년 12월 31일의 매출채권(순액)	400,000원
20×2년 재고자산회전율	5회

해답

(1) 매출액의 계산:

$$\text{매출채권회전율} = \frac{\text{매출액}}{(400,000 + 600,000) \div 2} = 6$$

매출액 = 500,000 × 6 = 3,000,000원

(2) 매출원가의 계산:

$$\text{재고자산회전율} = \frac{\text{매출원가}}{(300,000 + 400,000) \div 2} = 5$$

매출원가 = 350,000 × 5 = 1,750,000원

(3) 매출총이익 = 매출액 − 매출원가
= 3,000,000원 − 1,750,000원 = 1,250,000원

01 다음 중 재무제표분석의 일반적인 기법으로 볼 수 없는 것은?

① 부실채권가치분석 ② 추세분석
③ 재무비율분석 ④ 요소구성비율분석

02 다음의 자료를 이용하여 주가수익비율(PER)을 계산하면 얼마가 되는가? 단, 소수점 둘째 자리 이하는 버린다.

현재주가	16,400원	주당순이익	2,410원
배당금	324,500원	당기순이익	364,200원

① 2.4배 ② 6.8배
③ 16.4배 ④ 22.2배

해설 주가수익비율(PER) = 현재주가 ÷ 주당순이익

03 다음 자료를 이용하여 20×2년의 매출채권 평균회수기간을 계산하면 얼마가 되는가? 단, 1년을 360일로 계산한다.

20×1년 외상매출액	850,000원	20×2년 외상매출액	900,000원
20×1년 말 매출채권	175,000원	20×2년 말 매출채권	200,000원

① 60일 ② 65일
③ 70일 ④ 75일

해설

$$\text{매출채권회전율} = \frac{900,000}{(175,000 + 200,000) / 2} = 4.8$$

정답 1. ① 2. ② 3. ④

04 20×1년 중 종로회사는 1,720,000원의 재고자산을 매입하였다. 20×1년도의 매출원가는 1,600,000원이고, 20×1.12.31. 현재의 재고자산이 460,000원이라면 재고자산회전율은 얼마가 되는가?

① 3회 ② 4회
③ 5회 ④ 6회

해설 매출원가 = 기초재고액 + 당기매입액 − 기말재고액

05 다음은 재무비율을 이용한 재무제표분석에 관한 설명이다. 옳지 않은 것은?

① 주가수익비율(주가/주당순이익)이 낮다는 것은 동종업종의 규모가 유사한 기업에 비하여 주가가 저평가되었다고 볼 수 있다.
② 자기자본이익률(순이익/자기자본)과 부채비율(부채/자기자본)이 고정되어 있다면, 매출액순이익률과 총자산회전율은 반비례 관계이다.
③ 이자보상비율(영업이익/이자비용)이 낮은 기업일수록 자금조달과 자금운용이 원활하고 추가적인 부채의 조달이 쉽고, 차입이자율이 낮다.
④ 재무비율은 기업의 양호 여부를 판단하는 절대적인 기준치가 아니므로 동종산업의 기업 간 비교 및 특정 기업의 기간별 비교를 통하여 상대적으로 판단해야 한다.

해설 이자보상비율이 높을수록 이자비용의 안전도가 높다고 볼 수 있다.

06 종로회사의 당좌자산은 2,000,000원, 재고자산은 1,500,000원, 기타유동자산은 500,000원, 그리고 유동부채는 1,600,000원이라면 유동비율은 얼마가 되는가?

① 100% ② 150%
③ 250% ④ 300%

정답 4. ② 5. ③ 6. ③

Appendix

부 록

부록 I 분개연습

다음의 거래를 분개하시오.

(1) 액면 5,000원의 주식 10,000주를 7,000원에 발행하여 대금은 당좌예금하다.

(2) 사무용 임대보증금 10,000,000원을 수표를 발행하여 지급하다.

(3) 상품 15,000,000원을 외상매입하다.

(4) 상품 20,000,000원을 매출하다. 대금 중 16,000,000원은 외상이고 나머지 4,000,000원은 수표로 받아 당좌예금하다.

(5) 회사 업무용 자동차를 구입하고 구입대금 8,000,000원은 한달 후 갚기로 하다.

(6) 컴퓨터 10대를 12,000,000원에 구입하고 수표를 발행하다.

(7) 상품외상대금 중 11,000,000원을 수표를 발행하여 지급하다.

(8) 상품외상대금 중 9,500,000원을 5,000,000원 현금으로 받아 4,000,000원은 당좌예금하였다. 나머지 4,500,000원은 약속어음을 받다.

(9) 직원급여 3,000,000원을 지급하다. 소득세 200,000원과 국민연금 60,000원을 차감한 잔액을 수표를 발행해서 지급하다.

(10) 거래처에 조의금 100,000원을 현금지급하다.

(11) 보관 중인 약속어음 4,500,000원을 은행에서 할인하다. 할인료 200,000원을 차감한 금액은 당좌예금으로 입금되었다.

(12) 자동차 주차료 130,000원을 현금지급하다.

(13) 상품 23,000,000원을 구입하다. 13,000,000원은 약속어음을 발행하고 나머지는 한달 후 갚기로 하다.

(14) 차량 외상구입대금 8,000,000원을 수표발행해서 지급하다.

(15) 상품 30,000,000원을 외상매출하다.

(16) 회사차량에 대한 자동차세 350,000원을 수표로 지급하다.

(17) 영업직원 회식비 260,000원을 신용카드로 결제하다.

(18) 복사지 등 소모품 410,000원을 신용카드로 구입하다. 소모품은 구입시 전액 비용처리한다.

(19) 사무실 임차료 2,200,000원을 수표로 지급하다.

(20) 거래처로부터 차용증서를 받고 6,500,000원을 수표발행해서 빌려주다.

(21) 광고비 670,000원을 수표발행해서 지급하다.

(22) 액면 10,000,000원, 연이율 10%, 만기 3년인 국채를 9,700,000원에 취득하다.

(23) 액면 20,000,000원, 연이율 12% 만기 3년인 사채를 19,800,000원에 발행하여 당좌예금하다. 발행비 70,000원은 현금지급하다.

(24) 상품 구입계약을 하고 계약금 500,000원을 발행해서 수표로 지급하다.

(25) 상품 6,800,000원을 신용카드로 판매하다. 수수료 200,000원을 공제한 금액을 당좌예입하다.

(26) 구입계약한 상품 5,800,000원을 계약금 500,000원을 공제하고 잔액을 수표발행지급하다.

(27) 은행에 정기예금 15,000,000원을 수표발행해서 예금하다.

(28) 은행에서 23,000,000원을 차입하고 당좌예금에 입금하다.

(29) 외상매출금잔액에 대한 대손충당금 예상액이 1,100,000원이다. 대손충당금은 200,000원의 대변잔액이 있었다.

(30) 기초상품재고액과 당기 구입한 상품의 합계액은 36,000,000원이다. 재고실사결과 기말재고액은 8,000,000원으로 밝혀졌다. 회사는 상품구입 시 상품계정을 사용하고 있었다.

(31) 차량과 비품에 대한 감가상각비를 다음과 같이 계상하다.
차량: 800,000원 비품: 1,300,000원

(32) 소모품비로 처리한 복사지 등 410,000원 중 기말에 미사용분 160,000원이 남아 있다.

(33) 차입금에 대한 이자 미지급액이 2,300,000원 있다.

(34) 회사채에 대한 이자 2,400,000원을 수표로 지급하다. 사채할인발행차금 270,000원에 대해 90,000원을 상각했다.

(35) 정기예금과 대여금에 대한 이자 미수액 2,600,000원을 계상하다.

(36) (22)에서 취득한 국채에 대한 이자 1,000,000원을 현금으로 받다. 동시에 할인취득한 300,000원에 대해 100,000원을 상각하다.

해답

분개 (단위: 천원)

(1)	(차)	당좌예금	70,000	(대)	자본금	50,000
					주식발행초과금	20,000
(2)	(차)	임대보증금	10,000	(대)	당좌예금	10,000
(3)	(차)	상품	15,000	(대)	외상매입금	15,000
	해설	매입계정을 사용하는 대신 상품계정을 이용함.				
(4)	(차)	외상매출금	16,000	(대)	매출	20,000
		당좌예금	4,000			
(5)	(차)	차량운반구	8,000	(대)	미지급금	8,000
(6)	(차)	비품	12,000	(대)	당좌예금	12,000
(7)	(차)	외상매입금	11,000	(대)	당좌예금	11,000
(8)	(차)	당좌예금	4,000	(대)	외상매출금	9,500
		현금	1,000			
		받을어음	4,500			
(9)	(차)	급여	3,000	(대)	소득세예수금	200
					국민연금예수금	60
					당좌예금	2,740
(10)	(차)	접대비	100	(대)	현금	100
(11)	(차)	당좌예금	4,300	(대)	받을어음	4,500
		어음할인료	200			
	해설	약속어음의 할인료는 어음할인료, 이자비용 또는 이자및할인료계정 등을 사용할 수 있음.				
(12)	(차)	차량유지비	130	(대)	현금	130
(13)	(차)	상품	23,000	(대)	지급어음	13,000
					외상매입금	10,000
(14)	(차)	미지급금	8,000	(대)	당좌예금	8,000
(15)	(차)	외상매출금	30,000	(대)	매출	30,000
(16)	(차)	세금과공과	350	(대)	당좌예금	350
(17)	(차)	복리후생비	260	(대)	미지급금	260
	해설	신용카드 결제일에 당좌예금에서 인출되므로 결제일까지는 미지급금계정으로 기록함.				
(18)	(차)	소모품비	410	(대)	미지급금	410
(19)	(차)	임차료	2,200	(대)	당좌예금	2,200
(20)	(차)	대여금	6,500	(대)	당좌예금	6,500
(21)	(차)	광고선전비	670	(대)	당좌예금	670
(22)	(차)	만기보유증권	9,700	(대)	현금	9,700

(23)	(차)	당좌예금	19,800	(대)	사채	20,000
		사채할인발행차금	270		현금	70
(24)	(차)	선급금	500	(대)	당좌예금	500
(25)	(차)	당좌예금	6,600	(대)	매출	6,800
		신용카드할인료	200			
(26)	(차)	상품	5,800	(대)	선급금	500
					당좌예금	5,300
(27)	(차)	정기예금	15,000	(대)	당좌예금	15,000
(28)	(차)	당좌예금	23,000	(대)	차입금	23,000
(29)	(차)	대손상각비	900	(대)	대손충당금	900

해설 기말 외상매출금에 대한 대손충당금예상액은 기말 대손충당금잔액임. 설정전 잔액이 200천 원이 있으므로 차액 900천 원을 대손충당금계정에 기입하면 기말잔액은 1,100천 원이 됨.

(30)	(차)	매출원가	28,000	(대)	상품	28,000

해설 기초재고액과 당기매입액을 합한 36,000천 원이 판매가능상품원가인데 여기서 기말재고액 8,000천 원을 차감하면 28,000천 원이 매출원가임.

(31)	(차)	감가상각비	2,100	(대)	감가상각누계액 – 차량운반구	800
					감가상각누계액 – 비품	1,300
(32)	(차)	소모품	160	(대)	소모품비	160

해설 복사지 등을 소모품비로 비용처리했으나 미사용분이 있으므로 이를 소모품이라는 자산계정에 기록하고 비용에서는 차감함.

(33)	(차)	이자비용	2,300	(대)	미지급이자	2,300
(34)	(차)	이자비용	2,490	(대)	당좌예금	2,400
					사채할인발행차금	90

해설 사채할인발행차금의 상각액은 이자비용에 가산함.

(35)	(차)	미수이자	2,600	(대)	이자수익	2,600
(36)	(차)	현금	1,000	(대)	이자수익	1,100
		만기보유증권	100			

해설 이자 현금수령액 1,000천 원에 액면가액과 취득가의 차이를 상각한 100천 원을 합한 금액이 이자수익이 되며, 상각액 100천 원은 만기보유증권의 장부가액을 증가시킴.

부록 II 종합문제

서울회사의 회계연도가 20×1. 10. 1.~12. 31.이라고 할 때 다음 거래에 대하여 (1) 분개, (2) T계정기입, (3) 수정전시산표, (4) 결산수정분개, (5) 수정후시산표, (6) 재무상태표와 손익계산서를 작성하시오.

(1) 10. 1 액면 5,000원인 주식 10,000주를 발행하여 50,000,000원을 납입받다.
(2) 10. 3 사무용 컴퓨터 등 비품 20,000,000원을 구입하다.
(3) 10. 4 상품 5,000,000원을 외상구입하다.
(4) 10.10 상품 3,500,000원을 외상으로 판매하다.
(5) 10.15 보험료 1,200,000원을 지급하다.
(6) 10.20 직원월급 3,000,000원을 지급하다.
(7) 10.25 외상매출금 1,500,000원을 회수하다.
(8) 10.30 상품 4,200,000원을 구입하고 약속어음을 발행하다.
(9) 11. 1 15,000,000원을 은행에 정기예금하다.
(10) 11. 5 은행에서 36,000,000원을 차입하다.
(11) 11. 7 외상매입대금 4,000,000원을 지급하다.
(12) 11.15 상품 7,600,000원을 팔고 대금은 약속어음으로 받다.
(13) 11.16 상품 17,800,000원을 외상구입하다.
(14) 10.18 상품외상대금 11,200,000원과 지급어음 4,200,000원을 지급하다.
(15) 11.20 직원월급 3,000,000원을 지급하다.
(16) 11.28 광고료 600,000원을 지급하다.
(17) 11.29 상품 18,600,000원을 외상판매하다.
(18) 11.30 약속어음 대금 7,600,000원을 회수하다.
(19) 12. 1 새 점포를 임차하고 6개월 임차료 9,000,000원을 지급하다.
(20) 12.12 상품외상판매대금 19,000,000원을 회수하다.

(21) 12.15 소모품 150,000원을 구입하다.

(22) 12.20 월급 3,000,000원과 교통비 16,000원을 지급하다.

(23) 12.25 직원 작업복을 260,000원에 구입하다.

(24) 12.28 상품 2,300,000원을 외상구입하다.

(25) 12.31 결산수정사항은 다음과 같다.

① 기말상품재고액	13,700,000원
② 비품 감가상각비	2,000,000원
③ 보험료 미경과분	900,000원
④ 외상매출금의 대손상각률	2%
⑤ 정기예금 발생이자	1,300,000원
⑥ 차입금 발생이자	430,000원
⑦ 임차료 미경과분	7,500,000원
⑧ 소모품 미사용분	35,000원
⑨ 급여 미지급액	500,000원

해답

1. 분개 (단위: 천원)

(1)	10. 1	(차)	현금	50,000	(대)	자본금	50,000
(2)	10. 3	(차)	비품	20,000	(대)	현금	20,000
(3)	10. 4	(차)	상품	5,000	(대)	외상매입금	5,000
(4)	10.10	(차)	외상매출금	3,500	(대)	매출	3,500
(5)	10.15	(차)	보험료	1,200	(대)	현금	1,200
(6)	10.20	(차)	급여	3,000	(대)	현금	3,000
(7)	10.25	(차)	현금	1,500	(대)	외상매출금	1,500
(8)	10.30	(차)	상품	4,200	(대)	지급어음	4,200
(9)	11. 1	(차)	정기예금	15,000	(대)	현금	15,000
(10)	11. 5	(차)	현금	36,000	(대)	차입금	36,000
(11)	11. 7	(차)	외상매입금	4,000	(대)	현금	4,000
(12)	11.15	(차)	받을어음	7,600	(대)	매출	7,600
(13)	11.16	(차)	상품	17,800	(대)	외상매입금	17,800
(14)	11.18	(차)	외상매입금	11,200	(대)	현금	15,400
			지급어음	4,200			
(15)	11.20	(차)	급여	3,000	(대)	현금	3,000

(16)	11.28	(차)	광고선전비	600	(대)	현금	600
(17)	11.29	(차)	외상매출금	18,600	(대)	매출	18,600
(18)	11.30	(차)	현금	7,600	(대)	받을어음	7,600
(19)	12. 1	(차)	선급임차료	9,000	(대)	현금	9,000
(20)	12.12	(차)	현금	19,000	(대)	외상매출금	19,000
(21)	12.15	(차)	소모품	150	(대)	현금	150
(22)	12.20	(차)	급여	3,000	(대)	현금	3,016
			여비교통비	16			
(23)	12.25	(차)	복리후생비	260	(대)	현금	260
(24)	12.28	(차)	상품	2,300	(대)	외상매입금	2,300

2. T계정 (단위: 천원)

현금

(1)	10.1	50,000	(2)	10.3	20,000
(7)	10.25	1,500	(5)	10.15	1,200
(10)	11.5	36,000	(6)	10.20	3,000
(18)	11.30	7,600	(9)	11.1	15,000
(20)	12.12	19,000	(11)	11.7	4,000
			(14)	11.18	15,400
			(15)	11.20	3,000
			(16)	11.28	600
			(19)	12.1	9,000
			(21)	12.15	150
			(22)	12.20	3,016
			(23)	12.25	260
잔액		39,474			

자본금

			(1)	10.1	50,000
			잔액		50,000

비품

(2)	10.3	20,000			
잔액		20,000			

상품

(3)	10.4	5,000			
(8)	10.30	4,200			
(13)	11.16	17,800			
(24)	12.28	2,300			
잔액		29,300	수정①		15,600
수정후 잔액		13,700			

외상매입금

(11)	11.7	4,000	(3)	10.4	5,000
(14)	11.18	11,200	(13)	11.16	17,800
			(14)	12.28	2,300
			잔액		9,900

외상매출금

(4)	10.10	3,500	(7)	10.25	1,500
(17)	11.29	18,600	(20)	12.12	19,000
잔액		1,600			

매출

			(4)	10.10	3,500
			(12)	11.15	7,600
			(17)	11.29	18,600
			잔액		29,700

보험료

(5)	10.15	1,200			
잔액		1,200	수정③		900
수정후 잔액		300			

급여

(6)	10.20	3,000			
(15)	11.20	3,000			
(22)	12.20	3,000			
잔액		9,000			
수정⑨		500			
수정후 잔액		9,500			

지급어음

(14)	11.18	4,200	(8)	10.30	4,200
			잔액		0

정기예금

(9)	11.1	15,000			
잔액		15,000			

차입금

			(10)	11.5	36,000
			잔액		36,000

받을어음

(12)	11.15	7,600	(18)	11.30	7,600
잔액		0			

광고선전비

(16)	11.28	600			
잔액		600			

선급임차료

(19)	12.1	9,000			
잔액		9,000	수정⑦		1,500
수정후 잔액		7,500			

소모품

(21)	12.15	150			
잔액		150	수정⑧		115
수정후 잔액		35			

여비교통비

(22)	12.20	16			
잔액		16			

복리후생비

(23)	12.25	260			
잔액		260			

매출원가

수정①		15,600			
수정후 잔액		15,600			

감가상각비

수정②		2,000			
수정후 잔액		2,000			

감가상각누계액 – 비품

			수정②		2,000
			수정후 잔액		2,000

선급보험료

수정③	900		
수정후 잔액	900		

대손상각비

수정④	32		
수정후 잔액	32		

대손충당금

		수정④	32
		수정후 잔액	32

미수이자

수정⑤	1,300		
수정후 잔액	1,300		

이자수익

		수정⑤	1,300
		수정후 잔액	1,300

이자비용

수정⑥	430		
수정후 잔액	430		

미지급이자

		수정⑥	430
		수정후 잔액	430

임차료

수정⑦	1,500		
수정후 잔액	1,500		

소모품비

수정⑧	115		
수정후 잔액	115		

미지급급여

		수정⑨	500
		수정후 잔액	500

3. 수정전시산표

시 산 표

서울회사 20×1. 12. 31. (단위: 천원)

현금	39,474	자본금	50,000
상품	29,300	외상매입금	9,900
외상매출금	1,600	차입금	36,000
비품	20,000	매출	29,700
정기예금	15,000		
보험료	1,200		
급여	9,000		
광고선전비	600		
선급임차료	9,000		
소모품	150		
여비교통비	16		
복리후생비	260		
	125,600		125,600

4. 결산수정분개 (단위: 천원)

수정①	(차)	매출원가	15,600	(대)	상품	15,600

해설 기초재고액 0 + 당기매입액 29,300 − 기말재고액 13,700 = 매출원가 15,600
여기서는 매입계정 대신 상품계정에 매입액을 기록하였으며 기초재고액이 없었으므로 상품계정 차변합계액이 당기매입액이며 동시에 판매가능원가임. 이 금액에서 기말재고액을 차감한 금액이 매출원가임.

수정②	(차)	감가상각비	2,000	(대)	감가상각누계액 – 비품	2,000
수정③	(차)	선급보험료	900	(대)	보험료	900

해설 거래번호 (5)에서 10.15 보험료 지급시 비용계정인 보험료계정으로 기록하였기 때문에 미경과 보험료를 자산계정인 선급보험료계정에 기록함과 동시에 보험료계정에서 차감함.

수정④	(차)	대손상각비	32	(대)	대손충당금	32

해설 외상매출금 잔액 1,600 × 2% = 기말대손충당금 잔액 32
기말대손충당금 잔액 32 − 수정전 대손충당금 잔액 0 = 대손상각비 32

수정⑤	(차)	미수이자	1,300	(대)	이자수익	1,300
수정⑥	(차)	이자비용	430	(대)	미지급이자	430
수정⑦	(차)	임차료	1,500	(대)	선급임차료	1,500

해설 거래번호 (9)를 보면 12. 1 임차료를 지급하는 시점에서 자산계정인 선급임차료계정에 기록하였는데 연말 미경과 임차료가 7,500천 원이므로 차액인 1,500천 원은 사용된 금액으로 20×1년의 임차료비용으로 수정분개하는 것임.

수정⑧	(차)	소모품비	115	(대)	소모품	115

해설 거래번호 (21)에서 자산인 소모품 150천 원을 기록했는데 연말에 35천 원만 남았으므로 차액을 소모품비로 기록하는 것임.

수정⑨	(차)	급여	500	(대)	미지급급여	500

5. 수정후시산표

시 산 표

서울회사 20×1. 12. 31. (단위: 천원)

차변 계정	금액	대변 계정	금액
현금	39,474	외상매입금	9,900
상품	13,700	미지급이자	430
외상매출금	1,600	미지급급여	500
비품	20,000	차입금	36,000
선급임차료	7,500	대손충당금	32
소모품	35	감가상각누계액	2,000
정기예금	15,000	자본금	50,000
미수이자	1,300	매출	29,700
선급보험료	900	이자수익	1,300
광고선전비	600		
급여	9,500		
여비교통비	16		
복리후생비	260		
매출원가	15,600		
감가상각비	2,000		
대손상각비	32		
이자비용	430		
보험료	300		
임차료	1,500		
소모품비	115		
	129,862		129,862

6. 재무상태표와 손익계산서

재무상태표

서울회사　　20×1. 12. 31. 현재　　(단위: 천원)

자산:			부채:	
현금		39,474	외상매입금	9,900
상품		13,700	미지급이자	430
외상매출금	1,600		미지급급여	500
대손충당금	(32)	1,568	차입금	36,000
선급임차료		7,500	부채계	46,830
소모품		35		
미수이자		1,300		
선급보험료		900	자본:	
정기예금		15,000	자본금	50,000
비품	20,000		이익잉여금	647
감가상각누계액	(2,000)	18,000	자본계	50,647
자산총계		97,477	부채와 자본총계	97,477

손익계산서

서울회사　　20×1. 10. 1. ~ 12. 31.　　(단위: 천원)

수익:	
매출	29,700
이익수익	1,300
수익계	31,000
비용:	
매출원가	15,600
급여	9,500
광고선전비	600
여비교통비	16
복리후생비	260
감가상각비	2,000
대손상각비	32
이자비용	430
보험료	300
임차료	1,500
소모품비	115
비용계	30,353
당기순이익	647

부록 Ⅲ 현재가치계산표

1. 단일금액 1원의 현재가치

$$P_n = \frac{1}{(1+r)^n}$$

기간이자율(r)

기간수 (n)	1%	2%	3%	4%	5%	6%	7%	8%	9%	10%
1	.9901	.9804	.9709	.9615	.9524	.9434	.9346	.9259	.9174	.9091
2	.9803	.9612	.9426	.9246	.9070	.8900	.8734	.8573	.8417	.8264
3	.9706	.9423	.9151	.8890	.8638	.8396	.8163	.7938	.7722	.7513
4	.9610	.9238	.8885	.8548	.8227	.7921	.7629	.7350	.7084	.6830
5	.9515	.9057	.8626	.8219	.7835	.7473	.7130	.6806	.6499	.6209
6	.9420	.8880	.8375	.7903	.7462	.7050	.6663	.6302	.5963	.5645
7	.9327	.8706	.8131	.7599	.7107	.6651	.6227	.5835	.5470	.5132
8	.9235	.8535	.7894	.7307	.6768	.6274	.5820	.5403	.5019	.4665
9	.9143	.8368	.7664	.7026	.6446	.5919	.5439	.5002	.4604	.4241
10	.9053	.8203	.7441	.6756	.6139	.5584	.5083	.4632	.4224	.3855
11	.8963	.8043	.7224	.6496	.5847	.5268	.4751	.4289	.3875	.3505
12	.8874	.7885	.7014	.6246	.5568	.4970	.4440	.3971	.3555	.3186
13	.8787	.7730	.6810	.6006	.5303	.4688	.4150	.3677	.3262	.2897
14	.8700	.7579	.6611	.5775	.5051	.4423	.3878	.3405	.2992	.2633
15	.8613	.7430	.6419	.5553	.4810	.4173	.3624	.3152	.2745	.2394
16	.8528	.7284	.6232	.5339	.4581	.3936	.3387	.2919	.2519	.2176
17	.8444	.7142	.6052	.5134	.4363	.3714	.3166	.2703	.2311	.1978
18	.8360	.7002	.5874	.4936	.4155	.3503	.2959	.2502	.2120	.1799
19	.8277	.6864	.5703	.4746	.3957	.3305	.2765	.2317	.1945	.1635
20	.8195	.6730	.5537	.4564	.3769	.3118	.2584	.2145	.1784	.1486
21	.8114	.6598	.5375	.4388	.3589	.2942	.2415	.1987	.1637	.1351
22	.8034	.6468	.5219	.4220	.3418	.2775	.2257	.1839	.1502	.1228
23	.7954	.6324	.5067	.4057	.3256	.2618	.2109	.1703	.1378	.1117
24	.7876	.6217	.4919	.3901	.3101	.2470	.1971	.1577	.1264	.1015
25	.7798	.6095	.4776	.3751	.2953	.2330	.1842	.1460	.1160	.0923
26	.7720	.5976	.4637	.3604	.2812	.2198	.1722	.1352	.1064	.0839
27	.7644	.5859	.4502	.3468	.2678	.2074	.1609	.1252	.0976	.0763
28	.7568	.5744	.4371	.3335	.2551	.1956	.1504	.1159	.0895	.0693
29	.7493	.5631	.4243	.3207	.2429	.1846	.1406	.1073	.0822	.0630
30	.7419	.5521	.4120	.3083	.2314	.1741	.1314	.0994	.0754	.0573
35	.7059	.5000	.3554	.2534	.1813	.1301	.0937	.0676	.0490	.0356
40	.6717	.4529	.3066	.2083	.1420	.0972	.0668	.0460	.0318	.0221
45	.6391	.4102	.2644	.1712	.1113	.0727	.0476	.0313	.0207	.0137
50	.6080	.3715	.2281	.1407	.0872	.0543	.0339	.0213	.0134	.0085
60	.5504	.3048	.1697	.0951	.0535	.0303	.0173	.0099	.0057	.0033

기간이자율(r)

기간수 (n)	11%	12%	13%	14%	15%	16%	17%	18%	19%	20%
1	.9009	.8929	.8850	.8772	.8696	.8621	.8547	.8475	.8403	.8333
2	.8116	.7972	.7831	.7695	.7561	.7432	.7305	.7182	.7062	.6944
3	.7312	.7118	.6931	.6750	.6575	.6407	.6244	.6086	.5934	.5787
4	.6587	.6355	.6133	.5921	.5718	.5523	.5337	.5158	.4987	.4323
5	.5935	.5674	.5428	.5194	.4972	.4761	.4561	.4371	.4190	.4019
6	.5346	.5066	.4803	.4556	.4323	.4104	.3898	.3704	.3521	.3349
7	.4817	.4523	.4251	.3996	.3759	.3538	.3332	.3139	.2959	.2791
8	.4339	.4039	.3762	.3506	.3269	.3050	.2848	.2660	.2487	.2326
9	.3909	.3606	.3329	.3075	.2843	.2630	.2434	.2255	.2090	.1938
10	.3522	.3220	.2946	.2697	.2472	.2267	.2080	.1911	.1756	.1615
11	.3173	.2875	.2607	.2366	.2149	.1954	.1773	.1619	.1476	.1346
12	.2858	.2567	.2307	.2076	.1869	.1685	.1520	.1372	.1240	.1122
13	.2575	.2292	.2042	.1821	.1625	.1452	.1299	.1163	.1042	.0935
14	.2320	.2046	.1807	.1597	.1413	.1252	.1110	.0985	.0876	.0779
15	.2090	.1827	.1599	.1401	.1229	.1079	.0949	.0835	.0736	.0649
16	.1883	.1631	.1415	.1229	.1069	.0930	.0811	.0708	.0618	.0541
17	.1696	.1456	.1252	.1073	.0929	.0802	.0693	.0600	.0520	.0451
18	.1523	.1300	.1103	.0946	.0803	.0691	.0592	.0508	.0437	.0376
19	.1377	.1161	.0981	.0829	.0703	.0596	.0506	.0431	.0367	.0313
20	.1240	.1037	.0863	.0723	.0611	.0514	.0433	.0365	.0303	.0261
21	.1117	.0926	.0768	.0633	.0531	.0443	.0370	.0309	.0259	.0217
22	.1007	.0326	.0680	.0560	.0462	.0382	.0316	.0262	.0218	.0181
23	.0907	.0738	.0601	.0491	.0402	.0329	.0270	.0222	.0183	.0151
24	.0817	.0659	.0532	.0431	.0349	.0284	.0231	.0188	.0154	.0126
25	.0736	.0588	.0471	.0378	.0304	.0245	.0197	.0160	.0129	.0105
26	.0663	.0525	.0417	.0331	.0264	.0211	.0169	.0135	.0109	.0087
27	.0597	.0469	.0369	.0291	.0230	.0182	.0144	.0115	.0091	.0073
28	.0538	.0419	.0325	.0255	.0200	.0157	.0123	.0097	.0077	.0061
29	.0485	.0374	.0289	.0224	.0174	.0135	.0105	.0082	.0064	.0051
30	.0437	.0334	.0256	.0196	.0151	.0116	.0090	.0070	.0054	.0042
35	.0259	.0189	.0139	.0102	.0075	.0055	.0041	.0030	.0023	.0017
40	.0154	.0107	.0075	.0053	.0037	.0026	.0019	.0013	.0010	.0007
45	.0091	.0061	.0041	.0027	.0019	.0013	.0009	.0006	.0004	.0003
50	.0054	.0035	.0022	.0014	.0009	.0006	.0004	.0003	.0002	.0001
60	.0019	.0011	.0007	.0004	.0002	.0001	.00008	.00005	.00003	.00002

2. 정상연금 1원의 현재가치

$$PA_n = \sum_{t=1}^{n} \frac{1}{(1+r)^t} = \frac{1-(1+r)^{-n}}{r}$$

기간이자율(r)

기간수 (n)	1%	2%	3%	4%	5%	6%	7%	8%	9%	10%
1	0.9901	0.9804	0.9709	0.9615	0.9524	0.9434	0.9346	0.9259	0.9174	0.9091
2	1.9704	1.9416	1.9135	1.8861	1.8594	1.8334	1.8080	1.7833	1.7591	1.7355
3	2.9410	2.8839	2.8286	2.7751	2.7232	2.6730	2.6243	2.5771	2.5313	2.4868
4	3.9020	3.8077	3.7171	3.6299	3.5460	3.4651	3.3872	3.3121	3.2397	3.1699
5	4.8534	4.7135	4.5797	4.4518	4.3295	4.2124	4.1002	3.9927	3.8897	3.7908
6	5.7955	5.6014	5.4172	5.2421	5.0757	4.9173	4.7665	4.6229	4.4859	4.3553
7	6.7282	6.4720	6.2303	6.0021	5.7864	5.5824	5.3893	5.2064	5.0330	4.8684
8	7.6517	7.3255	7.0197	6.7327	6.4632	6.2098	5.9713	5.7466	5.5348	5.3349
9	8.5660	8.1622	7.7861	7.4353	7.1078	6.8017	6.5152	6.2469	5.9952	5.7590
10	9.4713	8.9826	8.5302	8.1109	7.7217	7.3601	7.0236	6.7101	6.4177	6.1446
11	10.368	9.7868	9.2526	8.7605	8.3064	7.8869	7.4987	7.1390	6.8052	6.4951
12	11.255	10.575	9.9540	9.3851	8.8633	8.3838	7.9427	7.5361	7.1607	6.8137
13	12.134	11.348	10.635	9.9856	9.3936	8.8527	8.3577	7.9038	7.4869	7.1034
14	13.004	12.106	11.296	10.563	9.8986	9.2950	8.7455	8.2442	7.7862	7.3667
15	13.865	12.849	11.938	11.118	10.380	9.7122	9.1079	8.5595	8.0607	7.6061
16	14.718	13.578	12.561	11.652	10.838	10.106	9.4466	8.8514	8.3136	7.8237
17	15.562	14.292	13.166	12.166	11.274	10.477	9.7632	9.1216	8.5436	8.0216
18	16.398	14.992	13.756	12.659	11.690	10.828	10.059	9.3719	8.7556	8.2014
19	17.226	15.679	14.324	13.134	12.085	11.158	10.336	9.6036	8.9501	8.3649
20	18.046	16.351	14.877	13.590	12.462	11.470	10.594	9.8181	9.1285	8.5136
21	18.857	17.011	15.415	14.029	12.821	11.764	10.835	10.017	9.2922	8.6487
22	19.660	17.658	15.937	14.451	13.163	12.042	11.061	10.201	9.4424	8.7715
23	20.456	18.292	16.444	14.857	13.489	12.303	11.272	10.371	9.5802	8.8832
24	21.243	18.914	16.935	15.247	13.799	12.550	11.469	10.529	9.7066	8.9847
25	22.023	19.524	17.413	15.622	14.094	12.783	11.654	10.675	9.8266	9.0770
26	22.795	21.121	17.877	15.983	14.375	13.003	11.826	10.810	9.9290	9.1609
27	23.560	20.707	18.327	16.330	14.643	13.210	11.987	10.935	10.027	9.2372
28	24.316	21.281	18.764	16.663	14.898	13.406	12.137	11.051	10.116	9.3066
29	25.066	21.844	19.188	16.984	15.141	13.591	12.278	11.158	10.198	9.3696
30	25.808	22.397	19.600	17.292	15.373	13.765	12.409	11.258	10.274	9.4269
35	29.409	24.999	21.487	18.665	16.374	14.498	12.948	11.655	10.567	9.6442
40	32.835	27.356	23.115	19.793	17.159	15.046	13.332	11.925	10.757	9.7791
45	36.095	29.490	24.519	20.720	17.774	15.456	13.605	12.108	10.881	9.8628
50	39.196	31.424	25.730	21.482	18.256	15.762	13.801	12.233	10.962	9.9148
60	44.955	34.761	27.676	22.623	18.929	16.161	14.039	12.376	11.048	9.9671

기간이자율(r)

기간수 (n)	11%	12%	13%	14%	15%	16%	17%	18%	19%	20%
1	0.9009	0.8929	0.8850	0.8772	0.8696	0.8621	0.8547	0.8475	0.8403	0.8333
2	1.7125	1.6901	1.6681	1.6467	1.6257	1.6052	1.5852	1.5656	1.5465	1.5278
3	2.4437	2.4018	2.3612	2.3216	2.2832	2.2459	2.2096	2.1743	2.1399	2.1065
4	3.1024	3.0373	2.9745	2.9137	2.8550	2.7982	2.7432	2.6901	2.6386	2.5887
5	3.6959	3.6048	3.5172	3.4331	3.3522	3.2743	3.1993	3.1272	3.0576	2.9906
6	4.2305	4.1114	3.9975	3.8887	3.7845	3.6847	3.5892	3.4976	3.4098	3.3255
7	4.7122	4.5638	4.4226	4.2883	4.1604	4.0386	3.9224	3.8115	3.7057	3.6046
8	5.1461	4.9676	4.7988	4.6389	4.4873	4.3436	4.2072	4.0776	3.9544	3.8372
9	5.5370	5.3282	5.1317	4.9464	4.7716	4.6065	4.4506	4.3030	4.1633	4.0310
10	5.8892	5.6502	5.4262	5.2161	5.0188	4.8332	4.6586	4.4941	4.3389	4.1925
11	6.2065	5.9377	5.6869	5.4527	5.2337	5.0286	4.8364	4.6560	4.4865	4.3271
12	6.4924	6.1944	5.9176	5.6603	5.4206	5.1971	4.9884	4.7932	4.6105	4.4392
13	6.7499	6.4235	6.1218	5.8424	5.5831	5.3423	5.1183	4.9095	4.7147	4.5327
14	6.9819	6.6282	6.3025	6.0021	5.7245	5.4675	5.2293	5.0081	4.8023	4.6106
15	7.1909	6.8109	6.4624	6.1422	5.8474	5.5755	5.3242	5.0916	4.8759	4.6755
16	7.3792	6.9740	6.6039	6.2651	5.9542	5.6685	5.4053	5.1624	4.9377	4.7296
17	7.5488	7.1196	6.7291	6.3729	6.0472	5.7487	5.4746	5.2223	4.9897	4.7746
18	7.7016	7.2497	6.8399	6.4674	6.1280	5.8178	5.5339	5.2732	5.0333	4.8122
19	7.8393	7.3658	6.9380	6.5504	6.1982	5.8775	5.5845	5.3162	5.0700	4.8435
20	7.9633	7.4694	7.0248	6.6231	6.2593	5.9288	5.6278	5.3527	5.1009	4.8696
21	8.0751	7.5620	7.1015	6.6870	6.3125	5.9731	5.6648	5.3837	5.1263	4.8913
22	8.1757	7.6446	7.1695	6.7429	6.3587	6.0113	5.6964	5.4099	5.1486	4.9094
23	8.2664	7.7184	7.2297	6.7921	6.3988	6.0442	5.7234	5.4321	5.1668	4.9245
24	9.3481	7.7843	7.2829	6.8351	6.4338	0.0726	6.7465	5.4509	5.1822	4.9371
25	8.4217	7.8431	7.3300	6.8729	6.4641	6.0971	5.7662	5.4669	5.1951	4.9476
26	8.4881	7.8957	7.3717	6.9061	6.4906	6.1182	5.7831	5.4804	5.2060	4.9563
27	8.5478	7.9426	7.4086	6.9352	6.5135	6.1364	5.7975	5.4919	5.2151	4.9636
28	8.6016	7.9844	7.4412	6.9607	6.5335	6.1520	5.8099	5.5016	5.2223	4.9697
29	8.6501	8.0218	7.4701	6.9830	6.5509	6.1656	5.8024	5.5093	5.2292	4.9747
30	8.6938	8.0552	7.4957	7.0027	6.5660	6.1772	5.8294	5.5168	5.2347	4.9789
35	8.8552	8.1755	7.5856	7.0700	6.6166	6.2153	5.8582	5.5386	5.2512	4.9915
40	8.9511	8.2433	7.6344	7.1050	6.6418	6.2335	5.8713	5.5482	5.2582	4.9966
45	9.0079	8.2825	7.6609	7.1232	6.6543	6.2421	5.8773	5.5523	5.2611	4.9986
50	9.0417	8.3045	7.6572	7.1327	6.6605	6.2463	5.8801	5.5541	5.2623	4.9995
60	9.0736	8.3240	7.6873	7.1401	6.6651	6.2491	5.8819	5.5553	5.2630	4.9999

찾아보기

ㄹ

ㅁ

ㅂ

ㅅ

ㅇ

ㅈ

ㅎ